Bauwelt Fundamente 121

AF063342

Herausgegeben von
Ulrich Conrads und Peter Neitzke

Beirat:
Gerd Albers
Hansmartin Bruckmann
Lucius Burckhardt
Gerhard Fehl
Thomas Sieverts

Hans-Eckhard Lindemann

Stadt im Quadrat

Geschichte und Gegenwart einer einprägsamen Stadtgestalt

Umschlagvorderseite: Frankfurt am Main, Hochhausplan 1994
Umschlagrückseite: Krefeld, Luftbild 1991

Alle Rechte vorbehalten
© Friedr. Vieweg & Sohn Verlagsgesellschaft mbH,
Braunschweig/Wiesbaden 1999

Der Verlag Vieweg ist ein Unternehmen der Bertelsmann Fachinformation GmbH.

Das Werk einschließlich aller seiner Teile ist urheberrechtlich geschützt. Jede Verwertung außerhalb der engen Grenzen des Urheberrechtsgesetzes ist ohne Zustimmung des Verlages unzulässig und strafbar. Das gilt insbesondere für Vervielfältigungen, Übersetzungen, Mikroverfilmungen und die Einspeicherung und Verarbeitung in elektronischen Systemen.

http://www.vieweg.de

Umschlagentwurf: Helmut Lortz
Satz: Graphische Werkstätten Lehne GmbH, Grevenbroich
Druck und Buchbinder: Lengericher Handelsdruckerei, Lengerich
Gedruckt auf säurefreiem Papier

Printed in Germany

ISBN 3-528-06121-2   ISSN 0522-5094

Inhalt

Einleitung 7
Das Blockraster in der Stadtbaugeschichte 9
Elemente, spezifische Merkmale und Leistungsfähigkeit
der ‚Stadt im Quadrat' 27
   Parzellen im Baublock 27
   Bauen im Baublock 29
   Wohnen im Baublock 35
   Der Cityblock 38
   Der Industrieblock 40
   Flexibilität der Nutzungen und Gebäudeformen im Blockraster 43
   Ortserweiterung 46
   Das hippodamische Straßennetz 47
   Der Umgang mit dem Netz 50
   Der öffentliche Raum 57
   Gestaltungsfreiheit 59
   Die Stadt braucht einen Ordnungsrahmen –
   Repräsentation auf dem Schachbrett 61
   Lebensgefühl und -chancen im hippodamischen System 69
   Entwicklung und Sicherung offener Systeme im Planungsprozeß 72
   Ein robustes System für die wuchernde Besiedlung 74

Ausblick 83
   Anforderungen an eine anpassungsfähige Stadtstruktur 83
   Das Raster ist kein Dogma 84

Beispiele 87
   Berlin-Dorotheen- und Friedrichstadt 87
   Kolonialstädte im Mittelalter 97
      Karlstadt 97
      Neubrandenburg 98
      Neuruppin 99

Planstädte der Renaissance, des Barock und des Klassizismus 109
   Mannheim 109
   Darmstadt 112
   Erlangen 113
   Ludwigsburg 114
   Düsseldorf 115
   München 117
   Wiesbaden 121
   Krefeld 123
   Tuttlingen 124
Gründerzeit 143
   Leipzig 143
   Magdeburg-südwestliche Innenstadt 151
   Hannover-Linden 152
   Dresden-Äußere Neustadt 154
   Mainz-Neustadt 156
   Braunschweig-Ringgebiet 157
   Hamburg-Harvestehude 159
   Dresden-Striesen 161
   Hamburg-Hammerbrook 176
   Bayer-Werke Leverkusen 178
Quartiere und Projekte des 20. Jahrhunderts 185
   Fritz Schumachers Siedlungen in Hamburg 185
   Hamburg-Steilshoop und -Mümmelmannsberg 187
   Eisenhüttenstadt 188
   Bremen-Neue Universität 194
   Freiburg-Rieselfeld 194
   Hannover-Kronsberg 195
   Hamburg-Billwerder-Allermöhe 196
   München-Riem 197
   Berlin-Biesdorf-Süd 198
   -Karow-Nord 198
   -Wasserstadt Oberhavel 199
   -Rummelsburger Bucht 200
   -Adlershof 200
   21er Projekte der Deutschen Bahn AG (Stuttgart, Frankfurt, München) 218

Literaturverzeichnis 223

Quellen 229

Einleitung

Das Stadtbild ist das Gedächtnis der Stadt, ihrer politischen und wirtschaftlichen Aufstiege und Niederlagen, ihrer kulturellen Epochen, der Anforderungen der Stadtgesellschaft. Die Geschichte des Städtebaus und der Baukunst lehrt uns unterschiedliche Ausformungen solcher Entwicklungsprozesse in den Kulturkreisen der Welt. Überraschend ist indes, daß wir überall ein einfaches geometrisches Straßennetz antreffen, ein Raster von Erschließungswegen mit einer Bebauung im Baublock. Es ist in der Gründungsphase der Stadt angelegt; es überlagert unregelmäßige und labyrinthische Strukturen; es wurde Prinzip von Ortserweiterungen.
Dieses Grundrißschema ist immer Zeichen bewußter, ordnender Stadtplanung. Es wurde aus unterschiedlichen Anlässen gewählt und immer wieder kopiert. Das Raster symbolisierte religiöse Regeln und machtpolitische Ziele von Kolonisatoren; es war das Handwerkszeug der Landvermessung und kapitalistischer Ausbeutung. Einmal angelegt, war es auch ein Gerüst, das sich wechselnden Anforderungen der Aktivitäten in der Stadt anzupassen vermochte. Wie kein anderes Element kann das Raster den Stadtraum bestimmen. In Luftbildern sind die regelmäßigen Gitter der Straßenzüge und Baublöcke besonders auffallend. Gleichwohl gelten sie zumeist nicht als ein Element stadtbaukünstlerischen Anspruchs, eher einer nüchternen Ratio. Dieses landläufige Urteil übersieht die gestalterische Ordnung, die Ziel der Stadtbaukunst in der Renaissance und im Barock war, und die danach im 19. Jahrhundert die Boulevards in den großen Städten ausstrahlten. Die aktuellen Lagepläne der Städte zeigen, daß sich der Städtebau des 20. Jahrhunderts von dem Strukturschema des Blockrasters löste und freie Formen der Erschließung und Bebauung bevorzugte. Die schnell wachsenden Agglomerationen haben deshalb keine einprägsame Geometrie mehr.
Taugt die ‚Stadt im Quadrat' nicht für die heutigen Ansprüche? Im Gegenteil: Es scheint, daß ein übersichtliches Erschließungsgitter und die Bebauung im Blockraster am ehesten den immer schneller werdenden Strukturwandel auffangen können. Die Schachbrettstadt ist ein tragfähiges Gerüst für eine lebendige europäische Stadt im Wandel. In ihrer Ordnung läßt sich gut leben.

Ist es mehr als eine flüchtige ästhetische Mode, daß städtebauliche Entwürfe der letzten Zeit dieses Gliederungsschema wieder aufgreifen? Die gestalterische Unverbindlichkeit der Vororte kann auf Dauer offensichtlich nicht den emotionalen Wunsch erfüllen, eine Stadt zu bauen.

In diesem Buch wollen wir die Erfolgsgeschichte einer simpel erscheinenden Idee studieren und aus ihr lernen. Dafür sollen ausgewählte Stadtteile aus den Phasen der Stadtbaugeschichte in Deutschland vorgestellt werden. Die Beispiele sind letztlich austauschbar. Wir erfahren die Geschichte dieser Quartiere, ihren Ursprung und ihr Schicksal im Zeitablauf bis heute. Sie sollen Pate stehen für die Erörterung von Sachfragen, die sich dem Planer stellen, der sich mit der Struktur und der Planung einer ‚Stadt im Quadrat' befassen möchte. Neue Projekte mögen aufzeigen, wie ‚die Stadt von morgen' aussehen könnte.

Dieses Buch erhebt nicht den Anspruch einer wissenschaftlich begründeten Analyse und Anleitung zur Entwicklung unserer Städte. Eher ist es eine Collage von Eindrücken und Gedanken beim Studium eines Systems für eine robuste Stadtstruktur.

„Die Stadt ist vollkommen viereckig gebaut, von Lebensmauern umschlossen. Die gesamte Anlage der Stadt zeigt größte Regelmäßigkeit, und die Straßen sind daher so gerade, daß man, kommt man durch eines der Stadttore und blickt geradeaus, am anderen Ende der Stadt das entgegengesetzte Tor sieht." So beschrieb Marco Polo das kaiserliche Peking am Anfang des 14. Jahrhunderts (Hamm 1965, 43).

Das Blockraster in der Stadtbaugeschichte

Der Weg ist die Voraussetzung für eine Besiedlung. Wege sind Lebenslinien: Der mittelalterliche Markt entstand an einem Wegekreuz. Eine Wallfahrtsstätte brauchte Wege aus allen Gegenden ringsum. Ein König brauchte Wege in alle Teile seines Herrschaftsbereiches. Der Handel forderte Wege zwischen allen Beteiligten. So entstand ein Netz von verbindenden Wegen zwischen besiedelten Orten. Und in gleicher Weise, nur enger geknüpft, in den Ortschaften, in denen die Menschen ihre Behausung fanden, wo sie lebten und arbeiteten, wo sie sich zur Repräsentation, Demonstration und Feier zusammenfanden. Wege entstanden aus dem täglichen Leben. Aus Trampelpfaden wurden mit der fortschreitenden Besiedlung befestigte Straßen. Die aus solchen Ursprüngen entstandenen ungeometrischen und organischen Stadtgrundrisse beruhen nicht auf einem Plan. Erst im 19. Jahrhundert setzten Bestrebungen ein, die Reize ‚gewachsener' Quartiere durch bewußte Planung zu erreichen.

Hingegen stand hinter einer Stadtgründung immer eine Autorität. Sie entschied über den Standort einer neuen Besiedlung; sie zeichnete den Stadtgrundriß und bediente sich dabei in der Regel geometrischer Formen. Der einfache Grundriß beruhte auf der Geraden und dem rechten Winkel. Das damit definierte Raster konnte im Gelände mit einfachen Mitteln vermessen werden. In diesem wurden die Grundstücke verteilt. Es kann deshalb nicht überraschen, daß wir in vielen Kulturkreisen das Straßengitter als geplante Grundform antreffen. Einmal angelegt, überdauerte ‚die Stadt im Quadrat' zumeist Jahrhunderte, auch wenn sich die Bebauung und die Nutzungen änderten. Nur wo die Religion der Gesellschaft andere Lebensmaximen und Symbole vorschrieb, konnten sich geplante Stadtgrundrisse nicht durchsetzen.

Im chinesischen Kulturkreis bildeten sich schon tausend Jahre vor der Zeitenwende stadtplanerische und architektonische Regeln heraus, die bis in die neuere Zeit gültig bleiben sollten. Geplant wurde eine ‚Stadt im Quadrat'. Ihre Mauer umschreibt die einfache geometrische Form als Abbild des Kosmos. Der Ort war damit in Harmonie mit dem Weltganzen. Er diente der Führungsschicht als fester Wohnsitz, den auf dem Lande Lebenden als Fluchtstätte. Folglich verfügte der Stadtaufbau über zwei Mauerringe: der innere umschloß die ‚verbotene Stadt' der Herrschenden, der äußere beherbergte das Volk. Ein Straßengitter korrespondierte mit dem Verlauf der Stadtmauern; mal mit einer gleichmäßigen Maschenweite, mal mit einer rhythmischen Abfolge geradliniger Straßenbänder.

2 Für die asiatischen Religionen, die das Leben als Durchgangsstation auf dem Weg zur Wiedergeburt bis zur Erfüllung im Nirwana sehen, spielte Städtebau als gestaltende Aufgabe keine Rolle. Hier orientierten sich architektonische Anstrengungen allein auf angebetete Orte der Götter, stark befestigte Areale der Herrscher und deren aufwendige Grabmale. Ihre symbolträchtige geometrische Ordnung steht im Kontrast zur Willkür der Wohnquartiere der einzelnen Kasten.

Im Gedankengut des Islam finden wir keine Hinweise auf eine Stadtidee, wohl aber auf Quartiere, die sich zellenförmig ohne Plan aneinanderreihen. Die sozialen Kontakte sind auf das private Familienleben in den Wohnräumen und -höfen eingegrenzt. Nach außen sind die Anwesen geschlossen. Ein baumartig verzweigtes System von Knick- und Sackgassen erschließt ihre Zugänge. Die großräumigen Moscheen und die Basare sind in dieses Labyrinth der Wege und Häuser eingebunden. Wo der öffentliche Raum für das Leben keine besondere Rolle spielte, veränderte er sich bei Vergrößerung und Verschmelzung privater Bereiche ständig. Lediglich eine Mindestbreite der Wege für Tragetiere mußte gewährleistet sein.

3,4 Auch die Wohnhäuser der griechischen Stadt der Antike waren auf den Innenhof orientiert. Anders als im Orient hatte das private Leben hier jedoch keine besondere Bedeutung. Man lebte im Freien, in der Gemeinschaft auf den öffentlichen Plätzen (Agora). Die heiligen Bezirke waren unübersehbare Symbole, oft auf Felsen und Kuppen gelegen. Erst im Hellenismus wurde die ganze Stadt mit ihren Wohnplätzen, Tempeln und Foren in einen geplanten Ordnungsrahmen eingebunden. Hippodamos lieferte aus der „Rationalität zivilisierten Verhaltens" das Besiedlungsmuster des Erschließungsrasters. Dies hatte praktische wie auch philosophische Gründe.

Aristoteles verwies bei seiner Betrachtung des idealen Staates auf Hippodamos, den Sohn des Euryphon aus Milet. Er habe „die Aufteilung der Stadt erfunden". Aus den spärlichen Angaben über die hippodamische Verfassung läßt sich ableiten, daß er eine demokratische Ordnung anstrebte. Der Rationalität des Verfassungsentwurfs entsprach konsequent die rationale Aufteilung der Stadt. Die anderen, von Aristoteles als gut bezeichneten Staatsformen – die monarchische und die aristokratische – hätten „eine vertikale Tendenz"; ihre Städte orientierten sich auf ein aufragendes Zentrum und spiegelten eine

hierarchische Ordnung. Demgegenüber sei die der hippodamischen Staatsform folgende Stadt am ehesten in der Ebene idealtypisch zu bauen. In der Tat sind die meisten hellenistischen Städte in ebenem Gelände gegründet, während sich zum Beispiel das klassische Athen um einen heiligen Burgberg gruppiert oder Delphi sich am steilen Hang aufbaut. Die praktischen Gründe für die Wahl des Rasters lagen – wie bereits skizziert – auf der Hand: die einfache Vermessung des Netzes nach den Regeln des Pythagoras, die gerechte Aufteilung der rechtwinklig geschnittenen Baublöcke für die unterschiedlichen Nutzungen und Zuweisung gleich großer Landlose für die Siedler.
Die Römer übernahmen bei der Gründung neuer Städte in ihrem wachsenden Herrschaftsgebiet mit Modifikationen dieses stadtplanerisches Muster. Wir nutzen heute noch die hippodamischen Straßennetze. Verloren gingen diese Ordnungsmuster dort, wo nach dem Niedergang der römischen Herrschaft ganze Städte für viele Generationen brach fielen und der Schutt von Jahrhunderten die antiken Straßen unkenntlich machte. Hier suchten sich die wenigen Überbliebenen neue Pfade und Wege. 5
Es waren nicht nur Bevölkerungsschwund, Armut und ein sehr langsamer wirtschaftlicher Aufstieg, die den rationalen römischen Stadtgrundriß veränderten. Vielmehr bestimmten im Mittelalter neue Ideale das Leben: Jerusalem, auf dem Berg gelegen, kann Sinnbild einer neuen hierarchischen, auf dem Berge Sinai verkündeten Ordnung sein. Augustinus hat die Vertikale für die mittelalterliche Herrschaft als von Gott gewollte begründet. Hohe Kirchtürme sind deutliche Symbole, denen sich alles andere unterordnet. Das demokratische Raster entsprach nicht dem Weltbild der Christen.
Die Idee des hippodamischen Systems ging indes nicht verloren. So zeigen Stadtgründungen der Gotik rasterförmige Grundrisse. Im 12. und 13. Jahrhundert gründeten der französische und englische Adel in Südfrankreich neue Siedlungszellen; diese ‚Bastides' sind alle nach dem gleichen Muster mit Straßengittern und einem betonten zentralen Platz gebaut. Die Zähringer Gründungen mit Straßengittern orientierten sich stärker an örtlichen Gegebenheiten. An eine breite Hauptstraße sind kammartig Querstraßen angeschlossen. Der Deutsche Orden kolonisierte den Osten mit neuen Städten nach einem Grundschema mit einem Marktplatz im Mittelpunkt. 6–8
In den italienischen Städten blieb der römische Grundriß die Basis der Stadtentwicklung. Systematisch suchten hier die Künstler der Renaissance die Ideale der Antike wiederzuerwecken und zu einer eigenständigen Kultur zu formen. Städtebau und Architektur knüpften an das verschüttete Erbe an. In dieser Blütezeit wurden Idealstädte gezeichnet, einige von ihnen realisiert. Überwiegend wurden rasterförmige Grundrisse gewählt. Unregelmäßige Straßen- 9, 10, 11

fluchten vorhandener Städte wurden nach den Regeln der Perspektive umgebaut. In Deutschland wurde der neue Stil zögernd aufgegriffen, als das Gedankengut der italienischen Renaissance auch nördlich der Alpen wirksam wurde und hier zu Entwürfen von Idealstädten veranlaßte. Später schuf das Feudalsystem des Barock mit der Avenue einen neuen Straßentyp, mit dem axiale Systeme entstanden, die sich zum Teil auch in der Landschaft fortsetzten. Gern nutzten die Herrscher das geradlinige Straßennetz des Hippodamos, um eine ganze Stadt in den Dienst ihres gestalterischen Anspruchs zu zwingen. Folgerichtig veranlaßten sie alle Bauherren zu einer einheitlichen Architektur.

12, 13 Mit der Kolonisierung der Welt durch europäische Mächte gelangte das rasterförmige Erschließungsprinzip in andere Erdteile. Die spanischen Stadtgründungen in Amerika mußten ab 1521 aufgrund eines Dekrets von Kaiser Karl V. einen schachbrettartigen Grundriß haben. Auch die französischen und englischen Gründungen in Übersee entstanden nach diesem Muster – für die Kolonisatoren fern der Heimat ein einfach zu praktizierendes Handwerkszeug für die Erschließung und die Verteilung von Bauplätzen.

1785 ordnete der amerikanische Präsident Jefferson eine auf dem Quadrat basierende Landvermessung an. Nicht der Geltungstrieb der Mächtigen war für die Anwendung des hippodamischen Systems verantwortlich, vielmehr galt es hier in erster Linie, das riesige neue Land zu erschließen. Der Geometer nutzte das großräumige Netz der Wege im Abstand einer Meile als Basis für die Zuteilung von Land an die Siedler. Wo sich in diesem geometrischen System Siedlungen entwickelten, wurde das vorgegebene Raster verdichtet; es wurden weitere Erschließungswege im Raster vermessen und Parzellen für die Bebauung verteilt. Genauso hatten schon die Römer die Poebene kultiviert – allerdings mit dem Unterschied, daß die Städte mit dem Mauerring eine definierte Größe erhielten.

Durch den Wechsel der Herrschaft überlagerten sich im geschichtlichen Ablauf die skizzierten städtebaulichen Muster: Die islamische Weltherrschaft überwucherte die hellenistische Ordnung. Die Kolonisatoren legten das Raster ihrer Stadtidee über das ihnen willkürlich erscheinende Geflecht der asiatischen und orientalischen Besiedlung.

14, 15 Die europäische Stadt hat im 19. Jahrhundert ein neues Gesicht erhalten. Der starke Bevölkerungszuzug verlangte ausgedehnte neue Wohnquartiere. Sie wurden durchwegs als hippodamische Netze mit umbauten Blockfeldern geplant. Zu den in Jahrhunderten gewachsenen Altstädten mit ihren differenzierten Straßennetzen, religiösen und machtpolitischen Baugruppen, kleinteiligen Wohnstätten standen sie in Form und Maßstab im deutlichen Kontrast. Vielfach wurden in die Altstädte geradlinige neue Verkehrsadern geschlagen, um dem starken Verkehr der schnell wachsenden Stadt gerecht zu werden und modernen Bauten in den alten Strukturen den angemessenen Rahmen zu geben. Die Stadterweiterungspläne wurden vielfach von Ingenieuren gezeichnet. Für den weit ausgreifenden Bebauungsplan von Berlin (1862) war James Hobrecht verantwortlich; er war als Regierungsbaurat im Polizeipräsidium für die Festsetzung von Baufluchtlinien zuständig, mit denen die Baufreiheit im Interesse der öffentlichen Ordnung eingegrenzt werden konnte. Die sozialen Wirkungen der mit der Realisierung solcher Fluchtlinienpläne einhergehenden Bodenspekulation wurden erst später erkannt; Werner Hegemann hat diesen Prozeß eindrucksvoll geschildert (Hegemann 1930/1965). Der Frankfurter Oberbürgermeister Franz Adickes suchte als erster diese Mißstände durch die Festlegung von Bauzonen zu begrenzen.

Der ungewöhnliche Umfang der nach diesem Schema entstehenden geometrischen Stadterweiterungen stieß in der zweiten Hälfte des 19. Jahrhunderts auf Kritik. Man beklagte die Monotonie der Stadtbilder und begründete deren ästhetische Verarmung im Vergleich zu den gewachsenen Altstädten. Der von Camillo Sitte anschaulich beschriebene *Städtebau nach seinen künstlerischen Grundsätzen* (Sitte 1889) fand deshalb bei Architekten vielfach Unterstützung. So sprach Karl Henrici von „langweiligen und kurzweiligen Straßen" und äußerte Verständnis für die aufwendige Dekoration der Fassaden in den „langweiligen" Hausmannschen Boulevards, weil sich dort einzelne Häuser anders nicht darstellen könnten. Es seien nicht die großen Geister gewesen, die das System der geraden Linien und das Gesetz der Symmetrie in die Stadtpläne eingeführt hätten; vielmehr seien dies Produkte von Willkürherrschaft oder bequemer Reißbrettmacher. Solche Pläne sollten die Rolle übernehmen, die früher der Zufall gespielt hatte.

Im Richtungsstreit über die Straßenführung empfahl Josef Stübben geschwungene Trassen in bewegtem Gelände, nicht aber in der Ebene. Raymond Unwin beantwortete diese Fragen versöhnlich. Er neigte „zu der Ansicht, daß gerade Straßen, obschon sie in mittelalterlichen Städten allgemein fehlen und leicht zu einer gewissen Formalität, Steifheit und Einförmigkeit führen, dennoch eine eigene Zweckmäßigkeit und Schönheit zum Ausdruck bringen und beim Entwurf moderner Städte unbeschränkte Anwendung finden dürfen" (Unwin 1910/1922, 158).

Stübben lehnte eine romantisierende Planung ab: „Die anscheinend willkürlich entstandenen Unregelmäßigkeiten mittelalterlicher Plätze können wir [...] nicht nachahmen. Plätze, die wir schaffen, [...] werden in wenigen Jahren oder Jahrzehnten von [...] Gebäuden moderner Menschen umrahmt sein. Daraus folgt für uns die Herrschaft [...] des schaffenden Geistes, der sich des

Lineals oder Zirkels vorwiegend bedient oder der sich in grundloser Willkürlichkeit nicht betätigen kann. Stadtstraßen sind in erster Linie Verkehrslinien, erst in zweiter Reihe dienen sie zum Anbau der Häuser." (Stübben 1890/1980). Unbestritten war der Zusammenhang von geschlossener Blockrandbebauung und öffentlichem Raum. Die Lehrbücher aus dieser Zeit belegen im einzelnen eine intensive Auseinandersetzung mit der Straßenraumgestaltung; die erhalten gebliebenen Gründerzeitquartiere zeigen in der Tat eine ausgeprägte Freude am Detail, das mit der Architektur der Straßenrandbebauung korrespondiert.

16–21 Zu Unrecht sind Stadt und Stadtplanung des 19. Jahrhunderts lange Zeit abgelehnt worden. Die Kritik an der Überbelegung der Wohnbauten, Spekulation und eklektizistische Architektur verstellten den Blick dafür, daß sich allmählich ausgewogene Planungsprinzipien entwickelten. Der Schritt vom „ästhetischen zum organischen Städtebau" (Fritz Schumacher) gelang gleichwohl erst in den ersten Jahrzehnten des 20. Jahrhunderts. Der Zuschnitt des Baublocks wurde nun nicht mehr allein als formaler, sondern auch als sozialer Typ erkannt. Man sah die Notwendigkeit, nicht mehr bei Aufteilungssystemen stehen zu bleiben, sondern die funktionalen Zusammenhänge in Generalbebauungsplänen zu entwickeln.

In den englischen Gartenstädten, die nach der Jahrhundertwende entstanden, wurde der Baublock neu interpretiert. Anstelle stereotyper Blockbebauungen entstanden differenzierte Formen, die auf die örtliche Situation und auf die Wohngrundrisse besondere Rücksicht nahmen. Tony Garnier entwickelte eine Bandstadt auf der Grundlage eines Blockrasters. Die Holländer Hendrik Petrus Berlage, Cornelis van Eesteren und andere haben in neuen Stadtteilen von Amsterdam und Rotterdam die Tradition des städtischen Baublocks besonders überzeugend modernen Bedingungen angepaßt; das Straßennetz ist hierarchisch, die Fassadenformen korrespondieren mit den öffentlichen Räumen. Auch in Deutschland hielt Fritz Schumacher am Baublock fest. Ludwig Hilberseimer zeigte modellhaft, wie das Raster in ein differenziertes Verkehrsnetz mit Haupt- und Nebenstraßen umgeformt werden kann. Er unterbrach das Netz für eine ‚Verkehrsberuhigung' bis zur Trennung von Fahr- und Fußgängerverkehr. Alle diese Projekte aus den ersten Jahrzehnten des 20. Jahrhunderts setzten sich mit dem Straßenraster und dem Baublock auseinander und suchten Wege, die bewährten Muster in die Moderne zu übersetzen. Die Reform des Baublocks war eines der wichtigsten Themen in der Städtebauausstellung 1910 in Berlin.

Die eher konservativen Reformansätze wurden von der weiteren Entwicklung des Städtebaus überrollt. Das Bauhaus setzte sich mit neuen radikaleren

Ideen durch. Das Ziel, gesunde Wohnungen preiswert zu erstellen, führte – folgerichtig – zum Zeilenbau anstelle der bis dahin üblichen Blockbebauung. Um allen Bewohnern die gleichen Bedingungen zu geben, wurden die Zeilen zunächst in strenger Ordnung gereiht; Bruno Taut und Ernst May gelangen ortstypische Lösungen mit hohem Reiz. In der Nachkriegszeit führte die Auflösung des Baublocks zum ‚fließenden Raum‘, zu freistehenden Häusern unterschiedlicher Art, die mehr oder minder geschickt gruppiert wurden. Die Straße verlor die überkommene Funktion als komplexer öffentlicher Raum. Diese Entwicklung ist ohne die theoretische Vorarbeit der CIAM nicht denkbar; Le Corbusier setzte sich mit einer Planungstheorie durch, die mit der Tradition des europäischen Städtebaus brach. Johannes Göderitz, Roland Rainer und Hubert Hoffmann beschrieben 1957 *Die gegliederte und aufgelockerte Stadt* mit überschaubaren Nachbarschaften anstelle einer zusammenhängenden Bebauung und Erschließung. Ihre damals allgemein anerkannten Grundsätze entsprachen weitgehend dem Strukturmodell der New Towns in England. Hans Bernhard Reichows *Organische Stadtbaukunst* schlug Straßennetze in Anlehnung an das Gerüst von Blättern vor. Vergleichbar sind die Entwürfe von Radburn mit ihrer Trennung von Fahr- und Fußwegen.

Man mag überrascht sein, daß in dieser durchgreifenden Reform des Städtebaus die Straßenführung noch eine wesentliche städtebauliche Frage blieb. Le Corbusier formulierte 1929 die weitsichtige These, daß der Großstadt eine Katastrophe drohe, weil sie nicht mehr vom Geist der Geometrie beherrscht sei. Diese Ansicht erklärt zum Teil seine radikalen Umbaupläne für Paris wie auch die im großräumigen Raster gebaute neue Stadt Chandigarh. Auf seine Kritik an Camillo Sitte, dieser habe „die Religion der Eselswege" ins Leben gerufen, reagierte Reichow 1948. Die krumme Straße sei nicht nur der Weg des Esels, sondern auch der der Menschen und sogar des Autoverkehrs. So wie jeder Fußweg durch die Wiese in leichter Schlängelung getreten werde, gehöre die leichte Kurve zum natürlichen Lauf des Automobils. Dem Zeitgeist der ‚gegliederten und aufgelockerten Stadt‘ entsprach 1945 auch Gaston Bardet mit der Äußerung, daß das schachbrettartige Raster „gekünstelt" sei und einzig dem Bedürfnis folge, den städtischen Boden in gleiche Parzellen zu unterteilen. Roland Rainer ergänzte diese Kritik 1948 mit dem Bedenken, daß ein Plan nach geometrischen Gesetzen kein Beitrag für die räumliche Wirkung sei.

Die Planungsprinzipien der ‚gegliederten und aufgelockerten Stadt‘ bestimmten die Nachkriegsjahrzehnte nicht nur in Deutschland. Hillebrecht empfand 1957 „die große Vielfalt der Formen [...] als viel reicher und wechselvoller" als den Städtebau des 19. Jahrhunderts. Und Johannes Göderitz verteidigte im selben Jahr die Abwendung von der „endlosen geschlossenen Bauflucht". Er beschrieb ein „lebendig, körperlich und räumlich wirkendes Straßen- und Stadtbild, in dem jedes Haus eine klar faßbare Stellung in der Gemeinschaft der übrigen erhält".

Mit dem weltweiten Erfolg der additiven Anordnung der Gebäude und ihrer optimalen Ausrichtung zur Sonne im durchgrünten Umfeld kamen aber auch Zweifel auf. Dem anfänglich positiv empfundenen ‚Leben im Park' fehlte auf Dauer die Spannung zwischen öffentlichem Raum und Privatheit. Die Stadt verlor damit ihre festen Konturen und wurde treffend als ‚Stadtlandschaft' bezeichnet. Gerd Albers kritisierte 1972 diese Entwicklungen und wünschte anstelle des Zeilenbaus wieder „räumliche Bildungen". Rob Krier verglich 1975 „das Raumkontinuum der intakten Stadtstruktur" mit einem System von Leitplanken. Stadtraum mußte nach Ansicht von Otti Gmür „mehr sein als nur der zufällige Freiraum zwischen zusammenhanglos geplanten Einzelbauten". Erforderlich sei „die Festlegung von Begrenzungen, die wieder ein Spannungsfeld zwischen geformter Stadtumwelt und freier Landschaft" erzeugen sollen (Albers, Papageorgiu-Venetas 1984, 183 ff; 561 ff).

Heute, 50 Jahre nach der theoretischen Vorbereitung der ‚gegliederten und aufgelockerten Stadt', reagiert die Stadtplanung konkret auf die antistädtische Praxis in der Nachkriegszeit. Vorangegangen waren die – aus heutiger Sicht gescheiterten – Versuche, durch hohe Baudichte in geknickten Gebäudebändern und Hochhausgruppen ‚Urbanität' zurückzugewinnen. Viele Pläne der letzten Jahre für Stadterweiterungsgebiete finden wieder zu dem einfachen System des orthogonalen Straßennetzes und der Blockbebauung zurück. Die Motive hierfür mögen gestalterischer Art sein, geprägt von dem Wunsch, anstelle der unverbindlichen Formen des fließenden Raumes wieder ‚eine Stadt' zu bauen. „Wir sind dabei, ein Jahrhundert städtebaulicher Experimente abzuschließen, die, quer über alle Kontinente, ganz unabhängig von Kulturen und Gesellschaftsordnungen, technisch und ästhetisch sehr ähnliche Strukturen hervorgebracht haben. Um uns dieser Entwicklung entgegenzustellen, wollen wir folgende Basiskriterien wieder aufleben lassen, die dem zeitgenössischen mechanischem Denken zum Opfer gefallen sind: Das Haus als Grundbaustein der Stadt. Der Baublock als Zelle jeglicher Stadtstrukturen. Der Stadtraum in seinen ästhetischen Formulierungen von Straßen und Plätzen. [...] Flexibilität, Anpassung und die Chance für späteres Wachstum im Inneren wie im Randbereich." (Rob Krier im Vorwort einer Schrift über das Projekt Potsdam-Kirchsteigfeld, 1993) Die Erfolgsgeschichte des hippodamischen Systems setzt sich fort. Mit diesem beschäftigt sich dieses Buch.

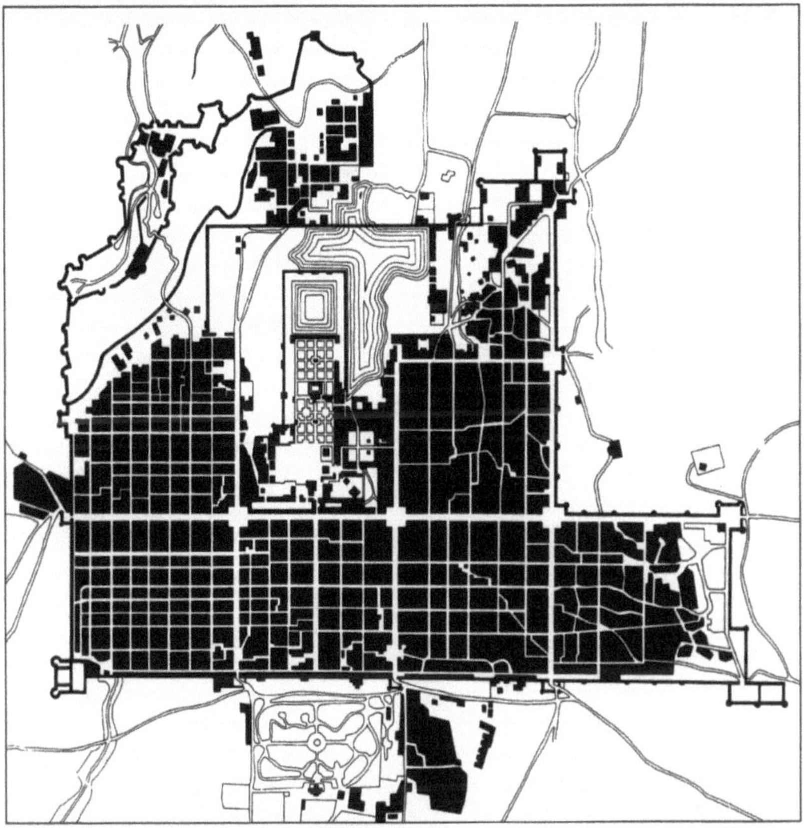

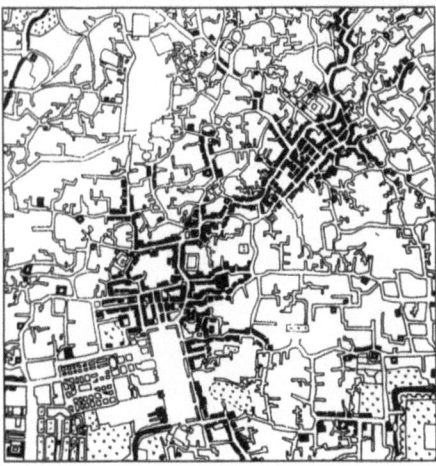

1 Jaipur, der städtebaulichen Tradition Chinas folgende Stadtgründung (1728)

Städte in Asien

2 Isfahan, planlos gewachsene und veränderte iranische Stadt

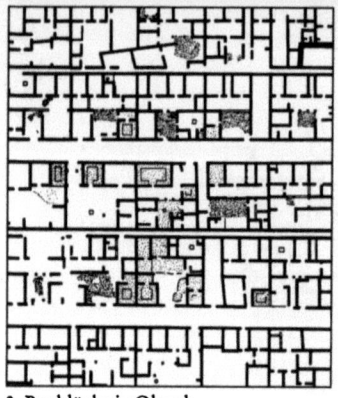
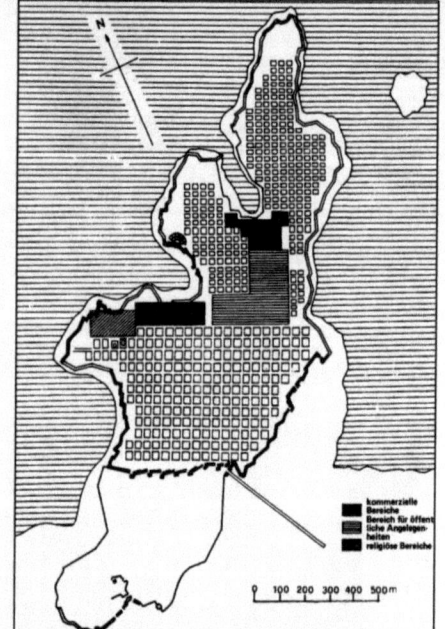

3 Baublöcke in Olynth
4 Milet

*Das hippodamische System
hellenistischer Stadtgründungen*

5 Timgad, eine römische Militärkolonie

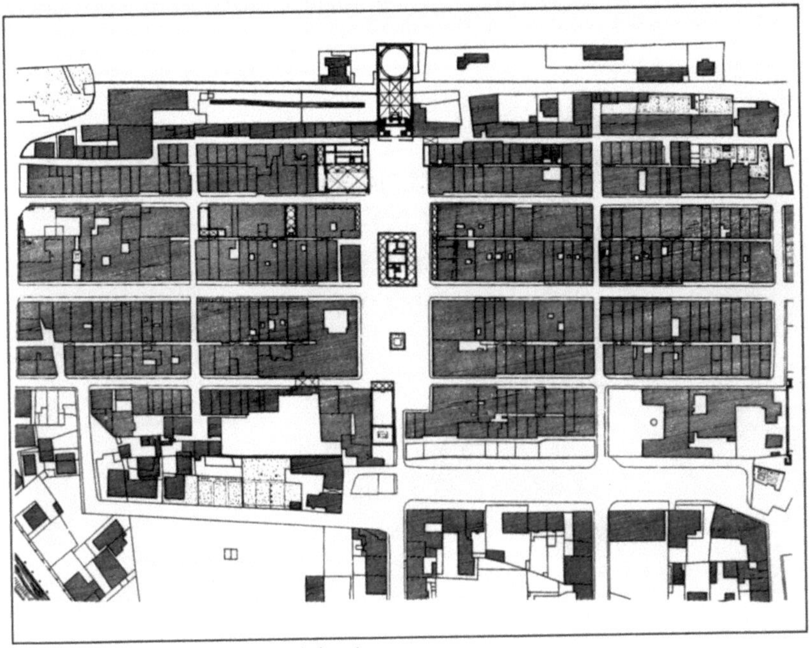

6 S. Giovanni Valdarno (Ende 13. Jahrhundert)

7 Bastide Beaumont du Perigord (1272)

Stadtgründungen des Mittelalters

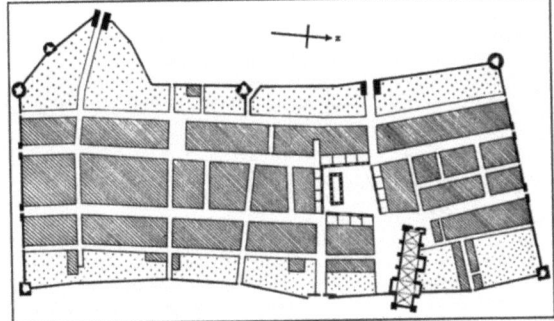

8 Bern, eine Zähringer Gründung (1191)

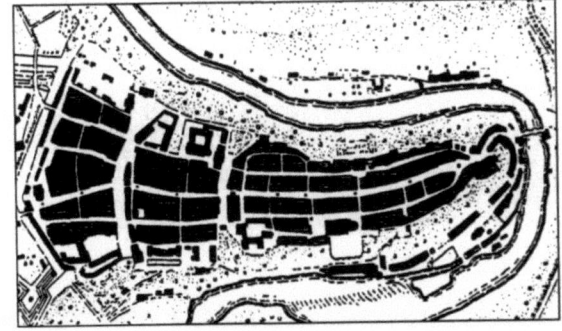

9 Nancy, Place Royale

Stadtstrukturen des Barock

10 Caserta (Stich aus 1756)

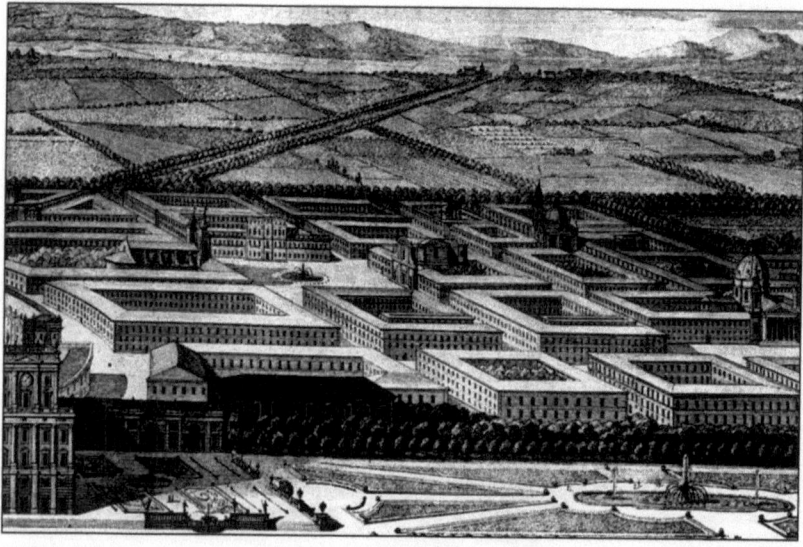

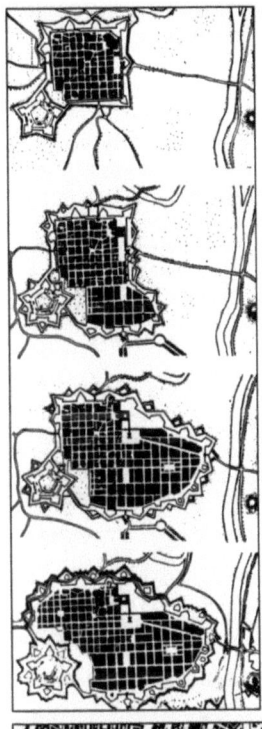

11 Turin verdankt sein einheitliches Stadtbild dem rasterförmigen Erschließungsnetz, das von der Gründung als römische Kolinie bis ins 20. Jahrhundert die Stadtentwicklung bestimmte (Zeitreihe: 16. Jahrhundert, 1620, 1673, 1714, heute).

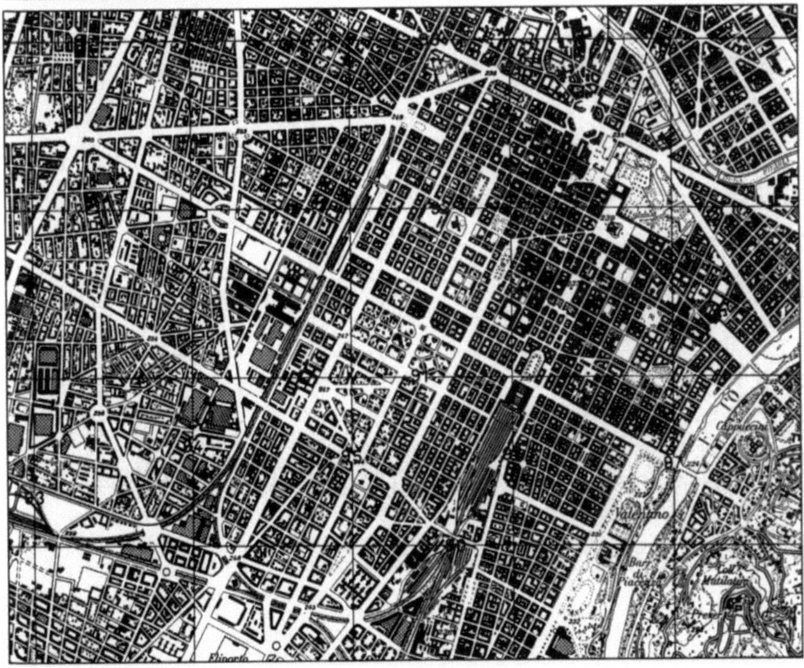

12 Savannah (1734)

13 Philadelphia (Penn 1682)

Kolonialstädte in Amerika

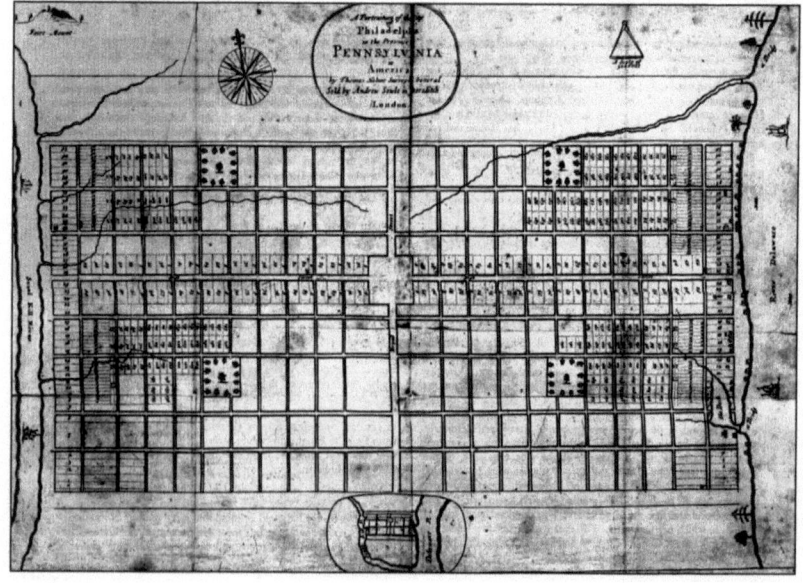

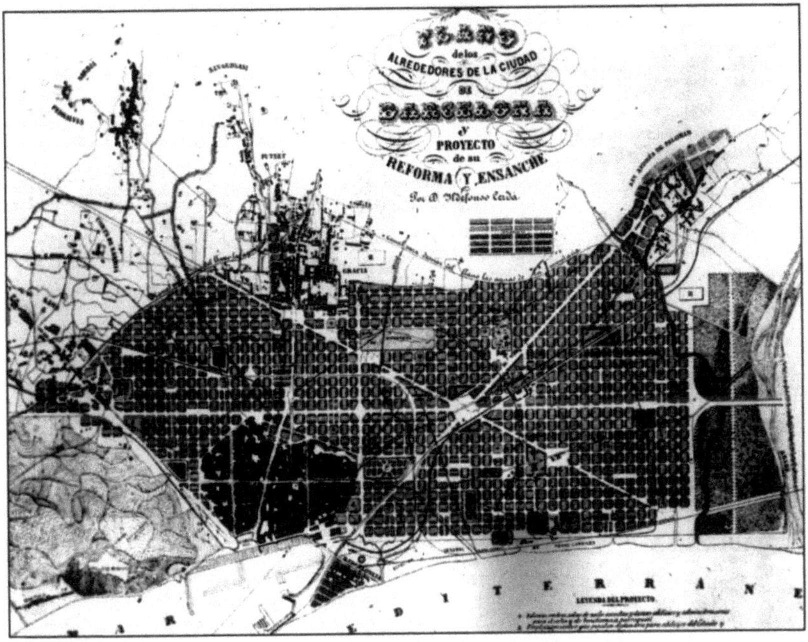

14 Barcelona (Plan I. Cerdá 1859)

Stadtpläne des 19. Jahrhunderts

15 Florenz, Erweiterung der römischen Gründung (vgl. Bild 37)

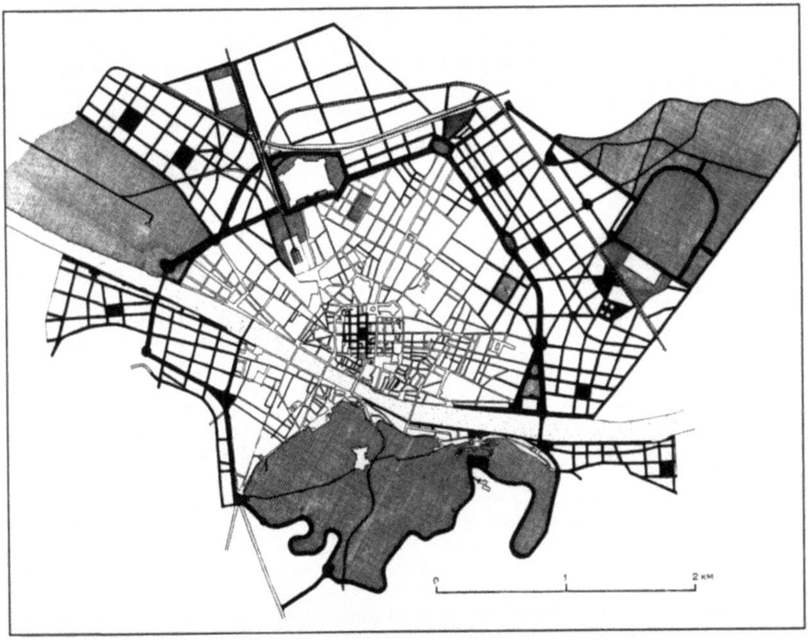

16 Wien, Karl-Seitz-Hof
(Hubert Gessner)
17 XXII. Wiener Bezirk
(Entwurf Otto Wagner, 1911)

 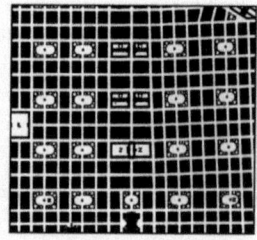

Stufen der städtebaulichen Reformen im 20. Jahrhundert

18 Plan Voisin Paris (Le Corbusier, 1922)

19 a, b Lechtworth
(Parker und Unwin, 1903)

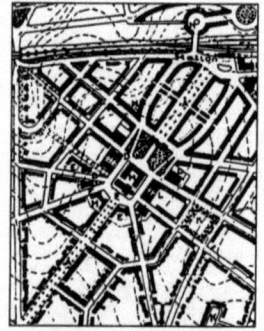 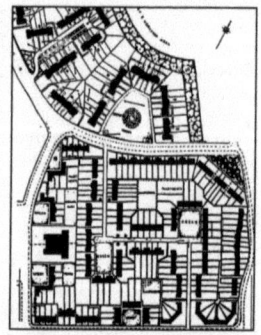

20 Berlin-Hufeisensiedlung
(Bruno Taut, 1929)
21 Frankfurt-Westhausen
(Ernst May, 1929)

 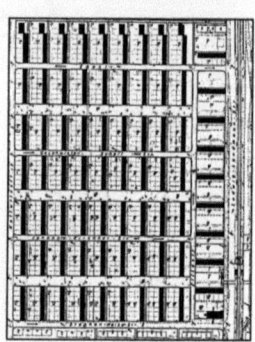

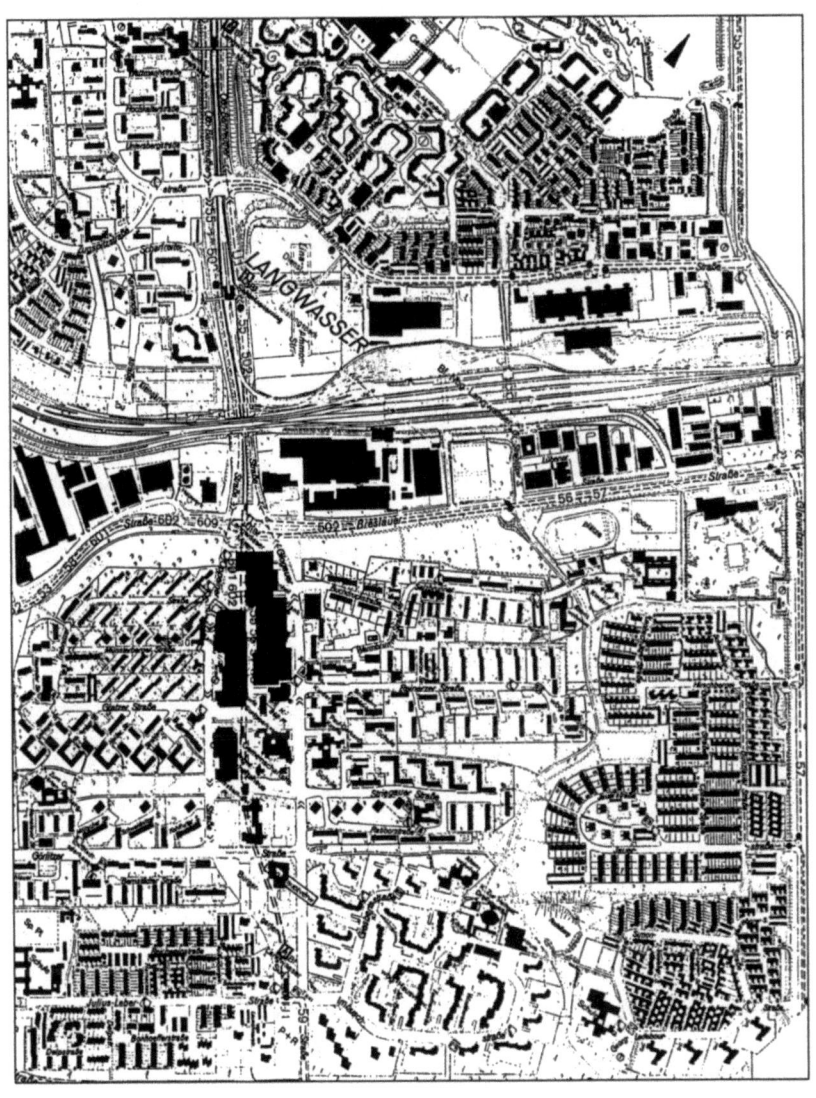

22 Nürnberg-Langwasser ist nach den Regeln des fließenden Raumes der gegliederten und aufgelockerten Stadt entworfen. Die Bauabschnitte folgten wechselnden gestalterischen Moden. Eine Stadtstruktur ohne Ordnung ist entstanden.

Elemente, spezifische Merkmale und Leistungsfähigkeit der ‚Stadt im Quadrat'

Parzellen im Baublock

Die Prinzipien der Aufteilung von Grund und Boden prägen einen Siedlungsraum nachhaltiger als man vermuten möchte. Parzellen überziehen lückenlos Stadt und Land. Grundbesitzer verteidigen ihr im Grundbuch verbrieftes Eigentum. Ohne nachbarschaftliche Vereinbarungen bleiben die Grundstücksgrenzen unverändert. Sie sind ein stabilisierendes Element in der Stadtentwicklung. Es überdauert auch Zerstörungen – es sei denn, Legislative und Exekutive nehmen radikal oder ausgleichend Einfluß (das sozialistische Gesellschaftssystem enteignete den Grundbesitz). In Flurbereinigungsverfahren und kommunaler Bodenordnung ist die wirtschaftliche Verwertung von Flächen Anlaß für eine Neuordnung von Grund und Boden. In kolonisierten Ländern verteilte die Obrigkeit Grundbesitz an die Siedler und schuf idealtypische Parzellenstrukturen. Im Griechenland der Antike war es nicht anders als in den europäischen Planstädten. Vergleichbar ist heute die Parzellierung eines von der Gemeinde oder von einem Investor erworbenes Baulandes.

Eine so entstehende Parzellenstruktur spiegelt die Gliederung einer besiedelten Fläche deutlich wider. Die ‚Körnigkeit' des Grundbesitzes gibt Hinweise auf die Stadtbaugeschichte sowie auf die Nutzung und Bebauung von Quartieren. Eine solche ‚Partitur' der Stadtstruktur gleicht in der Regel einem ‚Fliesenbelag' mit rechtwinklig geschnittenen Zellen, auch wenn das Wegenetz unregelmäßig ist. Die Bewirtschaftung eines Ackers mit dem Pflug oder der modernen Erntemaschine führt zwangsläufig zu orthogonalen Formen. Der Konstruktion eines Hauses mit rechtwinkligem Körper folgt in der Regel ein orthogonal geschnittenes Grundstück. Bei einer Verdichtung zu einer Bebauung Haus an Haus ist der orthogonale Parzellenschnitt zwangsläufig. Somit ist das Prinzip der Rechtwinkligkeit nicht nur Produkt des planenden Intellekts. „Vielmehr scheint dem rechten Winkel eine eigene Lösung inne zu wohnen, welche ihn [...] zu einem Roten Faden menschlichen Siedelns macht." (Humpert 1997, 94)

Naheliegend ist deshalb die Planung von Baugebieten nach dem Prinzip einer rechtwinkligen Ordnung. Der orthogonal geschnittene Baublock gewährleistet am ehesten eine wirtschaftlich und technisch vorteilhafte Parzellierung; immer entstehen gut nutzbare Grundstücke. Dieses Schema ist zudem anpassungsfähig: Die Teilung und Zusammenlegung von Grundstücken führt immer zu optimal verwertbaren Bauflächen.

87-95 Der Grundriß der Berliner *Friedrichstadt* beweist die Anpassungsfähigkeit der Parzellierung im hippodamischen System. Die Entwicklung Berlins zur europäischen Metropole erforderte für repräsentative Bauten und gesellschaftliche Nutzungen große Parzellen. Sie wurden durch Addition der alten Parzellen aus der barocken Gründungsphase zu großen Grundstücken geschaffen. Im Parzellenplan von 1939 sind im Mosaik der unterschiedlich großen Grundstücke die Standorte der Ministerien, der Hotels und der Kaufhäuser gut ablesbar. Die städtebauliche Ordnung des Blockrasters bleibt von solchen Veränderungen unberührt. Die Logik der Parzellierung im rechtwinkligen Blockraster hat jedoch andere städtebauliche Formen nicht behindern können. Auch in der Friedrichstadt mußten spitz zulaufende Baublöcke parzelliert werden. Kleine Eckgrundstücke mußten dabei auf Gärten verzichten. Den Baumeistern der Gründerzeit war jedoch die nachteilige Wirkung unregelmäßiger Blockbegrenzungen bewußt. Erschwerend ist immer eine Verwertung solcher Grundstücke beim Ersatz der ursprünglichen Bebauung. Sie mag im Einzelfall zu eindrucksvollen Bauten führen, überfordern jedoch oft die Architekten. Unstrittig ist, daß die Flexibilität der Nutzung des Baugrundes eingeschränkt ist.

Im 20. Jahrhundert und insbesondere bei der Planung und Realisierung neuer Wohngebiete verloren mittelständische Bauherren ihre tradierte Rolle. Anonyme Gesellschaften traten als Investoren deren Erbe an. Sie verlangten Großparzellen. Die heute vielfach kritisierte Monotonie neuer Stadtteile ‚aus einer Hand' war und ist die Folge. Auch eine noch so ausgeklügelte städtebauliche Planung, architektonische Individualität und verordnete Vielfalt der Angebote können das Mosaik des individuellen Handelns einzelner Bauherren nicht ersetzen. Deshalb verdienen die Konzepte kleinteiliger Grund-
294ff stücksvergabe in neuen Wohnstadtteilen, beispielsweise in *Freiburg-Riesel-*
302ff *feld* und in der *Expo-Siedlung Kronsberg* in Hannover, besondere Beachtung: Diese Konzepte der Vermarktung des Baulandes ziehen die Lehre aus dem gängigen Siedlungsbau der letzten Jahrzehnte. Denn es reicht nicht aus, eine Blockbebauung zu entwerfen und im Bebauungsplan festzusetzen. Die Erwartung, mit diesem traditionellen Bebauungsmuster würde sich die lebendige Vielfalt alter Wohnquartiere gleichsam von selbst ergeben, wurde nicht

eingelöst. Die Wohnungen orientierten sich zwar auf den öffentlichen Straßenraum und boten Wohnruhe in den zum Blockinneren orientierten Räumen, aber die Wohnungsbaugesellschaften bauten wie in der ‚gegliederten und aufgelockerten Stadt' auf arrondierten Grundstücken ihre Zeilen ‚von der Stange'. Oft bebauten sie einen ganzen Block mit einem einzigen Wohntyp. Der Baublock entfaltet erst mit der Parzellierung seine Vorteile. Die unterschiedlichen wohnungswirtschaftlichen Ziele der Bauherren und deren architektonische Konkretisierung wirken nur im engen Miteinander. Die Größe der Parzellen und deren Frontlänge an der öffentlichen Straße bestimmen dauerhaft die Körnung des Stadtorganismus. Die Grundbesitzer kleiner Parzellen können flexibel auf sich ändernde Wünsche und wirtschaftliche Bedingungen reagieren, ohne daß das System der Baublöcke angetastet wird. Die strenge Form der Blockrandbebauung bändigt gestalterisch die Vielfalt individueller Vorstellungen.

Darf man hoffen, daß die erläuterten Beispiele Schule machen? Oder wird an die Stelle des individuellen Bauherrn überall der Investor treten, der mit dem Fondsvermögen vieler Anleger nur große Projekte für ganze Baublöcke baut? Unsere Hoffnung ruht auf den individuellen Wünschen der Stadtbewohner, die statt in genormten Häusern lieber in unverwechselbaren Gebäuden und deren Umfeld leben möchten. Aber selbst wenn heute die optimale Lösung nicht erreichbar ist, bleibt das Blockraster eine wertvolle Option für spätere Entwicklungen.

Bauen im Baublock 23–28

Aus den skizzierten Erfordernissen und in Jahrhunderten gemachten Erfahrungen entwickelte sich die städtische Blockbebauung. Die Überlegenheit ihrer rechtwinkligen Begrenzung zeigt sich bei einer näheren Betrachtung der Baustruktur. *Schwarzpläne der Blockraster* (aus den Beispielen im zweiten Teil dieses Buches) veranschaulichen Strukturtypen:
Bauen im rechtwinklig geschnittenen Baublock nutzt alle Flächen: den Vorgarten als vermittelnden, einladenden Raum zwischen Hauswand und Verkehrsfläche, den privaten Garten oder den Hofraum für die Bewohner. Es gibt kein ‚Abstandsgrün', das in der ‚gegliederten und aufgelockerten Stadt' weder die Qualitäten eines öffentlichen Raumes hat noch den Bewohnern eine private Nutzung anbietet. In der rechtwinklig geordneten Blockrandbebauung gibt es keine bevorzugten oder benachbarten Standorte, sondern unterschiedliche Qualitäten, aus denen Interessenten auswählen können. Die lang-

jährige Praxis des Zeilenbaus mit dem Hauseingang auf der Nord- bis Ostseite des Hauses und die Aufreihung gleicher Grundrißtypen taugt nicht für den Entwurf der Blockrandbebauung. Zugänge zu den Häusern sollten immer an der Straße liegen. Für die Blockecken müssen Sonderlösungen entwickelt werden, die einen individuellen Reiz haben können. Eine (teilweise erfolgende) Auflockerung durch freistehende Häuser in der Bauflucht verletzt das Prinzip der Blockrandbebauung nicht. In der Summe tritt an die Stelle gleicher Grundrisse und Umfeldqualitäten eine lebendige Vielfalt der Angebote und auch der Fassadengestaltung.

Die Größe und Gliederung der Baublöcke ist ein anschaulicher Beleg für die Ansprüche und Ziele der Bauherren während der Gründungsphase eines Quartiers. Ständig wechselnde Anforderungen haben die innere Gliederung der Blockflächen verändert und zumeist zu einer zunehmenden Überbauung der Freiflächen geführt. Erst die heute erfolgende Blockentkernung macht die ursprüngliche Planung wieder sichtbar.

Die Planstädte aus dem Mittelalter wie aus Renaissance, Barock und Klassizismus hatten durchweg eine zwei- bis dreigeschossige Blockrandbebauung und ließen die Blockinnenfläche unbebaut. Hieraus ergab sich eine Blocktiefe von 40 bis 80 m, im Einzelfall bis 100 m.

Ein anderes Bild vermitteln die Großblöcke, in denen auch im Innenbereich Grundstücke geschnitten und Gebäude errichtet wurden. Die Stadtentwicklung hat im Laufe der Jahrzehnte und Jahrhunderte zu einem kleinteiligen Puzzle überbauter Flächen bis zur vollständigen Überbauung der Grundstücke geführt. Die im Blockraster erzwungene Rechtwinkligkeit der Ge-
219ff bäudeanordnung hat solche Entwicklungen fraglos erleichtert. In der *Äuße-*
155ff *ren Neustadt Dresden* ist eine solche Struktur Ergebnis eines langen
86 geschichtlichen Prozesses; in der *Münchener Max-Vorstadt* Folge der Verdichtung eines ursprünglich großräumig gedachten Plans; in *Berlin-Kreuzberg* haben die Kriegseinwirkungen ein ursprünglich einheitliches Bebauungsschema aufgelöst. Solche Großblöcke sind auch aus der jüngeren internationalen Stadtbaugeschichte bekannt: So wählte Le Corbusier den
18 großen Maßstab für seinen utopischen Vorschlag zum Umbau von Paris. Die
33,34 in amerikanischen Städten für große Projekte erfolgte Verbindung von zwei
87ff und mehr Blöcken zu einem großen Baufeld (beispielsweise im Rockefeller Center) geschah auch in Berlin-Mitte. Fußgängerbrücken verbinden heute in manchen großen Städten die Büros der Zentralverwaltungen großer Unternehmen.

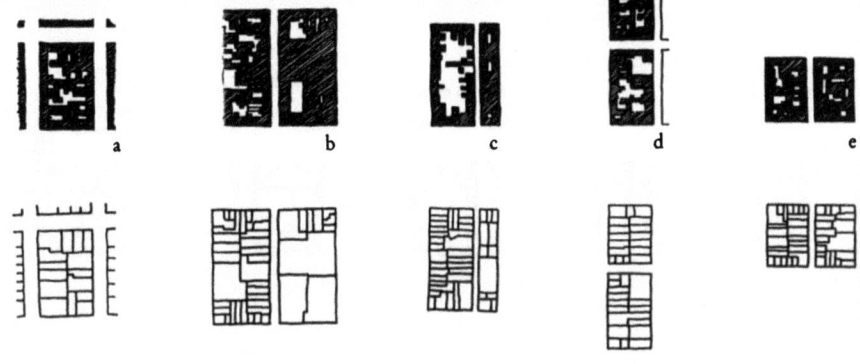

23 Blockstruktur und Parzellierung aus Barock und Klassizismus i. M. 1 : 10 000 aus den Beispielen:

a Berlin-Friedrichstadt, b Düsseldorf-Karlstadt, c Krefeld, d Erlangen, e Mannheim

f München-Maxvorstadt, g Neuruppin, h Ludwigsburg, i Tuttlingen, k Darmstadt

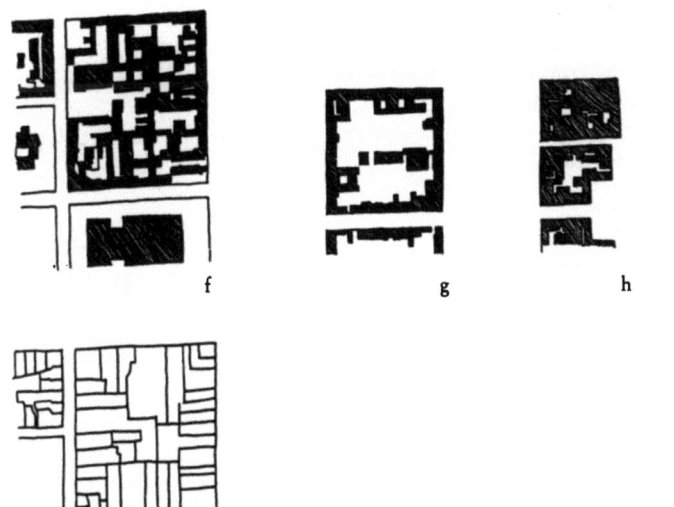

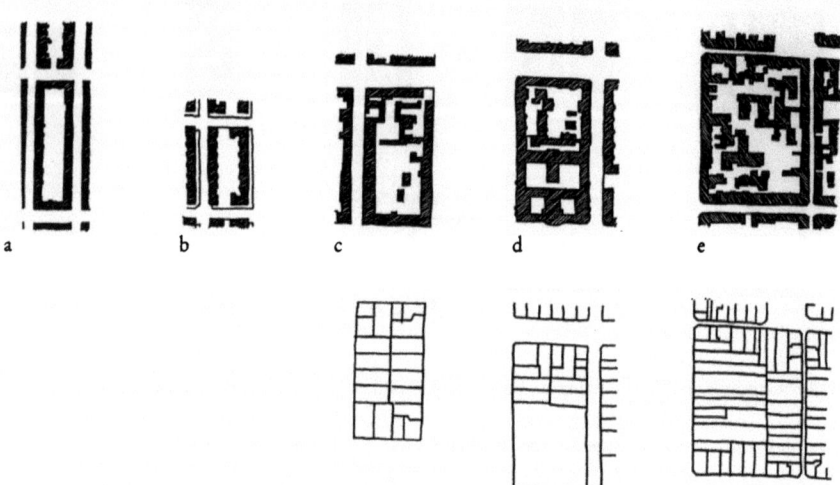

24 Blockstruktur und Parzellierung aus dem 19. Jahrhundert:

a Leipzig-Neustadt, b Leipzig-Schönefeld, c Leipzig-Waldstraßenviertel, d Leipzig – Innere Südvorstadt, e Dresden – Äußere Neustadt,

f Dresden-Striesen, g Hamburg-Harvestehude, h Braunschweig-Ringgebiet, i Hannover-Linden, k Mainz-Neustadt

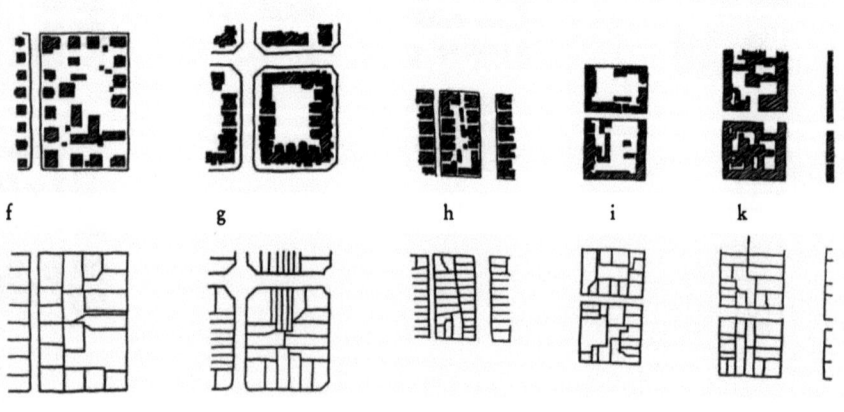

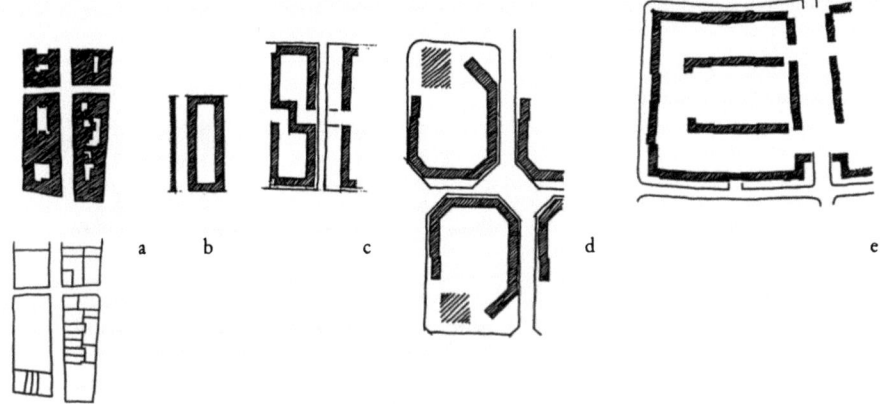

25 Blockstruktur im 20. Jahrhundert:

a Hamburg-Altstadt, b Hamburg-Dulsberg; c Hamburg-Mümmelmannsberg,
d Hamburg-Steilshoop, e Eisenhüttenstadt,

f Neubrandenburg (Wiederaufbau), g Berlin-Karow, h Berlin-Wasserstadt Oberhavel,
i Freiburg-Rieselfeld, k Hannover-Kronsberg, l Hamburg-Allermöhe, m München-Riem

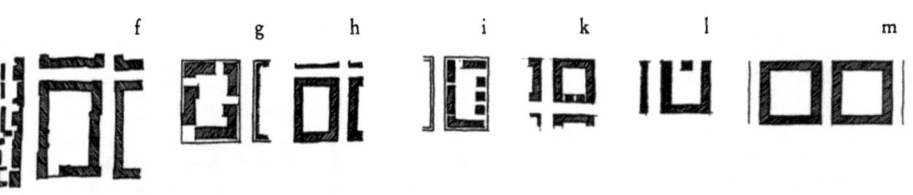

26 Dominanz der Rechtwinklichkeit in der Parzellenstruktur (Freiburg-Wiehre)

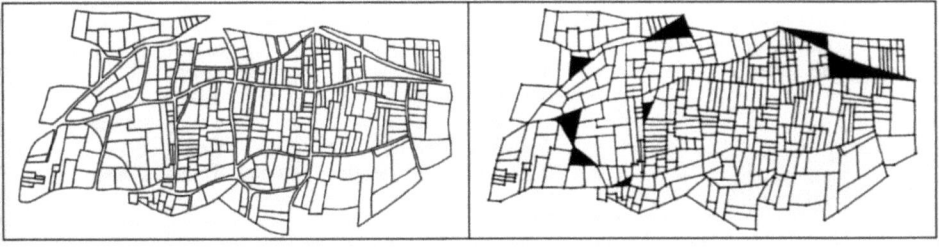

27 Alternative Blockbebauung
(Projekt München-Theresienhöhe)

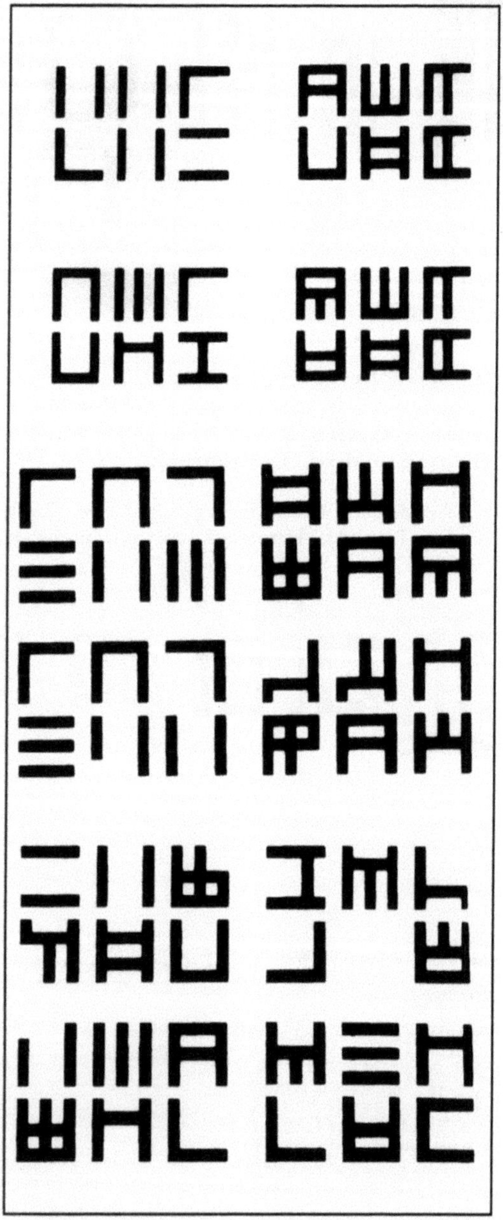

28 Alternative Einfamilienhausformen im Block
(Projekt Berlin-Buch)

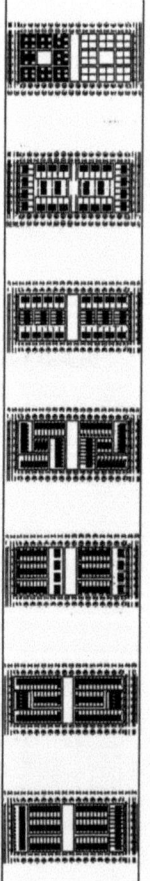

Wohnen im Baublock

Die traditionelle Form der Wohnbebauung in der Stadt folgte über Jahrhunderte dem Prinzip der Blockrandbebauung. Die Variationsbreite dieses Prinzips ist aus der Stadtbaugeschichte ablesbar. Sie war immer mit den Ansprüchen und finanziellen Möglichkeiten der Bauherren sowie mit der sozialen Stellung der Nutzer eng verwoben.

Die Gründungsstädte des Mittelalters wie die Residenzen der Renaissance, des Barock und des Klassizismus wurden zumeist für zweigeschossige Wohnhäuser entworfen, denen im Blockinneren Hausgärten zugeordnet waren. Aus der Blocktiefe lassen sich Rückschlüsse auf die angestrebte Nutzung ziehen. Das Profil der Wohnstraßen ist oft aus dem stadtbaukünstlerischen Anspruch der Stadtgründer erklärbar, ebenso die Wohnhausarchitektur. Jeder Bewohner profitierte von der Gestaltung des öffentlichen Raumes. Anders als in den schrittweise sich entwickelnden Städten sind die Planstädte ‚im Quadrat' Gesamtkunstwerke, in die die Bauherrn mit strengen Vorgaben für die Architektur der Häuser eingebunden waren.

In den mittelalterlichen Gründungsstädten, so auch in *Neubrandenburg*, *100ff* mögen funktionale Gesichtspunkte und Verteilung der Parzellen an Bauwillige den Stadtgrundriß noch stark geprägt haben. Im Absolutismus war der gestalterische Anspruch des örtlichen Herrschers Maßstab aller Dinge. Wo die ursprüngliche Architektur noch erhalten ist, sind die skizzierten stadtbaukünstlerischen Absichten der Stadtgründer noch anschaulich ablesbar: So ist *Neuruppin* mit seinen aufwendig gestalteten Straßenräumen und ausge- *108ff* dehnten Gartenflächen ein Spiegel des preußischen Stadtbaus. In *Erlangen* *132ff* und in *Ludwigsburg* vermitteln die mit bescheidenen Wohnhäusern gefaßten *139ff* öffentlichen Räume einen Eindruck von der Wohnlichkeit einer barocken Stadt.

Mit der ‚Erfindung' des mehrgeschossigen Miethauses im 19. Jahrhundert veränderte sich das Wohnmilieu entscheidend. Anstelle individueller Bauherren errichteten nun kapitalistische Terraingesellschaften ganze Baublöcke. Der Bezug zwischen Wohnung und Garten ging verloren; die Blockinnenfläche war nun ein von allen Mietern genutzter Freiraum für Wäschetrocknen und Kinderspiel, in den bescheidenen Arbeiterquartieren auf die Abstandsfläche zwischen den hohen Häusern reduziert, in den bürgerlichen Vierteln ein mit großen Bäumen bereicherter privater Raum für die Anlieger. Solche Unterschiede prägen auch die Straßenräume: auf Mindestmaße reduzierte Querprofile oder mit deutlichem repräsentativen Anspruch. Im Stadtplan von *183f* *Leipzig* sind diese unterschiedlichen Baustrukturen deutlich ablesbar. Für das *185ff* wohlhabend gewordene Bürgertum wurden in allen wirtschaftlich aufblühenden Städten zudem Quartiere für aufwendige ‚Stadtvillen' erschlossen. In Hamburg setzte sich – wie im benachbarten Bremen – die angelsächsische Bautradition durch: das individuelle Reihenhaus mit großem Garten. In *Dresden-Striesen* wurden hingegen freistehende Stadthäuser mit jeweils sechs bis acht Wohnungen ortstypische Regel.

Alle diese Blockrandbebauungen – vom Mittelalter bis in das 20. Jahrhundert – besitzen durch die Orientierung des Wohnens auf die Öffentlichkeit im Straßenraum und die Privatheit im Blockhof eine spezifische städtische Wohnqualität. Dieses Prinzip ging verloren, wenn in großen Baublöcken ‚in zweiter Reihe' Wohnhäuser für die lohnabhängige Bevölkerung errichtet wurden. An der Straße lebten etablierte Bürger, im Hinterhof mittellose Mieter. Vielfach wurden im Zuge solcher Entwicklungen im Blockinneren eigenständige Parzellen für Gewerbe und bescheidene Wohnansprüche geschnitten, die lediglich mit Wegerechten an die öffentliche Straße angeschlossen waren. Vielfach wurde von vornherein eine Überbauung des ganzen Baublockes geplant. Es schälten sich hierfür unterschiedliche Bauformen heraus: sogenannte Schlitzbauten, die Bebauung von Lichthöfen (in Berlin mit dem ‚Berliner Zimmer'), die ‚Kreuzberger Mischung' mit mehrgeschossigen Gewerbebauten und Mietwohnungen in direkter Nachbarschaft und mehrere Baublöcke hintereinander. Solche Großblöcke haben in anderen Städten innere Erschließungswege. Die Gängeviertel in Hamburg erschlossen hinter den repräsentativen Kopfbauten lange Zeilen im engen Abstand.

Diese Ausbeutung von Grund und Boden begründete die Sozialkritik am kapitalistischen Städtebau der Gründerzeit und produzierte vielfältige Ideen, die Wohnqualität im Baublock zu verbessern. Die Gartenstadtbewegung führte zu Entwürfen mit aufgelockerter Umbauung der Blockränder. Der Bezug der Wohnungen zu Hausgärten wurde ein wichtiges Anliegen. Das Neue Bauen der zwanziger Jahre verpflichtete sich, jedem Haus und jeder Wohnung optimale Belichtung und Besonnung zu gewähren. Im modifizierten Erschließungsraster reihten sich hier in strenger Ordnung die Zeilenbauten. Es gab nun kein ‚vorn' und ‚hinten' mehr. Das von Hans Paul Bahrdt (1963) analysierte Spannungsfeld zwischen Privatheit im Blockhof und Öffentlichkeit im öffentlichen Straßenraum, das bis dahin städtisches Wohnen auszeichnete, ging verloren.

Das Prinzip des ‚fließenden Raumes' löste sich vollends vom Baublock und stellte die Wohnhäuser als solitäre Zeilen und Punkthäuser in eine durchgrünte Stadtlandschaft. Die Freiflächen sind jedoch vielfach nur ‚Abstandsgrün' ohne besonderen Nutzwert für die Bewohner.

Fritz Schumacher hat in *Hamburg* auf die sozialen Mißstände in der schnell wachsenden Stadt anders reagiert als andere Reformer. Er sah ein wesentliches Übel nicht im Baublock als Bebauungsschema, sondern suchte ihm neue Gestaltungsmöglichkeiten zu geben. Es spricht für die Qualität der von Schumacher entwickelten Wohngebiete, daß die Planer des Wiederaufbaus nach dem Zweiten Weltkrieg die beschädigten Gebäude in diesen Quartieren wiederherstellten und die städtebaulichen Formen weitgehend respektierten. Üblicher war damals auch in Hamburg die Überbauung zerstörter Baublöcke mit Zeilen. Die Stadtplanung in *Hamburg* stellte aber früher als andere Städte und Architekten die Prinzipien der ‚gegliederten und aufgelockerten Stadt' mit fließenden städtebaulichen Räumen in Frage. Das Ziel, höhere Baudichten zu erreichen, stützte diesen Wandel. Schrittweise, jedoch noch zögernd und zweifelnd, entwickelten die Planer Baukörpergruppierungen, die zu Straßenrandbebauung und Wohnhöfen führten (*Steilshoop* und *Mümmelmannsberg*). Die Wohnquartiere in der sozialistischen Modellstadt *Eisenhüttenstadt* sind in mancher Hinsicht vergleichbar.

In *Berlin* ist nach der Wiedervereinigung ein hoher Wohnungsbedarf prognostiziert worden. Für die Planung und Realisierung der hierfür notwendigen neuen Quartiere und Stadtteile ist weder die Form der Großsiedlung aus den sechziger und siebziger Jahren noch der monostrukturelle Siedlungsbau der zwanziger Jahre ein Leitbild. Vielmehr wird eine „Rückbesinnung auf die städtebaulichen Konzepte der Vormoderne bei gleichzeitiger Transformation angestrebt. Hauptziel ist die Herstellung einer städtischen Atmosphäre durch eine entsprechende Dichte, Mischung unterschiedlicher Wohnformen mit Dienstleistungen und Gewerbe" (Prospekt Wasserstadt Berlin-Oberhavel). Die Entwürfe setzen sich folglich mit Straßenrastern, Bauformen in Baublöcken, der Gestaltung öffentlicher und privater Räume auseinander. Sie zeigen die erstaunliche Vielfalt der baukörperlichen Gruppierung und Grundrißbildung im Blockraster. Immer begrenzen die Baukörper den Straßenraum, machen das Spannungsfeld zwischen belebtem öffentlichen Raum und Wohnruhe im Blockhof wieder erlebbar. Die Berliner Tradition des Städtebaus vom Barock bis ins frühe 20. Jahrhundert findet ihre Fortsetzung. Aus der Fülle dieser Planungen werden einige Projekte vorgestellt. Neue Wohngebiete in *Hamburg, München, Freiburg* und *Hannover* folgen den gleichen Prinzipien. Dies sind keine Siedlungen mehr, sondern Wohnstädte.

29–34 Der Cityblock

Eine City wird selten geplant. Das in einem Zuge von wenigen Investoren errichtete Quartier am Potsdamer Platz in Berlin ist eine Ausnahme, die nur aus der besonderen Situation nach der Wende erklärbar ist. In der Regel entsteht eine City langsam in vielen kleinen Schritten, manchmal durch große Projekte, durch die Standortgunst in einer Agglomeration und durch Aktivitäten vieler Wirtschaftsbetriebe. Die Wachstumskräfte motivieren sich gegenseitig. Dieser Prozeß ist in vielen Städten nachvollziehbar; sehr anschaulich belegt die *Düsseldorfer Karlstadt* den Wandel von einem zwei- bis dreigeschossig bebauten barocken Blockraster zu einer Geschäftsstadt mit großen Bürohäusern.

144 ff

84 ff Auch die *Dorotheen- und Friedrichstadt in Berlin* war ursprünglich für zweigeschossige Wohnhäuser geplant. Dienstleistungen aller Art verdrängten schon im 19. Jahrhundert zunehmend die ursprüngliche Nutzung und Baustruktur. Die boomende Wirtschaft der Hauptstadt suchte die besten Standorte in der Nähe des Machtzentrums des Reiches. Dieser Prozeß der Citybildung ließ die Grundstückspreise ständig steigen und erzwang eine hohe Baudichte. Die typische Berliner Bauweise der Gründerzeit auf relativ schmalen Parzellen mit 22 m Traufhöhe, Überbauung des Blockinneren und Ladengeschäften im Erdgeschoß wurde bald umgenutzt, Wohnungen in den Geschossen wurden durch Büros verdrängt. Die nächste logische Entwicklungsstufe war der Neubau von Geschäftshäusern auf den alten oder zusammengekauften Parzellen. Läden, Gastronomie, Salons erstreckten sich nun zum Teil in mehreren Geschossen und in Passagen über das ganze Baufeld des Blocks. Berlin besaß schon vor dem Zweiten Weltkrieg eine Citystruktur, wie sie sich in anderen großen Städten Deutschlands erst in den Phasen des Wiederaufbaus entwickelte.

Nach 1989 wird Berlin mit umfangreichen Investitionen auf den überbauten Parzellen oder auf arrondierten Flächen, die ein oder mehrere Baublöcke umfassen, wieder zur Metropole erweckt. Die Dorotheen-Blöcke nehmen die historische Blockrandbebauung wieder auf, haben jedoch als riesige Bürofläche für den Bundestag mit der früheren Nutzungsvielfalt auf selbständigen Parzellen nichts gemein. Die Kritik an dieser Monostruktur übersieht, daß alternative Konzepte für diese erforderliche Baumasse – etwa hohe Punkthäuser oder lange Zeilen – auf den historischen Baufeldern den Kontext mit der Berliner Blockrandbebauung nicht herstellen könnten.

208 ff Der Wiederaufbau des in der DDR-Zeit freigeräumten Blockrasters *vor dem Magdeburger Hauptbahnhof* hat ein vergleichbares Schicksal. Auch hier er-

setzt eine große Investition das kleinteilige Gefüge des Grundbesitzes und der Nutzungen; die Mall unterbricht das Straßengitter. Die *Berliner Friedrichstadt-Passagen* sind ein von drei Investoren und ihren Architekten realisiertes großes Einkaufszentrum. Die Verbindung der Baublöcke ist hier jedoch mit Respekt vor dem Erschließungsraster unter die Erde verlegt. Taugt das Blocksystem nicht mehr für die heutigen großen Investitionen der Fondsgesellschaften? *91ff*

Das nach dem großen Hamburger Brand von Lindlay geschaffene Blockraster in der *Hamburger Altstadt* entsprach vorausschauend den sich schon damals in der Handelsstadt abzeichnenden künftigen Citynutzungen. Dieses parzellierte Quartier funktioniert bis heute ohne einschneidende Korrekturen. Es wurden große Hochgaragen in das Raster integriert; im übrigen geschieht die ständige Erneuerung durch Umbau und Neubau im vorgegebenen Maßstab – eine herbe City mit den Residenzen der Schiffahrtsgesellschaften und des Großhandels an der Binnenalster, aber durchsetzt mit großen und kleinen Ladengeschäften in den schmalen Erschließungsstraßen. Das Hamburger Fluchtliniengesetz regelt die Bebauungsmöglichkeiten bis zur vollständigen Überbauung der Baublöcke. Diese Beispiele der Blockbebauung in der City sind typisch für den europäischen Städtebau. *29*

In Deutschland wird in der Regel auf die Erhaltung überkommener Stadtgestalt großer Wert gelegt. Oft gibt es stringente Höhenbeschränkungen; erforderlicher Flächenzuwachs ist nur durch Zukauf von Nachbargrundstücken erreichbar. Das Blockraster nordamerikanischer Städte dagegen hat eine andere Struktur. Auf den Parzellen werden – oft in schnellebiger Folge – unterschiedlich hohe Häuser in enger Folge errichtet. Belichtung und Besonnung der Räume spielen in den (klimatisierten) Gebäuden keine Rolle. Die vorgegebenen Ausnutzungsziffern sind mit einem Bonus-System verbunden; bei Erfüllung öffentlicher Interessen darf höher und dichter gebaut werden. Dieses System unterstützt die Flexibilität wirtschaftlichen Handelns. Die Blockstruktur ist beliebig anpassungsfähig. *32-34*

Ein großer Vorteil in unserer schnellebigen Welt! Ein Modell auch für Europa? Als einzige Stadt in Deutschland übernimmt *Frankfurt* das amerikanische Stadtbaumodell. Allerdings ist man hier an die Prinzipien der deutschen Bauordnungen gebunden. Nachbarrecht und Abstandsregeln lassen das enge Beieinander hoher Häuser nicht zu. *30-31*

Der Industrieblock

Ursprünglich wurde unter einem Dach gewohnt und gearbeitet. Bauern und Handwerker wirtschafteten auf der Wohnparzelle. Die industrielle Fertigung begann in diesem traditionellen Muster; Erweiterungen der Betriebsflächen erfolgten im rückwärtigen Grundstücksteil.
Diese Mischnutzungen wurden in den Quartieren des 19. Jahrhunderts zum Teil von vornherein geplant; bekannt geworden ist die ‚Kreuzberger Mischung' mit mehrgeschossigen Werkhallen um Höfe im Blockinneren. Bis in die Nachkriegszeit waren gewerbliche Betriebe mit anderen Nutzungen verwoben. Eine Ausnahme bildeten die Anlagen der Schwerindustrie.
Von Wohngebieten getrennte Gewerbegebiete sind eine junge Gebietskategorie in unseren Städten. Auch die Kritiker hippodamischer Systeme werden die Auffassung teilen, daß für Gewerbegebiete ein rechtwinkliges Erschließungssystem am günstigsten ist. Die großen Hallen und auch kleinere Bauten sind im städtebaulichen Entwurf am ehesten in einem rechtwinklig geordneten Parzellen- und Blocksystem ‚ohne Verschnitt' zu plazieren.
Amerikanische Industrieparks mögen Pate gestanden haben, wenn vielerorts andere Erschließungssysteme mit geschwungenen Straßenführungen gewählt wurden. Sie sind ein anschaulicher Beweis für die Überlegenheit des ‚sturen' geradlinigen Entwurfes: Es gibt auf den Grundstücken Engstellen, die im Gebäude und in der betriebsinternen Erschließung zu funktionalen Kompromissen führen; und es gibt überflüssige Restflächen und Verlegenheitsbegrünungen. Für sehr begrenzte Zeiträume in anspruchsloser oder werbewirksamer Art erstellte Werkhallen stehen nicht in einer noch erträglichen Reihung, sondern drängen sich optisch in den Vordergrund. Chaos anstelle Ordnung. Wie solche Gebiete nach wenigen Jahren aussehen, wenn die Hallenbauten abgeschrieben und Um- und Neubauten entstanden sind, kann man in älteren Quartieren dieses Typs studieren.
Die Anlagen der Schwerindustrie wie auch die Häfen sind durchweg geradlinig-linear geordnet. Laufkräne und Schienenstränge sowie der Produktionsprozeß lassen oft keine andere Struktur zu. Auch die großen Chemiebetriebe haben in der Regel geometrische Grundrisse, obwohl sie überwiegend aus relativ kleinen Hallen und freiplastischen Aggregaten bestehen. Aber sie sind in besonderem Maße auf rationale Produktionsabläufe angewiesen. Für neue Produkte müssen neue technische und bauliche Einrichtungen erstellt werden. Das vor hundert Jahren entwickelte lineare und rasterförmige Erschließungs- und Aufbausystem der *Bayer-Werke in Leverkusen* bewährt sich für diese besonderen Ansprüche bis heute.

270 ff

29 Hamburger Altstadt

Cityblocks

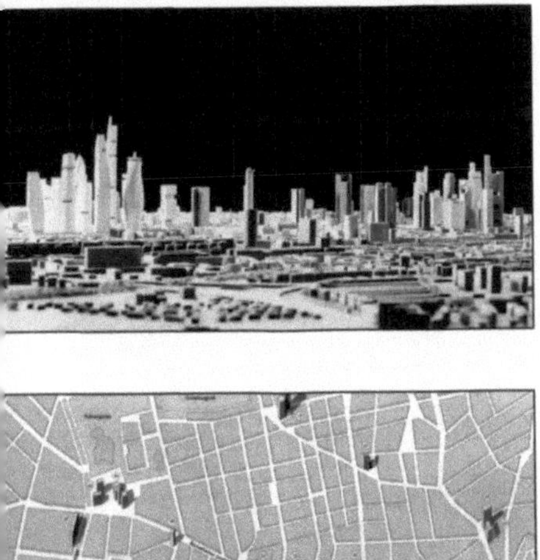

30–31 Hochhausplan Frankfurt 1998 und 1994. Solitäre Bauten auf unregelmäßigem Stadtgrundriß

32 Bebauungsstruktur in New York. Hochhäuser in dichter Folge, geordnet im Raster der Baublöcke

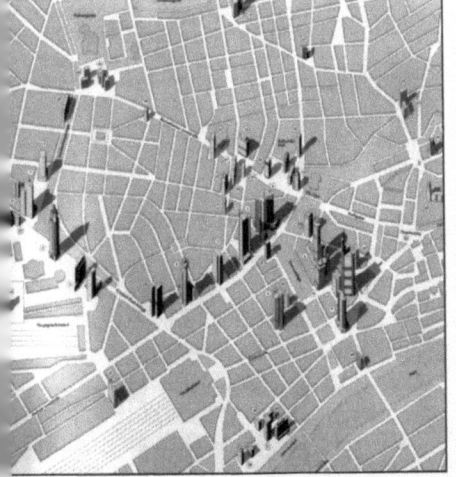

33–34 New York-Midtown 1922 und heute, Austausch der Bebauung im Blockraster

Flexibilität der Nutzungen und Gebäudeformen im Blockraster

Wer offenen Auges durch ältere Stadtteile geht, gewinnt unterschiedliche Eindrücke von der Entwicklung unserer Gesellschaft, der Lebensweise und den Ansprüchen der Bürger, über ihre Arbeit. Die Besiedlungsgebiete sind ein anschaulicher Spiegel der Geschichte wie auch der aktuellen sozialen und wirtschaftlichen Verhältnisse. Manche Quartiere haben ihren ursprünglichen Charakter bewahren können, andere mußten einen einmaligen oder wiederholten Wandel der Anforderungen verkraften. Eine Stadt hält viel aus – mal in Würde und in einer sich stets neu bildenden Harmonie; oft mit deutlich sichtbaren Brüchen. Ein neutrales Raster überdeckt gnädig viele Zumutungen.

An manchen Quartieren scheint auf den ersten Blick der wirtschaftliche und soziale Wandel vorbeigegangen zu sein. Die baulichen Hüllen sind erhalten oder werden in alter Form wieder hergestellt. Die Bewohner wechseln zum Teil mehrfach. In Häusern für das Bildungsbürgertum des 19. Jahrhunderts wohnen heute arme soziale Schichten. Werden diese Bauten aufwendig erneuert, so gewinnen sie wieder das Interesse wohlhabender Kreise. Andere Quartiere mit bescheidenem Anspruch werden heute von gut verdienenden Individualisten mit einer Vorliebe für historisch geprägte Ensemble bewohnt. Im öffentlichen Raum sind solche sozialen Veränderungen am ehesten spürbar: In ehemalige Kolonialwarenläden ziehen Boutiquen ein. Aus Eckkneipen werden teure Gourmetrestaurants. Oder billige Lottobuden ziehen in frühere Geschäfte der feinen Leute ein. Und ein Supermarkt schafft sich Raum durch Hinzukauf benachbarter Flächen. Der Münchener Stadtteil *Schwabing* ist ein Beispiel für eine sich stets erneuernde Struktur im stabilen Stadtbausystem des Blockrasters.

In diesem Prozeß der Stadtentwicklung verändert der Neubau auf einzelnen Parzellen den Charakter eines Stadtgebietes nicht oder nur in kleinen Schritten. Bisweilen ist die neue Fassade ein Fremdkörper im historisch gewachsenen Ensemble, entworfen mit wenig Respekt vor den alten Nachbarn und mit auftrumpfenden modischen Details – ein Ärgernis, das im geradlinigen Straßenraum ertragen werden kann. Teile von Schwabing sind im Zweiten Weltkrieg zerstört woden; hier ist auf zusammengelegten Parzellen großflächig Wohnungsbau mit ungegliederten Fassaden entstanden. Dies hat die Maßstäbe im Stadtraum verändert. Die geradlinige Baufluchten bewahrt jedoch den Charakter des Stadtteils. Das Blockraster gewährt im hohen Maß Baufreiheit (vgl. den Abschnitt ‚Gestaltungsfreiheit').

Einschneidender ist der Nutzungswandel von einer Wohn- zu einer geschäftlichen Nutzung. Oft vollzieht er sich hinter den historischen Fassaden, er-

kennbar nur an neuen Türschildern, Neonlicht und Jalousien anstelle der Gardinen und der Blumen in den Fenstern. Aber das Leben im öffentlichen Raum ändert sich. Aus einer Wohnstraße mit spielenden Kindern und plauschenden Müttern vor der Haustür wird oft ein hektisches, geschäftsmäßiges Milieu mit fremden Fahrzeugen an Parkuhren, Nadelstreifen und Handy. Ist die Adresse attraktiv, wird ein einladendes Wohnhaus durch einen nüchternen, abweisenden Bürobau ersetzt. Solange solche Neubauten vereinzelt entstehen, prägt – insbesondere in den geradlinigen Stadträumen – nach wie vor der Charakter eines Wohngebietes solche Milieus, auch wenn schon viele Bewohner verdrängt worden sind. Aber die Grundlage für einen grundsätzlichen Wandel ist gelegt. Verstärkt er sich, entsteht auf gleichem Grundriß eine neue Stadt. Solche Entwicklungen im Rahmen der ursprünglichen Parzellen und unter dem baurechtlichen Zwang der ‚Einfügung' in einen überkommenen architektonischen Rahmen dauern in der Regel lange und verändern die großräumigen stadtgestalterischen Zusammenhänge nur wenig. Denn die Kleinteiligkeit der Bebauung ist bewahrt.
Anders wirken sich die Investitionen großer und finanzkräftiger Firmen aus. Nach dem Ankauf mehrerer Parzellen entstehen auf arrondierten Grundstücken große Gebäudekomplexe. Sie nutzen die Fläche des Baublockes anders, überbauen seine ganze Tiefe zwischen zwei Straßenzügen, beanspruchen große Längen im Straßenraum, verändern auch die Maßstäbe in der Höhenentwicklung. Auch solche Maßnahmen können den städtebaulichen Zusammenhang nicht zerstören, wenn sie in ein rechtwinklig geordnetes Gerüst von Straßenzügen eingebunden sind. In anderen Stadtgrundrissen setzen sie eher ganz neue Akzente, die selten eine gestalterische Bereicherung sind – sie zerstören die Morphologie der Stadt.
Wir erkennen: Die Stadt ist nicht endgültig determinierbar. Kleinräumige Veränderungen wie durchgreifender radikaler Stadtumbau sind ein fortwährender Prozeß; dieser beschleunigt sich in unserer schnellebigen Zeit. Die Städtebauer suchen solche Entwicklungen mit Rechtsplänen zu steuern. Auf Dauer aufhalten können diese den Modernisierungsprozeß jedoch nicht. Die Planenden bleiben in der Defensive, wenn sie Aktivitäten eingrenzen. Viel besser ist es, wenn sie ihrem Plan eine Form geben, der den Wandel erträgt. Die gegliederten Stadträume des 20. Jahrhunderts sind für definierte Nutzungen und Gebäude und auch für prognostizierte verkehrliche Verhältnisse geplant; jede Initiative kann das empfindliche Gleichgewicht stören. Obwohl in der Regel die Bau- und Nutzungsdichte solcher Besiedlungsgebiete relativ gering ist, kann jede beantragte Baumaßnahme zu einem funktionalen und gestalterischen Problem werden. Ein Bürohaus anstelle eines Wohnhauses am

Ende einer Stichstraße muß wegen des stärkeren Verkehrs abgelehnt werden. Ein neues Gebäude mit anderen Abmessungen als das bislang geplante stört den städtebaulichen Zusammenhang. Ein Laden in einer Wohnstraße ist ein deutlicher Eingriff in das Milieu. Die in ein vernetztes Erschließungssystem eingebundene Blockrandbebauung ist robuster. Gegenüber einem unregelmäßigen Stadtgrundriß hat das regelmäßig und rechtwinklig geordnete Raster der Straßen und Baufelder große Vorteile: Wir sahen bereits, daß eine wechselnde Parzellierung immer zu gut bebaubaren Grundstücken führt. Ihre rechtwinklige Form kommt allen denkbaren Gebäudeformen entgegen. In der Regel werden Baulücken wieder in der alten Flucht bebaut. In der Bautiefe und Bauhöhe sind oft Spielräume vorhanden, die einen Nutzungswandel erleichtern. Die geradlinigen Straßenräume und Baufluchten ertragen auch Gebäude, die vom überkommenden gestalterischen Kanon abweichen. Neubauten in der Bauflucht rücken im öffentlichen Raum nicht in den Blickpunkt (vgl. den Abschnitt ‚Gestaltungsfreiheit'). Stärkere Verkehrsströme lassen sich im rasterförmigen Netz eher abwickeln (vgl. den Abschnitt Das ‚hippodamische Straßennetz').
Es gibt viele Quartiere in Deutschland, die vom skizzierten Strukturwandel erfaßt worden sind. Die *Innere Südvorstadt in Leipzig* hat aufgrund ihrer Nachbarschaft zur Altstadt Citynutzungen aufnehmen müssen, in der DDR-Zeit wurde die Blockrandbebauung durch solitäre Wohngebäude ersetzt und nach 1989 hat sich der wirtschaftliche Druck auf das Quartier erhöht. Der Stadtteil *Hammerbrook in Hamburg* erlebte in nur 150 Jahren einen mehrfachen Strukturwandel; er hat in den Nachkriegsjahrzehnten zu Stadtbildern geführt, wie wir sie aus amerikanischen Großstädten kennen.
Die Anpassungsfähigkeit des Blockrasters erleichtert auch die kommunalen Sanierungsverfahren. Ohne Beeinträchtigung des Ordnungsrahmens kann je nach der örtlichen Sanierungsbedürftigkeit ein ganzer Baublock neu errichtet werden (*Karlstadt*), ein Mosaik von Neu- und Altbebauung entstehen (*Hannover-Linden*) oder eine behutsame Entkernung der Blockmitte (*Dresden-Äußere Neustadt*) erfolgen.
Die Vorzüge einer ‚Stadt im Quadrat' zeigen sich in solchen skizzierten Stadtschicksalen und Planungsverfahren. Die Übersetzung dieser Erfahrung in die Praxis der heutigen Stadtplanung verlangen vom Entwerfenden Abstand vom städtebaulichen Detail und die Orientierung auf die Elemente, die ein robustes Gerüst ausmachen. Dafür gibt es keine allgemein gültigen Rezepte. Das Prinzip einer zukunftsoffenen Stadtentwicklungspolitik beginnt jedoch bereits während des oft langwierigen, von vielfältigen Einflüssen begleiteten Entwurfes eines neuen Quartiers oder Stadtteils. Es ändern sich politische Ziele

und Nutzungsprogramme. Der Anspruch eines anpassungsfähigen Systems
beginnt in der Planungsphase. Er wird in der Forschungsstadt *Adlershof in
Berlin*, im neuen Stadtteil *Billwerder-Allermöhe in Hamburg*, auf dem großen
Areal des bisherigen Flughafens *München-Riem* und im *Universitätsquartier
Bremen* in unterschiedlicher Weise eingelöst.

Ortserweiterung

Die aus der Stadtbaugeschichte – der Antike, des Mittelalters und des Barock –
bekannten ‚Städte im Quadrat' waren mit Wall und Graben befestigt. Die
Stadtgründer entwarfen und bauten ein Endprodukt, das mit Befestigungsanlagen begrenzt war. Die Stadtentwicklung setzte sich über solche Idealvorstellungen hinweg, wenn veränderte Bedingungen dies erforderten. Das geradlinige Gitter der Planstädte erfüllt diesen Anspruch ohne Kompromisse. In
der Fortsetzung der Straßenachsen können weitere Zellen in beliebiger Ausdehnung angefügt werden, ohne daß die Logik des Stadtentwurfs verloren-
geht.

Städte müssen sich erweitern können. In sich abgerundete Quartiere nach dem
Modell der ‚Gartenstadt' und der ‚gegliederten und aufgelockerten Stadt' sind
für solche Entwicklungen nicht gedacht. Sie sind sozialutopische Idealstädte.
Ihre Einbindung in die Stadtlandschaft war oft schon nach wenigen Jahren
obsolet, weil die ständige Nachfrage nach Bauland neue ‚Nachbarschaften'
erforderte. Darauf war das Erschließungsnetz nicht vorbereitet. Es regelte nur
die Gegenwart; ein Interesse an der Überprüfung ihrer Gebrauchstüchtigkeit
war offensichtlich nicht vorhanden. Die Lagepläne der deutschen Städte, die
sich nach dem Zweiten Weltkrieg fortlaufend erweiterten, erscheinen folglich
in ihrem Erschließungsnetz regellos. Die Bebauung in den ‚Jahresringen' der
Erweiterungsgebiete ist amorph und unübersichtlich. Solche Mängel spürt
jeder Autofahrer, der aus der freien Landschaft durch diese Vorstädte auf den
Stadtkern zufährt. Eine gestalterische Ordnung erlebt er erst in den Gründerzeitquartieren, die die historische Stadtmitte umgrenzen.

Ein hippodamisches Erschließungsnetz kann hingegen ohne gestalterische
Brüche und funktionale Mängel – letztlich beliebig – in das sich besiedelnde
Umland erweitert werden. So sind manche barocken Residenzstädte im vorgegebenen Schema der Achsen mit stadtbaukünstlerischem Anspruch wei-
terentwickelt worden (*Ludwigsburg*). Die klassizistische Planung für *Wiesbaden* setzte den Rahmen für eine schrittweise Stadterweiterung im
19. Jahrhundert. Vergleichbar mit dieser Stadt hat in *Krefeld* das Raster eine

kontinuierliche Stadterweiterung ohne Brüche über zweihundert Jahre bestimmt. Ein klassizistischer Neubau des Ortskerns hat der Entwicklung von *Tuttlingen* bis ins 20. Jahrhundert Richtung gegeben.

178 ff

Das hippodamische Straßennetz

35–45

Als die Römer bei der systematischen Eroberung Italiens in die Poebene vorstießen, gründeten sie Städte nach dem einheitlichen Grundmuster des Straßengitters und zwei sich kreuzender Hauptachsen. Bologna, Parma, Pavia, Verona und andere Orte überdauerten zweitausend Jahre Stadtgeschichte. Wer heute diese ‚centri storici' besucht, wandelt auf dem antiken Raster römischer Gründungen.
In Deutschland bewahren die Grundrisse von Regensburg und Köln das Erbe der römischen Kolonisierung. Die Hohe Straße in Köln zeichnet den Verlauf der antiken Hauptachse nach und blieb immer Zentrum des Handels. Nicht überall blieb das Raster erhalten. In Trier suchten die Menschen nach dem Zerfall des römischen Weltreiches über den Ruinen neue Wege; aus Pfaden entstanden neue Straßenzüge, die einen Teil des heutigen Stadtgrundrisses bilden.
Wege sind langlebig und bestimmen die Stadtentwicklung über Jahrhunderte. An ihren Rändern wechselt die Bebauung, verändern sich die Nutzungen. Die verfügbare Verkehrsfläche bleibt unverändert, ist eingespannt zwischen privaten Grundstücken und Gebäuden. Die teuren Leitungsstränge unter der öffentlichen Straßenfläche zwingen Planungsüberlegungen in die historischen Straßenachsen. Die Beseitigung von Bausubstanz für die Erweiterung eines Straßenraumes oder für einen Straßendurchbruch sind die Ausnahme und nur durchsetzbar, wenn gravierende Verkehrsprobleme anders nicht lösbar erscheinen. Die zum Teil durchgreifende Korrektur des Verkehrsnetzes beim Wiederaufbau zerstörter Städte war eine geschichtliche Ausnahme, und auf Dauer kein durchsetzbares Konzept – wie nicht realisierte Planungen der Zeit unmittelbar nach dem Zweiten Weltkrieg beweisen. Haussmann hätte heute in Europa keine Chance, ein neues Straßennetz in einer bebauten Stadt zu realisieren – wohl aber in den sprunghaft wachsenden Megastädten der Welt.
Man darf bezweifeln, daß den Verantwortlichen in den Städten die Tragweite ihrer Entscheidungen für neue Verkehrsanlagen bewußt ist. Sie denken an die Gegenwart, bestenfalls für eine überschaubare Zukunft; sie bauen aber für die ‚Ewigkeit'. Städtebauer folgen den jeweiligen Moden der funktionalen Gliederung und Gestaltung. Sie haben sich mit gesetzlichen Vorschriften und der

Vielfalt der Meinungen auseinanderzusetzen. Der Nachweis langfristiger Tauglichkeit wird selten eingefordert. Verkehrsplaner vertreten im Planungsprozeß eine selbständig gewordene Fachdisziplin, die sich derzeit ausgiebig mit der Organisation des Verkehrs auf den vorhandenen Netzen befaßt. Für` Neuplanungen ermitteln sie mit immer differenzierter werdenden Datenkränzen und Rechenmodellen die Verkehrsmengen und deren Bewältigung. Dabei orientieren sie sich vorwiegend an den Daten der städtebaulichen Projekte und der vorhandenen Stadtstruktur. Der langfristige Zeithorizont ist der Flächennutzungsplan, also die angenommene Entwicklung in den nächsten zehn bis fünfzehn Jahren.

Für die Planung robuster Stadtbausysteme, für den langfristigen Wandel der Stadt taugen jedoch weder die Rechenmaschine noch das differenzierte Regelwerk der Bauleitplanung, sondern zunächst der dicke Stift, mit dem denkbare Zukünfte skizziert werden. Dieses Buch empfiehlt als stadträumiges Gliederungselement ein orthogonales Gitter.

Das hippodamische Netz kann große Verkehrsmengen bewältigen. Die Erschließung der Stadtzentren ist auf den Straßen der Stadtgründer möglich, meist besser regelbar als in ‚modernen' Netzformen. Ein im Raster angelegtes Netz erfüllt auch das verkehrstechnische Anliegen einer hierarchischen Ordnung der Verkehrswege. Die aus repräsentativen Gründen gebaute Alleestraße wird zur vierspurigen Hauptverkehrsachse mit den Aufgaben der Sammlung und Verteilung des Verkehrs sowie der Abwicklung des Durchgangsverkehrs. Ein System solcher Magistralen im Gitternetz der Quartierserschließung ordnet den Stadtraum für alle Verkehrsteilnehmer und gibt ihm eine gestalterische Prägnanz.

116ff Für diese These gibt es in unseren Städten viele Belege. Besonders eindrucksvoll hat in *Mannheim* ein Erschließungsraster in vierhundert Jahren den Wandel von einer absolutistischen Residenz zu einer großstädtischen Mitte bewältigt. Im Vergleich zu dieser Erfolgsgeschichte sowie anderer Beispiele haben die Erschließungsmodelle der letzten fünfzig Jahre entscheidende Mängel. Sie sind für ganz bestimmte planerische Anliegen entwickelt worden und erfüllen sie optimal, jedoch scheitern sie oft schon nach wenigen Jahren oder Jahrzehnten, wenn Nutzungen und Gebäude ausgetauscht werden und wenn die Besiedlungsgebiete erweitert werden müssen:

39 *Die gegliederte und aufgelockerte Stadt* wurde eine unbestrittene Leitlinie für den Städtebau der Nachkriegszeit. Empfohlen wurde mit detaillierten Angaben die Gliederung des Stadtkörpers in Nachbarschaften sowie eine streng definierte Nutzungsgliederung. Die auf diese Weise entwickelten, in sich abgerundeten Stadtteile sind in ihrem Verkehrsnetz als auf Dauer funktions-

fähige Verkehrsanlagen, also nicht im Hinblick auf spätere Veränderungen, entworfen worden.
Architekt Hans Bernhard Reichow hat, basierend auf den Prinzipien der gegliederten und aufgelockerten Stadt, das Modell einer *organischen Stadt* entwickelt. Das Verästelungsprinzip des Straßennetzes nach dem aus der Natur entlehnten Muster des Blattes ist folgerichtig, solange keine Strukturveränderungen im Nutzungsgefüge und keine Ortserweiterung notwendig werden. Es ist ein statisches Besiedlungs- und Erschließungsmuster.
Das in Amerika entwickelte *Radburn-System* schlägt für Wohnquartiere ein Erschließungsmuster vor, das dem Ziel optimal Rechnung trägt, Ruhe und Freizügigkeit im Wohnumfeld zu gewährleisten. Es basiert auf der Trennung von Fahr- und Fußweg; Stichstraßen erschließen die Wohnhausgruppen; in der Siedlungsmitte verbleibt eine Grünfläche für Erholung, Sport und Spiel. Dieses Prinzip ist in Deutschland in den gegliederten neuen Wohngebieten vielfach realisiert worden; es funktioniert so lange es keinen Nutzungswechsel gibt.
Diesen städtebaulichen Mustern gemeinsam ist die Trennung des Erschließungsnetzes von der Bebauung. Der ‚fließende Raum' hat die Verkehrsplaner aus der Pflicht entlassen, städtebaulich mitzudenken. Als eigenständige Disziplin planten und bauten sie nun die Verkehrsadern allein nach fahrdynamischen Regeln. Die neuen Sammel- und Hauptverkehrsstraßen können bei einer Erweiterung der Besiedlungsgebiete keine Stadtstraßen werden. Die dem Landstraßenbau entlehnten Trassen mit weiten Schwüngen lassen keine spätere Vernetzung mit einem kleinteiligen Quartiersnetz und Bebauung mit städtischer Ausprägung zu. Vielmehr zerschneiden sie künftige Siedlungsräume beliebig; für neue Quartiere bleiben die zufälligen Restflächen übrig.
Verkehrsnetze mit planerischem Weitblick sind die Ausnahme: Nach wie vor lohnt die Lektüre des Buchanan-Reports *Traffic in Towns* (Buchanan 1963). 44
Der Verfasser gliedert das besiedelte Gebiet mit einem großräumigen Blockraster, das ‚Environments' umschließt. Le Corbusier ordnete die neue Stadt 41
Chandigarh mit einem weitmaschigen Erschließungsraster; die neue englische 42
Stadt Milton Keynes hat eine vergleichbare Struktur. Alles Modelle für eine robuste großräumige Ordnung. Die städtebauliche Gliederung innerhalb der Environments wird nicht im einzelnen geregelt. Die traditionelle hippodamische Struktur erweitert dieses System auf die Blockerschließung und liefert damit eine anpassungsfähige Struktur für Verkehr und Bebauung.

45–56 Der Umgang mit dem Netz

45 Ludwig Hilberseimer hat *eine Planungsidee entfaltet*, die sich mit den Anforderungen und Bedürfnissen der Menschen im Stadtraum auseinandersetzte (Hilberseimer 1963). Sein Anschauungsmaterial waren die nordamerikanischen Städte. Hilberseimer entwickelte Modelle für die schrittweise erfolgende Gliederung der großen besiedelten Flächen. Dafür modifizierte er das hippodamische Raster zu einem hierarchischen Netz mit Stichstraßen und anderen Verkehrsregelungen, die den Durchgangsverkehr verhindern. Diese Erschließungsmuster sind Vorläufer der Gliederung der Straßennetze in unseren Städten – bis zu den Modellen der Verkehrsberuhigung.

125 In der bereits erwähnten Stadtmitte von *Mannheim*, deren Grundriß mit dem amerikanischer Städte vergleichbar ist, sind solche Möglichkeiten exemplarisch realisiert: Erfolgreich ist die großräumig realisierte Verkehrsberuhigung
50, 51 der *Neustadt in Mainz*. Unübersehbar sind hier wie in anderen Orten die gestalterischen Mängel durch provisorische Umbauten im öffentlichen Stra-
214 ff ßenraum. Im Sanierungsgebiet *Hannover-Linden* konnte hingegen eine auf die Architektur des Quartiers abgestimmte neue Gestaltung der Verkehrsflächen erreicht werden.

46 ff Im frühen Sanierungsgebiet *Berlin-Charlottenburg* kann sich der Bewohner im Straßengitter um die Christstraße in einem sorgfältig gestalteten öffentlichen Raum bewegen; der Umbau der Straßenflächen ist als Pilotprojekt mit Sanierungsmitteln großzügig finanziert worden. Ein wohnlicher Charakter mit hohem Standard ist entstanden. Prinzip ist hier das wechselseitige Parken mit aufgepflasterten Engstellen. Aus diesen verkehrlichen Vorgaben ist ein anspruchsvoller Gestaltungskanon entwickelt worden. Die disziplinierte Wiederholung der gleichen Ausbauelemente hat dem öffentlichen Raum eine neue Qualität gegeben. Durchaus reizvoll ist die Gestaltung der Straßenkreuzungen, auf die schmalen Fahrbahnen nicht mehr axial, sondern versetzt zulaufen. Natürlich ist die traditionelle Korridorstraße mit durchlaufenden Borden aufgegeben. Dieser grundsätzliche Mangel ist aber durch eine neue Systematik und die sorgfältige Gestaltung der Details ausgeglichen.

Dieses Gestaltungsmuster ist auf andere Quartiere in Berlin übertragen worden. Es zeigte sich jedoch, daß die finanziellen Möglichkeiten auch längerfristig nicht ausreichen werden, um solche verkehrsberuhigten Bereiche flächendeckend herzustellen. So wird auch in Berlin mit zweifelhaften Provisorien Verkehrsberuhigung erreicht.

35 Verona auf römischem Stadtgrundriß

36 Pavia auf römischem Raster

Langlebige Straßennetze

37 a–c Entwicklungsstufen von Florenz:
römische Kolonie, Mittelalter,
Ordnung der Stadträume in der Renaissance (vgl. Bild 15)

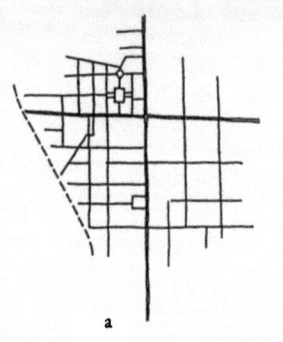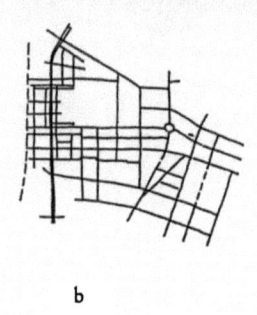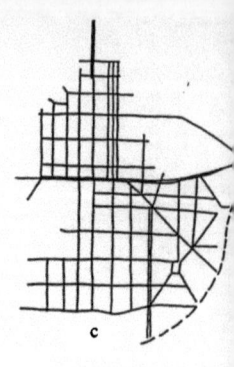

38 Straßennetze i. M. 1 : 50 000 aus den Beispielen:
Barock und Klassizismus: a Ludwigsburg, b Erlangen, c Düsseldorf

19. Jahrhundert: d Leipzig-Südvorstadt, e Leipzig Neustadt und Schönefeld, f Krefeld,
g München-Maxvorstadt und Schwabing, h Braunschweig-Ringgebiet, i Dresden-Striesen

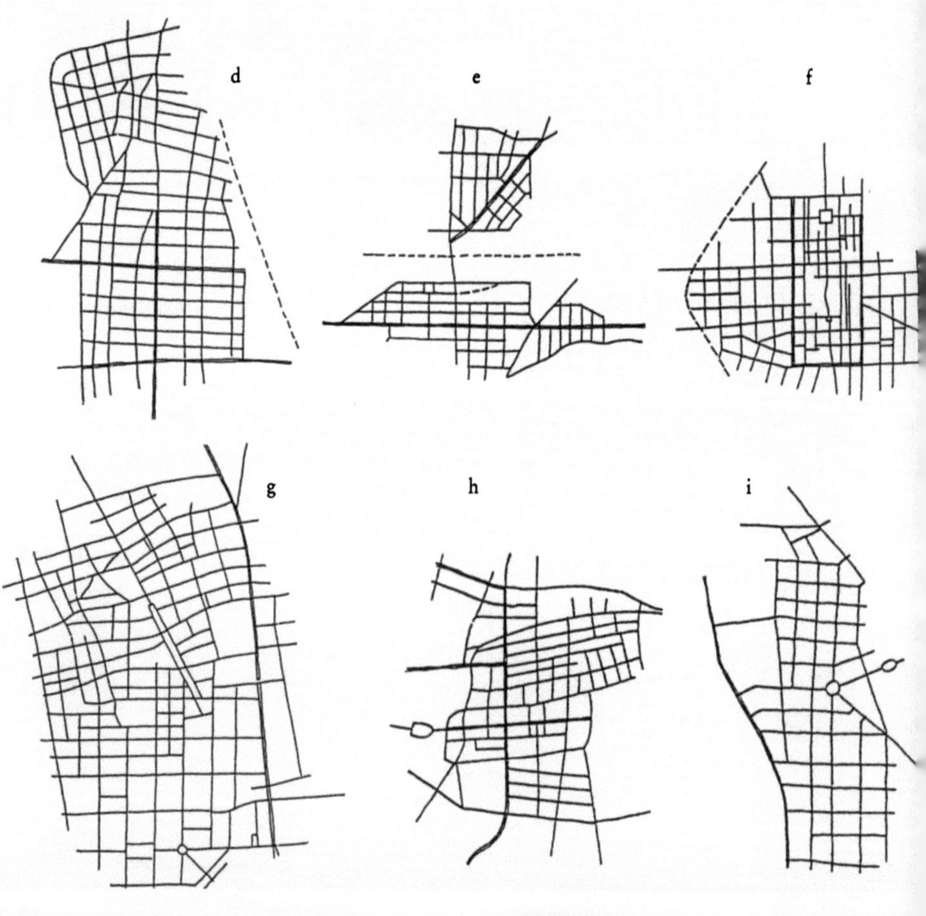

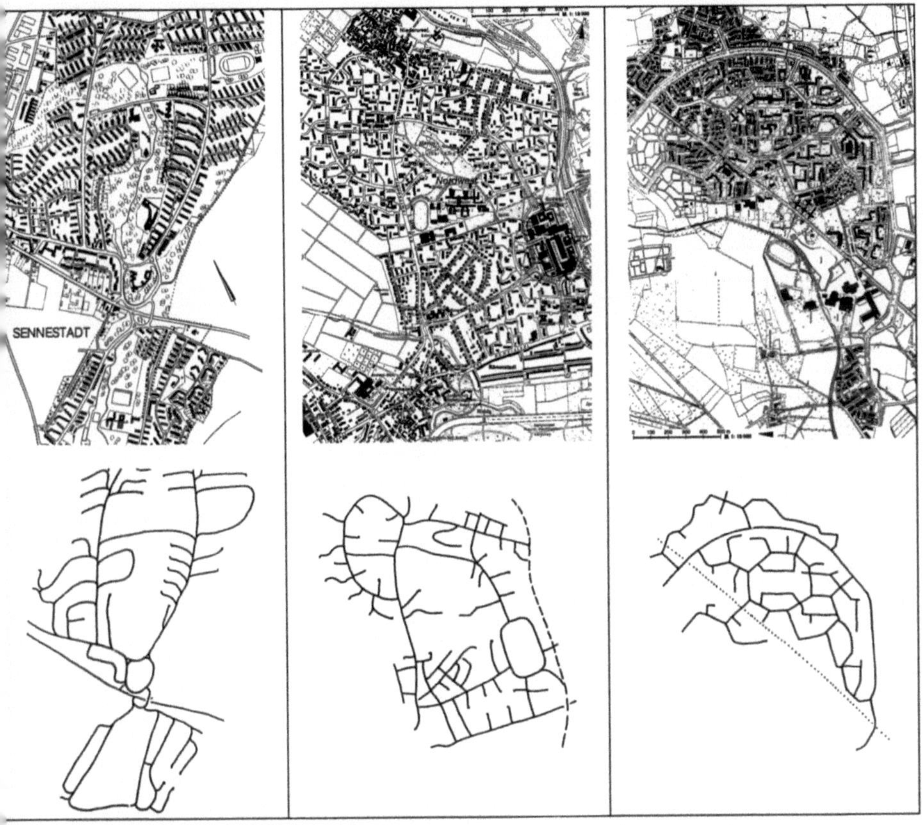

39 Straßennetze und Bebauungsstrukturen der gegliederten und aufgelockerten Stadt:
a Sennestadt, b Frankfurt-Nordweststadt, c Wulfen

40 Straßennetze neuer Projekte (aus den Beispielen):
a Hannover-Kronsberg, b Hamburg-Allermöhe, c München-Riem

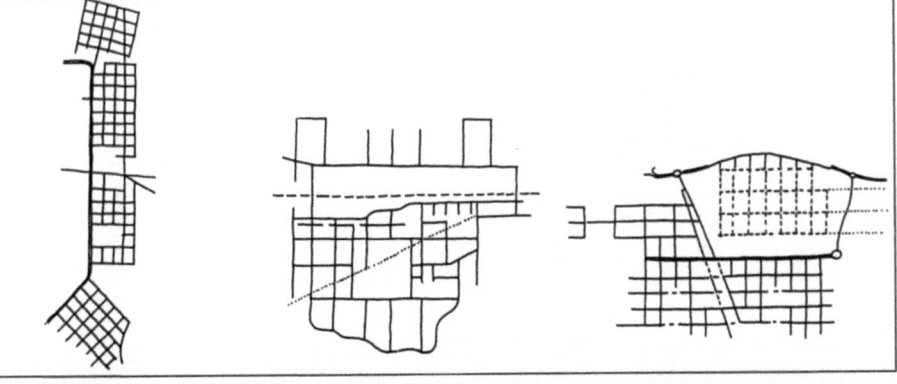

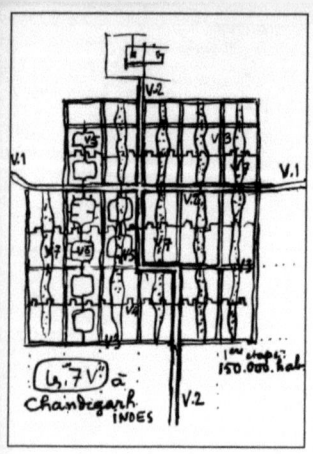

Großräumige Erschließungsgitter

41 Chandigarh (Le Corbusier)

42 New Town Milton Keynes

43 Broadacre City auf dem Meilenraster (Frank Lloyd Wright)

44 Environments. Erschließungssystem aus dem Buchanan-Report

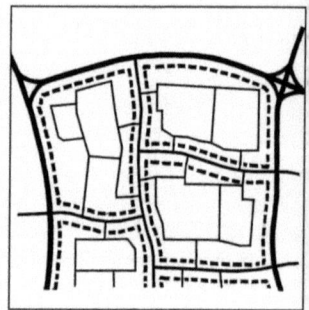

45 a–c Differenzierung eines Erschließungsrasters (Ludwig Hilberseimer)

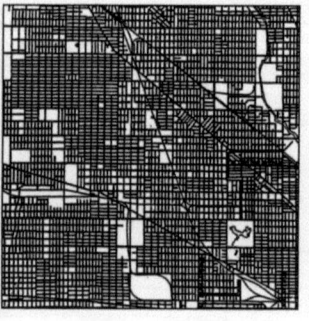

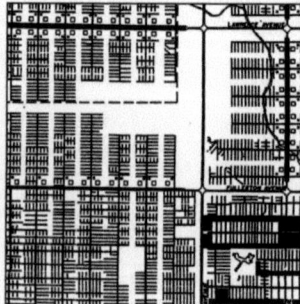

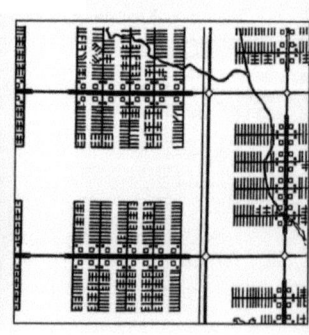

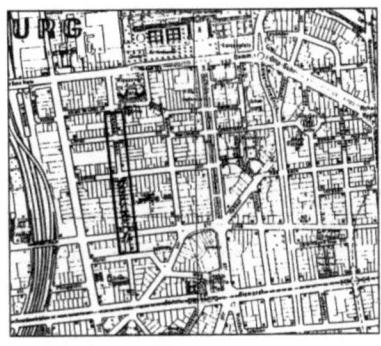  

46–49 Verkehrsberuhigung in Berlin-Charlottenburg mit aufwendiger Gestaltung der Straßenräume

50–51 Verkehrsberuhigung in Mainz-Neustadt, Kurfürstenstraße vor und nach einen Straßenumbau

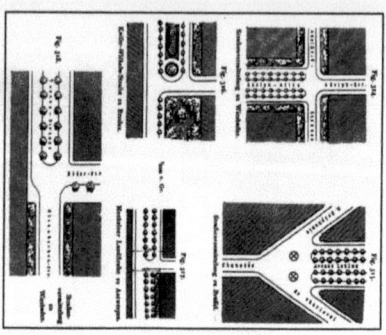
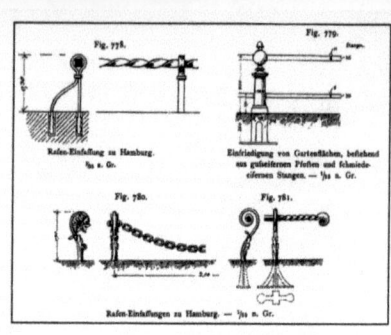

52 a, b Straßenraumgestaltung
im 19. Jahrhundert.
Beispiele aus Stübbens *Der Städtebau*

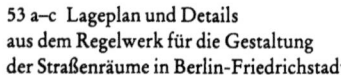

53 a–c Lageplan und Details
aus dem Regelwerk für die Gestaltung
der Straßenräume in Berlin-Friedrichstadt

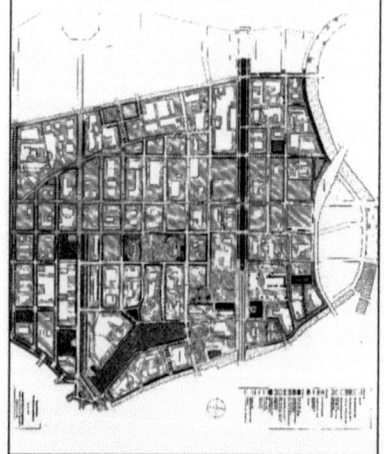
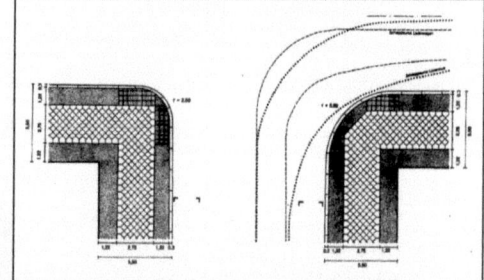

Der öffentliche Raum

Das Leben in der Stadt gewinnt seine Qualität durch den Wechsel der Erlebniswelten: Privatheit in Wohnungen und den ihnen zugeordneten Freiräumen: Balkone, Gärten oder gemeinsam zu nutzende Grünflächen. Öffentlichkeit auf Flächen, die jedermann nutzen kann; man sieht sich, grüßt sich und nimmt Kontakte auf, darf aber auch anonym bleiben. Der fließende Raum der ‚gegliederten und aufgelockerten Stadt' definiert keinen öffentlichen Raum. Die Häuser sind von anonymen Grünflächen umgeben, die man vielfach nicht betreten darf. Es gibt kein (privates) ‚Hinten' und kein (öffentliches) ‚Vorn'. Die Straße bleibt Erschließungsfläche, motiviert nicht zur Kommunikation. Der öffentliche Raum braucht eindeutige Grenzen. Eingänge zu Wohnungen, Geschäften und Arbeitsstätten sollten auf ihn orientiert sein. Die private Sphäre hingegen braucht Distanz zur Öffentlichkeit. Diese Bezüge bietet nur der geschlossen umbaute Straßenraum; dieser wird die deutlich abgegrenzte Bühne für Öffentlichkeit. Der umbaute Baublock bietet beides – Öffentlichkeit zur Straße, Privatheit im Blockhof. Der perspektivische Blick in den Straßenraum einer Idealstadt der Renaissance, wie Luciano Laurana (1425–1479) sie entwickelt hat, vermittelt den Charakter des öffentlichen Raumes in der Tradition des europäischen Städtebaus. Historische Gemälde und alte Fotos geben uns einen Eindruck davon, wie die Straße früher genutzt wurde: Da nähten die Frauen vor der Haustür, hämmerten die Handwerker, feilschten die Händler. Pferde- und Ochsengespanne zogen hoch beladene Wagen. Die feine Gesellschaft flanierte oder fuhr in der Kutsche vorbei. Man traf sich zum Klatsch und zum geschäftlichen Gespräch. Öffentliches Theater, erlebbar heute noch in den Städten des Orients und wieder erweckt in den innerstädtischen Fußgängerzonen. Diese attraktiven Bereiche urbaner Kommunikation bleiben begrenzte Flächen in der Stadt. Die Regel ist ein Straßenraum, in dem die Wege der Fahrzeuge und die Bereiche der Fußgänger durch den Bordstein voneinander getrennt sind. Entlang der Hausfronten auf den Trottoirs Menschen in Eile und in Muße, anonym bleibend oder in eiligem Kontakt; der brodelnde Verkehr der Personen- und Lastwagen, der Busse und Bahnen zwischen den Hochborden auf Fahrspuren kanalisiert. Diese notwendige Trennung des schnellen und des langsamen Verkehrsteilnehmers hat Verkehrsplaner dazu verführt, den Fluß der Fahrzeuge zu optimieren und in fahrdynamisch vorteilhaften Trassen durch den öffentlichen Raum zu führen. In diesem regelnden System erhalten zudem die Radfahrer makierte Spuren. Für parkende Fahrzeuge werden eigene Streifen ausgespart. Für die Fußgänger bleibt der

Rest. Bäume nur noch dort, wo sie diese Funktionen nicht stören. Ein unwirtlicher Raum entsteht, nur technisch bestimmten Formen folgend.
Die Nachteile dieses Systems für Anlieger und Passanten führten – beginnend in Holland – zu verkehrsberuhigten Zonen. Wo der Strom der Fahrzeuge gering ist, sucht man wieder das verträgliche Miteinander der Verkehrsteilnehmer. Dafür muß die Geschwindigkeit des Autos reduziert werden. Die Anordnung von 30 km-Zonen erscheint nicht ausreichend; in den Straßenraum werden Barrieren eingebaut, die zum langsamen Fahren zwingen. Diese verkehrstechnischen Elemente bestimmen den Straßenraum – vorgezogene Borde, verschwenkte Fahrbahnen, Aufpflasterungen. Auch Bäume und Blumenkübel werden zu Hilfsmitteln der Regelung des Verkehrs. Besonders störend sind Provisorien, die meist länger bestehen als anfangs vorgesehen.
Wir müssen uns wieder daran erinnern, daß der öffentliche Raum Inbegriff der Gestalt einer Stadt und eines Quartiers ist. Auf ihn orientieren sich alle Gebäude mit ihren Schaufassaden. Den geschlossen umbauten Raum prägen die Fluchten der Hauswände. Deren Sockel sind in der Stadt der Gründerzeit die Bordsteine, die Fluchtlinien nachzeichnen. Baumreihen unterstützen diese Formen, betonen die wichtigen Straßenzüge im Netz. Die Baumeister dieser Quartiere wollten der Renaissance und dem Barock entlehnte schöne Stadtbilder schaffen. Die Städtebaulehrbücher aus dieser Zeit belegen das Ziel, Gesamtkunstwerke im großen Zusammenhang und ebenso im Detail zu schaffen.
Die Technik der Regelung des Verkehrs war in diesen Gestaltungskanon integriert. Dies muß auch heute möglich sein. Beispiele beweisen es. Voraussetzung ist ein enges Zusammenwirken von Technikern und Architekten. Die Richtlinien für den Straßenbau aus den letzten Jahren suchen diese Verknüpfung aller Erfordernisse wieder zu erreichen. Das beginnt mit einer maßstäblich abgewogenen Aufteilung des Straßenquerschnitts zwischen den Hauswänden – mit Vorgarten, Trottoir, Baumreihe, Park- und Fahrfläche. Der öffentliche Raum sollte nicht zu knapp dimensioniert werden. Die heute übliche starke Einschränkung der Flächen für den fließenden Verkehr kann sich im Zeitablauf als großer Fehler herausstellen. Heute prognostizierte Verkehrsmengen und andere funktionale Anforderungen werden sich verändern. Auch die Auffassungen über die Bewältigung des Verkehrs werden wieder in Frage gestellt werden. Auch wenn jede Generation meint, endgültige Lösungen gefunden zu haben – die vielen Baustellen im Straßenraum beweisen das Gegenteil.
Der Straßenraum muß anpassungsfähig bleiben. Aus gestalterischer Sicht erfüllt ein geradliniger öffentlicher Raum diesen Anspruch eher als geschwun-

gene oder gewinkelte Straßenzüge. Bauliche Veränderungen fallen hier mehr ins Auge. In der von der Blockrandbebauung begleiteten Flucht geradliniger Straßen sind auch Fahrbahnverschwenkungen noch hinnehmbar. Jedoch sollte immer darauf geachtet werden, daß die Linearität des Raumes bewahrt bleibt. Ein Straßenraster mit Blockrandbebauung ist ein gestalterisch neutraler Rahmen; der Alltag mit all seinen temporären Veränderungen kann diese eindeutige, starke Form des öffentlichen Raumes nicht zerstören. Viele, wenn nicht sogar die Mehrzahl der Straßenräume sind in den letzten Jahrzehnten umgebaut worden. Meist waren Ingenieure federführend tätig; sie haben technische Erfordernisse im Blick, nicht die Gestaltung des öffentlichen Raumes. Verbindliche Regelwerke für jegliche Baumaßnahmen im Straßenraum erscheinen erforderlich. Für die *Friedrichs- und Dorotheenstadt in Berlin* sind solche Grundsätze definiert und mit vielen Zeichnungen auf alle Details übertragen worden (Regelwerk 1995). Die historische Prägung dieser Stadtteile aus dem 17. und 18. Jahrhundert soll sich in der Gestaltung der Straßen und Plätze widerspiegeln. Die für das Raster-Straßennetz „charakteristische einfache dreigliedrige Querschnittsaufteilung, die Symmetrie, die Linearität und die Orthogonalität" soll die Leitlinie sein. Einheitlichkeit in der Wahl der Materialien und deren Verwendung soll als prägende Kraft das Gebiet gestalterisch zusammenbinden. Im Interesse einer eindeutigen Form werden auch technische Standards modifiziert – ein Vorbild für die Gestaltung des öffentlichen Raumes mit hippodamischen Netzen auch anderswo.

Gestaltungsfreiheit

Die hippodamische Stadtstruktur hat eine robuste Gestalt. Ihre öffentlichen Räume sind geradlinige Korridore. Man mag aus dieser Beschreibung den ernüchternden Schluß ziehen, daß sie langweilig sind. Mitnichten. Wer aufmerksam durch ältere Quartiere mit diesem Ordnungsmuster streift, sieht vielfach umgebaute Fassaden, Veränderungen im Dachbereich und Aufstockungen, Neubauten in der Flucht des Altbaubestandes. Mal sind die neuen Gebäude in den vorhandenen Gestaltungskanon eingebunden, mal wurde eine andere Architektursprache gewählt. Man ist überrascht, glaubte man doch beim ersten Blick in den Straßenkorridor einen einheitlichen Charakter auszumachen. Tatsächlich jedoch entdeckt man eine große gestalterische Vielfalt, durch die stringente geradlinige Bauflucht verknüpft zu einer harmonischen Einheit. Sie überspielt Baulücken in der perspektivischen Verkürzung. Auch architektonische Sonderformen, sogar

Hochhäuser neben niedrigen Gebäuden bindet der geradlinige Korridor ein. Aus der vermuteten Langeweile wird urbane Lebendigkeit, durch die Großform gebändigt – oder erträglich gemacht. Die gleiche Fassadenabwicklung rückt in einem geschwungenen oder abgeknickten Straßenzug stärker ins Blickfeld. Abweichungen vom harmonischen Gestaltungskanon geraten störend in den Vordergrund.
In manchen Gründerzeitquartieren durchschneiden Diagonalverbindungen das Blockraster. Zeitgenossen kritisierten die damit entstehenden spitzwinkligen Grundstücke. Man erkannte, daß auf ihnen die Bauwerke mit besonderer Sorgfalt gestaltet werden mußten. Dies gelang zumeist recht gut; im Einzelfall sind es Landmarken in den großen, gleichmäßig gestalteten Quartieren. Die prominenteste steht am Times Square in Manhattan. Ihre immer neue Dekoration mit großflächiger Reklame ist ein ironisches Zitat, ein nicht übertragbares Beispiel. Denn jeder unsensible Austausch der Gebäude gerät in einer harmonischen städtebaulichen Struktur zum Ärgernis. Die Architektur der letzten Jahre hat mit dem spitzen Winkel gespielt und mit guten Entwürfen das Stadtbild bereichert. Sie mögen ermutigen, in ein Raster *Störlinien* einzufügen – jedoch mit Augenmaß.
Der Rastergrundriß hält noch andere Möglichkeiten zur gestalterischen Bereicherung bereit. Im 19. Jahrhundert wurden die öffentlichen Räume mit Schmuckplätzen, Kirchen und großen Denkmälern im Blickpunkt von Straßenachsen differenzierter gestaltet. Das Prinzip der Geradlinigkeit der Blockbebauung blieb erhalten; die Korridorstraße fand einen Abschluß oder eine Unterbrechung.
Entscheidend bei allen solchen Variationen und Bereicherungen der Blockbebauung bleibt die Prägekraft des öffentlichen Raumes. Sie muß stärker sein als das einzelne Bauwerk. Selbst in Gewerbegebieten ist eine Aufreihung unterschiedlicher solitärer Gebäudekomplexe an einer geraden Raumkante gestalterisch erträglich; in einer freien Gruppierung ist kein Ordnungsmuster erkennbar. Solche Gebiete werden schnell zu chaotischen Gebilden.
Darum verlangte die Gestaltung der ‚gegliederten und aufgelockerten Stadt' eine ordnende Hand. Nicht der öffentliche Raum, sondern die frei komponierte Beziehung zwischen den einzelnen Gebäuden, in Höhe und Länge sorgfältig abgestimmt, prägt solche Stadträume. Dies war in den neuen Wohngebieten immer gewährleistet, weil die Gebäude von wenigen Bauherren und Architekten in kurzer Zeit in dem gängigen Formenkanon und für eine Nutzung – das Wohnen – gebaut wurden. Die feinsinnig gesponnene Harmonie solcher Kompositionen im fließenden Raum wird durch spätere

Neu- und Umbauten mit einer anderen Architektursprache und in anderen Abmessungen empfindlich gestört.

Aus diesen Beobachtungen folgt, daß das strenge geradlinige Blockraster in hohem Maße Baufreiheit gewähren kann. Die gestalterische Bindung im Bauleitplan kann sich auf die Baulinie entlang der Straßenbegrenzung beschränken. Ist dies das Modell für die demokratische Gesellschaft? Für die Individualisierung der Bauherrenwünsche und für die immer schneller agierende Marktwirtschaft? Eine solche These will einen eigenständigen Entwurf nicht verteufeln, wohl aber zu einfachen orthogonalen städtebaulichen Formen ermuntern und ihnen den Makel der Einfallslosigkeit nehmen.

Das eindrucksvolle Beispiel der gestalterischen Kraft des Blockrasters im steten Wandel können wir wiederum in Manhattan studieren. Im örtlichen Vergleich mit dem Gründungsquartier um die Wallstreet an der Südspitze der Insel wird die gestalterische Überlegenheit der geradlinigen Straßenfluchten in Midtown deutlich. In Deutschland läßt sich in der sich erweiternden *City von Frankfurt* die ästhetische Wirkung geradliniger Straßen im Bahnhofsviertel und im Westend studieren. Die Hochhauslandschaft in der Altstadt mag mehr individuelle Reize haben; Fehlgriffe bei der Wahl der Gestaltungsmittel werden aber schmerzlich spürbar. In der *Berliner Friedrichstadt* ertragen die geradlinigen Korridore sehr unterschiedliche Architekturhandschriften, die uns der Aufbau der neuen Mitte beschert. Im südlichen Teil des Stadtteils sind auch unregelmäßig geschnittene Grundstücke zu bebauen. Hier wird jeder Neubau zur Nagelprobe für die Einbindung in den städtebaulichen Kanon – oder eine gewollte Abweichung. 32–36 66 67ff 70ff

Thomas Sieverts analysiert eine gelungene Stadtgestalt mit Eigenschaften wie „Prägnanz, Einfachheit, Stabilität, Regelmäßigkeit, Symmetrie, Kontinuität, Einheitlichkeit" (Sieverts 1997, 122). Die hippodamische Stadtstruktur kann diesen Anspruch ohne Gängelei der Bauherren und Architekten einlösen.

Die Stadt braucht einen Ordnungsrahmen – Repräsentation auf dem Schachbrett 73, 74

In einer kleinen, überschaubaren Ortschaft findet man sich zurecht. Der umgebende Landschaftsraum ist mit dem Kirchturm und dem Dorfplatz die kleine vertraute Welt. In größeren, besiedelten Gebieten rückt die Landschaft in die Ferne. Im bebauten Bereich werden ortstypische Orientierungspunkte wichtiger – Kirchen, Schlösser und Plätze, heute auch Hochhäuser und kulturelle Zentren. Diese können jedoch nur das unmittelbare Umfeld prägen.

In der flächig ausgedehnten Stadt überlagern sich viele optische Eindrücke zu einer nicht mehr begreifbaren Melange. Festpunkte bleiben für die Bewohner die Orte, die man immer wieder aufsucht: der Spielplatz der Kinder, die Schule, die Läden für den Einkauf, die Wohnungen der Freunde, der Weg des abendlichen Spazierganges. Diese mögen für die Bewohner ausreichend sein; verschlossen bleibt ihnen die Gliederung des gesamten Stadtraumes. Man muß den Stadtplan zu Hilfe nehmen. Besser ist eine Stadtstruktur, die eine großräumige Orientierung erleichtert und Ordnung vermittelt. Die geschichtlich starken Epochen haben im europäischen Kulturkreis immer solche Bezugssysteme geschaffen. Meist waren es hippodamische Netze. Neue Stadtteile erhielten so ein einfach begreifbares Gerüst; in vorhandene Gebiete wurden Achsen geschlagen.

So haben die weitreichenden Planungen des ausgehenden 19. Jahrhunderts der Stadt *Braunschweig* einen bis heute wirksamen Charakter gegeben. Die ehemals kleine Residenz *Düsseldorf* hatte die Kraft, die Enge der Altstadt mit anspruchsvollen Quartieren und der Königsallee zu überwinden. Man wollte mit der gebauten Stadt repräsentieren. Feudale Herrscher nutzten den Grund- und Aufriß einer ganzen Stadt gern als Rahmen für ihre Schlösser. Wir kennen diesen Anspruch in *Mannheim*, in *Ludwigsburg* und in Karlsruhe. In *München* befreiten sich die Kurfürsten aus der ummauerten Stadt mit dem Neubau der Residenz und dem Hofgarten. In Nymphenburg errichteten sie in der freien Landschaft eine ausgedehnte Schloß- und Parkanlage. Die Baumeister der bayerischen Könige erweiterten diesen Anspruch auf die neuen Stadtteile *Max-Vorstadt* und *Schwabing*. Sie sind auf die Repräsentationsachse Ludwigstraße-Leopoldstraße bezogen, die dem ganzen Münchner Norden einen festlichen und einladenden Eindruck vermittelt.

Ohne solche weitsichtigen Planungen, die ein Gerüst für die Gliederung der Quartiere vorgeben, wäre hier wie in anderen Städten ein additives Nebeneinander von Gebäuden ohne übergreifende Ordnung entstanden. Schauen wir auf die im 20. Jahrhundert gebauten Vorstädte, so erfahren wir schmerzlich, daß dort kein großräumig wirksamer Ordnungsrahmen wie in der Stadtmitte der wuchernden Agglomeration Halt und Richtung gibt. Wir sind enttäuscht, es sei denn, wir billigen dem Autobahnnetz und großen Industriekomplexen den gleichen Rang zu wie der Königsallee in Düsseldorf, der Ludwigstraße in München oder dem Wilhelminischen Ring in Braunschweig. Unsere Generation scheint gut beraten, zu solchen Entwurfsprinzipien zurückzufinden. Auch ohne einen König als Auftraggeber. Die

Gründerzeit war zu einer solchen großen Geste bereit, die durchweg stadtprägend ist.
Sind unser Blick und ein solches Urteil durch den Mythos der alten europäischen Stadt verstellt? Thomas Sieverts gibt dafür in seiner Veröffentlichung *Zwischenstadt* Begründungen und Denkanstöße (Sieverts 1997). Oder haben die Planenden und die Entscheidungsträger im 20. Jahrhundert – trotz aller ambitionierten Bemühungen – versagt? Ließen die Wirtschaftsentwicklung und die Ansprüche der Bürger durchgreifenden gestalterischen Ideen keine Realisierungschance? Eher ist zu vermuten, daß blinder Fortschrittsglaube, gepaart mit abstrakten Theorien für die Stadt der Zukunft, in der Geschichte bewährte Stadtbaumodelle verteufelte oder gar nicht zur Kenntnis nahm.
Achse und Raster scheinen als Basis und Rahmen für die gebaute Stadt unersetzlich und als Gerüst für ihre Entwicklung verläßlich. Hans Stimmann sieht das Raster als sehr reelles Ordnungssystem. Block und Parzelle sind für ihn keine Traditionsmöbel, sondern technische Instrumente, um Mischung, Vielfalt und soziale Komplexität zu ermöglichen – gesellschaftliches Leben garantieren können sie natürlich nicht. Daß in Berlin eine *kritische Rekonstruktion* des Zentrums in einem *Planwerk* versucht wird, dürfte kein Zufall sein. *84ff*
Diese Stadt ist wie keine andere in Deutschland durch hippodamische Strukturen mit geschlossenen Blockrändern großflächig geprägt. Keine andere hat die Kraft des Rasters als robustes Gerüst im gesellschaftlichen und wirtschaftlichen Wandel in gleicher Weise erfahren.
Neue Stadtteile greifen auf dieses Stadtbauschema wieder zurück. So soll die *Wasserstadt Berlin-Oberhavel* als Ordnungsgerüst ein Blockraster erhalten, *334ff* das die Bebauung im gegliederten Landschaftsraum zusammenbindet. Auch das ausgedehnte Prestigeprojekt *Adlershof* vertraut auf die gestalterische *347ff* Wirkung einer *Stadt im Quadrat* und den Boulevard als einladende Adresse. *295ff* Ebenso die Neubaugebiete *Freiburg-Rieselfeld* und *München-Riem*. *314ff*
Die Pläne der Architektengruppe von Gerkan, Marg und Partner für die von der Deutschen Bahn AG angestoßenen *21er Projekte* in *Stuttgart, Frankfurt* *356ff* und *München* basieren alle auf neuen Stadtachsen mit angegliederten Blockrastern, die diesen Städten ein neues gestalterisches Profil geben werden. Die fragwürdigen Ziele der Nutzung und der Finanzierung dieser großen Areale belasten diese Entwürfe nicht, wenn man sie als langfristig wirksame Grundlage für die Stadtentwicklung sieht.

54 Historische Ansicht der repräsentativen Achse

Die Ludwigstraße in München

55–57 Ludwigstraße und Leopoldstraße heute

58 Unter den Linden 1756 (C. F. Fechheim), oben
59 Friedrichstadt mit Rondell 1735, Mitte links
60 Modell der Friedrichstadt mit repräsentativen Solitärbauten im Blockraster und differenzierten öffentlichen Räumen, Mitte rechts

Der Stadtraum der Friedrichstadt in Berlin

61 Blick auf das Ensemble Gendarmenmarkt von Osten
62 Unter den Linden heute

63 Idealisierter öffentlicher Raum der italienischen Renaissance (Luciano Laurana)

64 Strada Nuova in Genua im 16. Jahrhundert (L. Guidotti)

65 Wiener Ringstraße 1873

66 Gestaltungsfreiheit im Blockraster Manhattans

67–69 Gestaltungsfreiheit in der Friedrichstraße, Berlin

70–72 Stadtgestalterische Wirkung gerader und krummer Straßen in Frankfurt

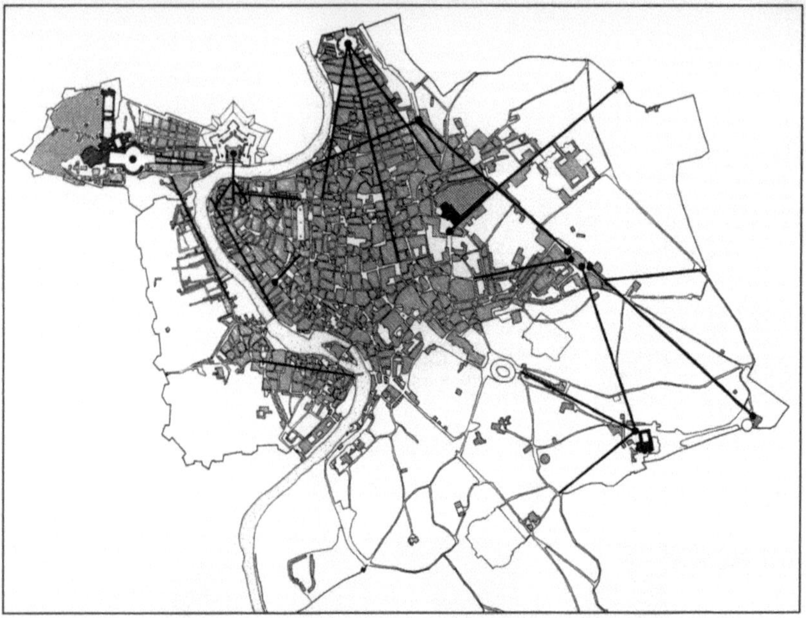

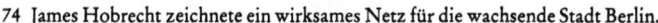

73 Sixtus V. schuf in Rom ein Achsensystem zur Ordnung des mittelalterlichen Stadtraumes und als Leitlinie für die Stadtentwicklung.

74 James Hobrecht zeichnete ein wirksames Netz für die wachsende Stadt Berlin.

Lebensgefühl und -chancen im hippodamischen System

An der Geometrie der Schachbrettstadt scheiden sich die Geister. Die einen schwärmen: Sie lieben die Strenge der Straßenräume, die Kraft und Selbstbewußtsein der Menschen vermitteln. Sie brauchen die Anonymität ihrer Heimat, um das Leben zu bestehen. Sie genießen den Weg in der ins Unendliche reichenden Straße, die ihren starken Rhythmus in der regelmäßigen Abfolge der Querstraßen findet. Jeder Baublock hat sein unverwechselbares Eigenleben. Die anderen erschrecken: Sie finden ihre Heimat nicht im Gleichmaß der Baublöcke und in der Straßenschlucht. Sie verzagen, wenn sie die unendliche Straße entlang gehen, ohne Halt zu finden. Das Quartier vermittelt ihnen nur Monotonie.

Es ist wahr, daß die Erfolgsgeschichte des hippodamischen Systems nicht alle Herzen im gleichen Maße bewegt.

Viele Planer scheuen sich auch aus diesem Grund, einen so simpel erscheinenden Stadtgrundriß zu zeichnen. Er könnte als wenig kreativ und gestaltungsunfähig angesehen werden. Bürger, die einen solchen Plan bewerten, mag die dem Raster innewohnende nüchterne Rationalität enttäuschen. Sie vermissen ortstypisches Milieu und Heimat vermittelnde Ausstattung. Vielen bleiben die Vorteile des Rasters verborgen, auch wenn sie sie täglich erleben. Sie suchen für den täglichen Einkauf Geschäfte im Quartier auf, besuchen ihre Stammkneipe an der Ecke, treffen Bekannte. Sie sehen andere Menschen und werden gesehen. Sie nehmen – aktiv oder passiv – am städtischen Leben teil, erleben die Stadt als Markt für Waren und Ideen. Die Orte dieser Urbanität, bestimmen die Menschen, die hier leben und arbeiten. Die Orte verändern sich stetig; sie wandern, werden geboren und verlöschen. Immer sind die öffentlichen Räume in der Stadt, also die Straßen und Plätze, das Spinnennetz für alle Aktivitäten und für die Kommunikation. Es muß übersichtlich sein, alle Orte müssen gut erreichbar sein; es muß insbesondere den steten Wandel im urbanen Leben ermöglichen. Nur ein vernetztes Erschließungsmuster kann diesen Anspruch erfüllen. Ein Raster der öffentlichen Räume mit geradlinigen Fäden und den Maschen ihrer Kreuzungen ist seine idealtypische Form. Es gibt hier keine bevorzugten Bereiche: Überall ist alles möglich; überall hat ein Investor auf einer gut geschnittenen Parzelle und ein Unternehmen als Mieter eine Chance. Der Weg auf einer beliebigen Achse oder um den Block erschließt dem Besucher ohne Orientierungsprobleme ein ganzes Quartier. Aktivitäten sind überall möglich, ebenso Zonen der Ruhe und Intimität.

Das Raster ist ein neutrales Tableau, einem Schachbrett vergleichbar, auf dem die Figuren wandern und Zeichen setzen. Andere Netzformen haben hingegen bevorzugte Orte und benachteiligte Bereiche. Lebendige Zentren und ruhige Zonen sind im Stadtgrundriß vorbestimmt. Die Orientierung ist erschwert, der Weg um den Block bisweilen verstellt.

33, 34 Wer diese These prüfen will, besuche Manhattan. Dort kann man spüren,
66 welche mannigfaltigen Formen und Erlebniswerte im geometrischen Gerüst möglich sind, sich reiben und doch miteinander verträglich sind. Das über viele Kilometer sich ausdehnende starre Gitternetz löst sich in pittoreske Formen von hohem ästhetischen Reiz auf – Symbole des Lebens und Wirkens in der Metropole. Eine größere gestalterische Vielfalt ist nicht denkbar. Was anderenorts als ungebändigtes Chaos erschiene, ist hier in einer übergeordneten Form gebändigt, eben in dem stringenten Gerüst des Schachbrettgrundrisses der Stadt. Dieses Stadtbild, dieses Geflecht der Aktivitäten, ist im steten Wandel. Denn die vielfältigen Akteure dieser Weltstadt wandern auf dem Schachbrett, suchen stets neue Standorte, geben alte auf, die dann anderen nutzen. Die Stadt grenzt diese individuellen Entwicklungen mit nur wenigen Vorschriften ein. Das demokratische Prinzip der Baufreiheit wird ernst genommen. Das Schachbrett des Stadtgrundrisses gestattet dieses Spiel, fördert es sogar.

Was in New York exemplarisch für jedermann greifbar wird, gilt im Prinzip für jede Stadt. Für die amerikanische Autorin Jane Jacobs ist die „Mannigfaltigkeit" der Formen und Erlebniswerte Kennzeichen eines lebendigen städtischen Organismus (*Tod und Leben großer amerikanischer Städte*, 1963). Diese kann weder geplant noch verordnet werden, sondern wird von den Menschen immer wieder neu erfunden. Wo sie erlebbar wird, ist Stadt lebenswert. Aus ihrer analytischen Erfahrung plädiert Jane Jacobs für einen neutralen städtebaulichen Rahmen, in dem sich urbane Aktivitäten ohne besondere Einschränkungen „mannigfaltig" entwickeln können. Im typischen amerikanischen Straßenraster erkennt sie hierfür die besten Voraussetzungen. Der Stadtplanung gibt Jane Jacobs Hinweise, wie die Blockstruktur entworfen werden sollte. Besonders wichtig ist ihr ein engmaschiges Raster zur Förderung der Kommunikation im Quartier. In diesem sollten alte und neue, gut und bescheiden ausgestattete Häuser für finanziell starke und schwächere Nutzer stehen. Eine solche Struktur gewährleiste Mannigfaltigkeit eher als Siedlungsgebiete aus einer Hand.

Können sich Bürger mit solchen Städten identifizieren? Können solche Städte Heimat vermitteln? Sind sie für Menschen einprägsam genug? Die Untersuchungen von Kevin Lynch (*Das Bild der Stadt*, 1965) belegen, daß ein Weggerüst eine gewisse formale Einfachheit aufweisen muß, damit es vom Menschen nachvollzogen werden kann und ein eindeutiges Image vermittelt. Es sei erstrebenswert, daß die Umwelt im Betrachter ein reiches und lebendiges Bild hervorruft, und ebenso wünschenswert, daß diese Bilder austauschbar sind, den wechselnden Bedürfnissen angepaßt werden und eine neue Poesie entstehen könne. Zugleich einprägsam und anpassungsfähig sei das hippodamische Netz, insbesondere wenn es spannungsreich entwickelt ist. Es wird – im Unterbewußtsein des Menschen – zu einem Merkpunkt wie andere Elemente im Stadtbild auch.

In der historischen europäischen Stadt ergänzen sich turmreiche Altstädte und Gründerzeitquartiere zu einem solchen Spannungsfeld. Die formal unverbindlichen Stadterweiterungen aus den Nachkriegsjahrzehnten lassen solche Merkpunkte vermissen. Nicht zufällig sprechen wir vom Siedlungsbrei.

Die breite Anwendung des Gitters in der Geschichte und dessen positive Wirkungen werden manche Zweifler letztlich nicht überzeugen können. Sie verbinden dieses städtebauliche Modell mit viel Leid in der Welt, insbesondere in der Industriestadt des 19. Jahrhunderts. Diese Kritiker kennen die erschreckenden Bilder der Übervölkerung der Arbeiterwohngebiete und das Leben in ihnen ohne Licht und Sonne. Sie verweisen auf die Ausbeutung im Manchester-Kapitalismus, auf Bodenspekulation und steigende Grundstückspreise. Sie haben Werner Hegemanns *Steinernes Berlin* (1930) gelesen. Bis heute wirken die Ergebnisse kapitalistischer Baupolitik nach. Gründerzeitquartiere leiden unter Lärm und schlechter Luft, in ihnen kollabiert der Verkehr.

Können solche Mängel dem städtebaulichen Gliederungsschema des Rasters angelastet werden? Die Industrialisierung führte zwangsläufig zu sprunghaften Stadterweiterungen, die in der Regel im Stil der Zeit – dem Schachbrettgrundriß – gebaut wurden. Die kapitalistische Ausbeutung der erschlossenen Gebiete wurde geduldet oder gar gefördert. Eine solche fehlgeleitete Städtebaupolitik ist Vergangenheit. Das Baugesetzbuch gibt im Verbund mit anderen gesetzlichen Grundlagen den Gemeinden das Handwerkszeug für eine abgewogene Stadtentwicklungspolitik.

Für die Aneignung der ‚Stadt im Quadrat' gibt es in Deutschland viele Beispiele. Berlin-Charlottenburg ist mit dem Boulevard Kurfürstendamm und dem Raster der Querstraßen eine erste Adresse in Deutschland für innerstädtisches Wohnen, für elegante Geschäfte, Galerien, Boulevardtheater und Gastronomie. Der Jungfernstieg in Hamburg ist die feine Promenade der Hamburger, eingebunden in das gerasterte Netz des Plans von William Lindlay. In Stuttgart ist die Königsstraße, die Achse eines an die Altstadt angefügten hippodamischen Netzes, geschäftliches Zentrum der Stadt. In *München* haben die auf die Repräsentationsachse Ludwigstraße-Leopoldstraße bezogenen Stadtteile *Max-Vorstadt* und *Schwabing* eine lebensfrohe Ausstrahlung. Ebenso ist der Grundriß der Hugenottenstadt *Erlangen* ein ortstypischer Rahmen für städtisches Leben geworden. Jeder mag in seiner Stadt solche Quartiere prüfen. Die ‚Stadt im Quadrat' ist nicht monoton und abweisend, sondern ein taugliches Tableau für das Leben in der Stadt im steten Wandel.

Entwicklung und Sicherung offener Systeme im Planungsprozeß

Städtebauliche Pläne beschreiben nicht die tatsächliche Entwicklung. Sie beschreiben einen Rahmen, in dem sie sich vollziehen soll. Deren *Korridore* müssen so schmal sein, daß verläßliche Ordnungsvorstellungen durchgesetzt werden können, und so breit, daß sie genügend Raum bieten für zukünftige, noch nicht absehbare Entwicklungen. Sie sollen steuern und nicht strangulieren, vor allem nicht Ideen. Planungskorridore müssen auch zeitlich offen sein; denn sie mit Nutzungen zu füllen, geschieht mal schnell, mal in kleinen Schritten. Städtebauliche Pläne müssen Kontinuität und Verläßlichkeit zeigen, aber auch Diskontinuität ertragen. Auch deshalb müssen sie ein einfaches Grundgerüst haben (vgl. Adrian 1997).
In städtebaulichen Plänen sollten wechselnde Leitbilder der Stadtpolitik realisierbar sein. Heute sind dies kleinteilige Mischung und hohe Baudichte als vermeintliche Voraussetzung ‚der Stadt der kurzen Wege'. Heute ist es die Verkehrsberuhigung. Morgen werden es andere Ziele und Moden sein. Im neutralen Rastergrundriß und im Rechtsrahmen sollen sie alle planbar und durchsetzbar sein. Die ‚Robustheit' städtebaulicher Pläne, ihre Bewährung im Wandel der Stadt und der Planungsprozesse, die Offenheit gegenüber Veränderungen sind deshalb wichtige Qualitätskriterien. Mit dem Baugesetzbuch haben Stadtplaner Mittel für die Durchsetzung solcher langfristig tragfähiger städtebaulicher Konzepte in der Hand:
Für eine längerfristige Entwicklung der Besiedlung ist der *Flächennutzungsplan* als planungsrechtliches Instrument vorgesehen. Er hat sich in langjähriger Praxis bewährt. Er regelt jedoch nur die überschaubare Entwicklung im Gemeindegebiet über die nächsten zehn bis fünfzehn Jahre, erfüllt also nicht den Anspruch einer zeitlich offenen Planungsgrundlage. Für die Sicherung eines Erschließungsrasters taugt er nicht (es sei denn, es handelt sich um einen detailliert ausgebildeten Plan). Wohl aber werden in einem komplexen Planverfahren die Weichen für das künftige Netz der Hauptverkehrsstraßen ge-

stellt, insbesondere wenn mit dem Flächennutzungsplan zeitgleich ein Gesamtverkehrsplan erstellt wird.

Die rechtlich unverbindliche *Rahmenplanung* hat sich in der kommunalen Praxis sehr bewährt. Er ermöglicht im Vorfeld rechtsverbindlicher Planungen eine intensive und anschauliche Auseinandersetzung über Planungsziele und -inhalte vom Generellen bis ins Detail. Die Gliederung von Baugebieten kann auf dieser Ebene konstruktiv entwickelt werden. Bebauungsformen und Erschließungssysteme können in Varianten durchgespielt und diskutiert werden. Auch Überlegungen für spätere Siedlungsentwicklungen, die in einem verbindlichen Planwerk keine Chance hätten, können skizziert werden. Insofern ist ein solcher Planungsprozeß auch für die Entwicklung einer langfristig tragfähigen Struktur zu empfehlen. Indessen fehlt diesem Planwerk jegliche Bindungskraft gegenüber nachfolgenden Generationen von Politikern und Planern.

Im *Bebauungsplan* dürfen nur wenige, aber wirksame rechtskräftige Festsetzungen stehen, soll der Vorteil einer ‚offenen Planung' eingelöst werden. Die Fluchtlinienpläne aus der Gründerzeit haben diese Qualität. Ebenso die amerikanischen Zonenpläne, die etwa so viel regeln wie das Preußische Fluchtliniengesetz – mit dem Vorzug eines Bonus-Systems; es erweitert den Spielraum des privaten Bauherrn und stützt die Interessen der Stadt.

Das Gerüst der öffentlichen Verkehrsflächen muß einen späteren Umbau der Verkehrsanlagen ermöglichen. Im Bebauungsplan sollten deshalb durchgehend gleich breite und geradlinige Fluchten reserviert werden, auch wenn sie heute nicht immer in Anspruch genommen werden. Die derzeit vielfach verfolgte Verkehrsberuhigung mit schmalen öffentlichen Flächen wechselnder Breite mag aktuellen Zielen entsprechen, verfehlt aber den ‚zukunftsfähigen' Anspruch. Die Chance für eine spätere Erweiterung eines Baugebietes sollte gesichert werden, auch wenn diese derzeit unwahrscheinlich ist. Die öffentlichen Straßen sollten dafür bis an den Rand der geplanten Besiedlung geführt werden.

Eine „elastische Planung" (Schumacher) gebietet eine Generalisierung des Rechtsrahmens für die Bebauung. Die Festsetzung von Art und Maß der Nutzung ist die Grundlage; detaillierte Vorgaben werden fragwürdig, wenn sich die Entwicklung eines Quartiers langfristig am Markt orientieren soll. Die Blockbebauung kann mit wenigen Eckwerten gesichert werden: Der Entwurf für ein Wohngebiet auf dem Flughafengelände *Berlin-Gatow* setzt die Baufluchten für die Bebauung fest; Geschoßflächenzahl, Grundflächenzahl und maximale Geschoßzahl erscheinen für die Beschreibung eines allgemeinen Wohngebietes mit Zeilen und freistehenden Einfamilienhäusern

325 ff

ausreichend. Das Raster der öffentlichen Verkehrsflächen definiert das Gerüst der Siedlung.

305, 306 Der Satzungsplan für die EXPO-Siedlung *Hannover-Kronsberg* läßt (mit Geschoßflächenzahl, Grundflächenzahl und Geschoßzahl) einen kreativen Spielraum für die Wahl der Gebäudeformen. Die rechtlichen Bindungen werden enger gefaßt, wo der Stadtraum mit einer geschlossenen Randbebauung eine prägnante Ausformung erhalten soll. Hier wird die Geschoßzahl zwingend vorgegeben; anstelle der Baugrenzen sind Baulinien eingetragen, die die Bebauung in einer geradlinigen Flucht erzwingen. In den Bereichen mit höherer Dichte geben die bebaubaren Flächen eine Blockrandbebauung vor; in den übrigen Bereichen kann das ganze Baufeld eines Baublocks für die Bebauung genutzt werden.

Diese Regelwerke sind einfach und für jedermann gut nachvollziehbar. Kompliziert werden sie durch textliche Festsetzungen, insbesondere um die ökologische Forderung nach Ausgleich und Ersatz für beanspruchte Flächen zu gewährleisten.

Am wirksamsten steuert die Gemeinde die Ortsentwicklung mit der Planung und dem Bau des Straßennetzes. Sie hat es selbst in der Hand, funktionsfähige und stadtbildprägende Straßenzüge zu formen; sie muß es nur wollen. In unserer eiligen Zeit ist dies ein besonderer Vorteil, denn es wird immer weniger gelingen, eine einheitliche Stadt zu formen. Wer weiß schon, welche Gehäuse die Zukunft bauen möchte und muß. Das strenge Raster schafft Ordnung in der Vielfalt. Dies gilt insbesondere auch gestalterisch: Das Netz öffentlicher Räume muß schnell wechselnden und in der Summe diffusen baugestalterischen Formen Halt geben.

75–83 *Ein robustes System für die wuchernde Besiedlung*

„Man fährt über Land, erfreut sich der Weite, da tauchen, gänzlich unvermittelt, Hochregallager von Versand- und Möbelhäusern, Kisten und Kästen von Verbrauchermärkten neben aufgeputzten Eigenheimen aus den Äckern am Stadtrand auf. In diesem Grenzbereich – so empfindlich und lebendig wie die menschliche Haut – sind Blattern und Beulenpest ausgebrochen, ganze Stadtregionen verlieren an Gesicht und Gestalt. [...] sind Bau und Boden eines Tages abgenutzt und ausgebeutet, haben die Investitionen sich amortisiert, werden die erodierte Landschaft als Restposten abgeschrieben und das Kapital umgelenkt. Was übrig bleibt, ist wüstes Land. Der uralte Gegensatz von innen und außen – intra und extra, muros – von umschlossener Stadt und offenem Land, verwischt sich." (Robert Frantz, *Die Zeit*, 31. Oktober 1997) Stadt und Land sind zur Bühne spontan erscheinender Ereignisse geworden. Damit wird eine zunehmende Individualisierung der Lebenswünsche und Aktivitäten sichtbar. Die Wirtschaft reagiert schnell auf vermutete Interessen der Menschen und produziert ständig neue Anreize. Diese sind nicht mehr in einer traditionellen gesellschaftlichen Theorie beschreibbar, sondern eher das offene Bild einer Collage. Man kann nicht vorhersagen, welche Ausprägungen, welche Vielfalt und Komplexität das ‚Chaos' noch bereit hält. Ein solches System ist dynamisch. Seine Glitzerpunkte entstehen so schnell, wie sie wieder verlöschen. Es gibt keine endgültige Gestalt mehr. Zwänge und Hoffnungen der Wirtschaft wie die überbordenden Ansprüche der Menschen drohen, unseren Lebensraum zu zerstören. Sie stehen im Konflikt mit dem Prinzip der Nachhaltigkeit.

Raumplaner, Naturschützer, Verkehrsplaner, Handelsorganisationen und viele andere mahnen Widerstand an. Aufhalten können sie offensichtlich diesen Trend mit den alten Rezepten nicht. Die Spielregeln der Planenden, in Rechtspläne gegossene Ordnungssysteme regionaler Entwicklungsachsen und ihrer zentralen Orte, die die Zukunft abschließend festlegen wollen, greifen nicht mehr. Jede Abweichung von der gewollten Raumstruktur wird deshalb von den Planern als Störung empfunden. Verwunderlich bleibt, daß sich manche der Verantwortlichen unversehens auf der Seite der ‚Zerstörer' der definierten Ordnung wiederfinden, wenn sie einen Vorteil für sich und für ihre Gemeinde sehen. Es kümmert sie dann wenig, daß sie oft nur ein Strohfeuer entfachen; die Folgen werden nicht hinterfragt. Entscheidend ist, was heute Erfolg und Zuspruch verheißt.

In einer nicht mehr prognostizierbaren Welt mit einer fortschreitenden Individualisierung privater Interessen müssen sich Politik und Planung wahrscheinlich auf einen einfachen Ordnungsrahmen beschränken, der die Balance zwischen Kontinuität und Veränderung hält. Einen Endzustand beschreiben kann er nicht. Seine Logik muß eine andere als die bislang gewohnte Qualität gewährleisten.

Das hippodamische Gitter ist ein verläßlicher Rahmen für die Einbindung aller denkbaren baulichen Investitionen im Quartier. Ist es künftig auch für eine regionale Ordnung tauglich? Das Raster hat die Kolonisierung – vom römischen Weltreich bis in die Neue Welt – bewältigen können. Das Meilenraster definierte die Punkte und Bereiche einer möglichen künftigen Besiedlung. Dieses Angebot war nicht auf Entwicklungsachsen beschränkt, sondern war gleichmäßig über die Landschaft gezogen.

Einem bereits besiedelten Land kann ein solches Muster nicht übergestülpt werden. Aber es ließe sich vielleicht daraus eine neue Logik für die Festlegung von Besiedlungspunkten und -bereichen in großer Bandbreite entwickeln. Sie müßte das Prinzip der Baufreiheit mit neuen Regeln einer großräumigen Ordnung verbinden. Dieses System für eine ‚Patch-Work-Region' müßte Straßen und Schienen, Bahnhöfe und Güterverteilzentren einbeziehen und mit den vorhandenen nicht-hippodamischen Elementen verknüpfen. Es wäre damit eine anschauliche Richtschnur für die Planungspolitik.

Soll ein solches Besiedlungsmodell erfolgreich sein, dann muß es sich auch mit den Architekturformen auseinandersetzen, die die *Collage-City* prägen. Es sind oft Sonderformen, die sich früher nur der Fürst mit einer Schloßanlage leisten konnte. Die Pluralität der Macht und des Kapitals haben den Anspruch auf beherrschende Bauwerke vervielfacht: Solitäre, die sich nicht in einen Formenkanon einfügen wollen. Auf dem freien Feld fehlen jegliche städtebauliche Bindungen. Ein zweites und drittes Projekt lagern sich beliebig an. Diese Fragmente einer Besiedlung sollten deshalb an Baufluchtlinien gebunden werden. In der Landschaft könnten Alleen (entlang des Erschließungsgitters) eine solche Ordnung fortsetzen und das hippodamische Gerüst erkennbar machen.

Auch Thomas Sieverts möchte „wenige große Orientierungslinien und Orientierungspunkte stärken und herausarbeiten", die es auch in jeder der von ihm plastisch beschriebenen *Zwischenstadt* gibt. Er plädiert für „ein gleichzeitig ausgewogenes und gleichwohl spannungsvolles Verhältnis zwischen einprägsamer Ordnung und einer in diese eingebettete labyrinthhafte Unübersichtlichkeit". Die Stadtregion soll wie eine Partitur lesbar bleiben. Er hat sich gleichwohl nicht auf ein Muster festgelegt, wie dies erreicht werden könnte (Sieverts 1997, 103 ff).

Die Ansprüche und Ausprägungen der postindustriellen Gesellschaft waren in den Jahrzehnten nach dem Zweiten Weltkrieg noch nicht erkennbar. Jedoch hätte man schon nachdenklich werden müssen, als die punkt-axialen Stadtbaumodelle vielfach bis zur Unkenntlichkeit verwässert wurden. Die gegliederten Stadtlandschaften haben einen nicht mehr beherrschbaren Siedlungsbrei produziert. Dies war natürlich nicht gewollt. Es ist kein neues Phänomen, daß Planung und Praxis auseinanderklaffen. Hätte ein vernetztes Gitter den in den Nachkriegsjahrzehnten ausfernden Städten eher eine langfristig wirksame Ordnung geben können?

73 Sixtus V. initiierte im 15. Jahrhundert in Rom den ersten Großversuch, eine im Mittelalter zerfallene Stadtstruktur wieder zu ordnen. Die über die Trümmer der antiken Großstadt gezogenen Achsen haben tatsächlich einen geometri-

schen Ordnungsrahmen geschaffen, an den sich viele Generationen hielten und der heute noch die große Stadt gliedert. Die zum Teil weit ins Land gezogenen Schloßachsen des Barock hatten vergleichbare Wirkungen. Es waren weiterbaubare Systeme. Können wir aus der Geschichte lernen?

Ein aufschlußreiches planungsmethodisches Modell für die Bewältigung einer fragmentarischen Besiedlung haben Stephan Däfler, Ingo Ernst und Christian Fontios in ihrer Diplomarbeit für die schrittweise erfolgende Entwicklung eines neuen Stadtteils auf dem Grundriß des *Handelshafens Mannheim* entwickelt. Die Wiederverwertung solcher wertvollen Flächen ist weit sinnvoller als eine Erschließung von Landschaftsräumen. Ihre Potentiale bleiben jedoch vielfach unerkannt. Ihre Aktivierung stößt auf viele Schwierigkeiten und unterbleibt letztlich aus finanziellen Gründen. Hier interessierte die Frage, ob und wie ein Industriegebiet mit seiner wertvollen Infrastruktur der Straßenzüge und der Ver- und Entsorgungsleitungen neuen Nutzungen zugeführt werden kann.

Industriegebiete haben vielfach hippodamische Straßennetze. Häfen haben wegen der begleitenden Laufkräne geradlinige Erschließungsachsen. Wenn die These stimmt, daß das Raster ein robustes Gerüst für vielfältige Nutzungen und Bebauungsformen ist, müßte die Verwertung solcher Gebiete ohne Kompromisse möglich sein. Die Planer haben das Hafengebiet in Mannheim daraufhin untersucht und stellen ein Modell für die Entwicklung eines neuen Stadtteils in Etappen vor. Die vorhandenen Straßenachsen sind hierfür die Grundlage. Sie werden mit geringem Aufwand zu einem Netz mit rechtwinklig geordneten Baufeldern ergänzt. Die Hafenbecken sind in diesem Raster eine willkommene Bereicherung.

Das gewählte System erlaubt den Beginn des Wiederaufbaus für eine beliebige Nutzung an jeder Stelle. Zu Recht vertrauen die Verfasser auf das Raster als einen Ordnungsrahmen, der unterschiedliche Bebauungsformen ohne gestalterische Einbußen trägt. Notwendig ist als planerische Leitlinie eine neue Form der Rahmenplanung. Im Sinne einer offenen Planung wird ein Minimalkatalog städtebaulicher Festsetzungen definiert; im wesentlichen sind dies die öffentlichen Räume, die eine ortstypische gestalterische Kraft entfalten. Sie werden idealtypisch mit dem hippodamischen Netz des historischen Stadtkerns von Mannheim verbunden.

Vergleichbar ist das planerische Vorgehen in *Berlin-Adlershof*. Im Raster des Erschließungsnetzes kann an jeder Stelle der Aufbau der Wissenschaftsstadt beginnen. Vorgegeben ist eine Blockbebauung, sie läßt eine breite Interpretation zu. Auch das Konzept für die Verteilung der Nutzungen kann elastisch auf die Nachfrage reagieren. Die an verschiedenen Stellen in dem riesigen

Baufeld errichteten ersten Labor- und Bürohäuser folgen dieser planerischen Idee (vgl. *Bauwelt*, 31. Juli 1998). Schrittweise wird aus einer Collage ein im Blockraster geordneter Stadtraum entstehen.

Zumeist sind die alten Gewerbe- und Industrieregionen amorphe Gebiete, die aus Dorflagen und Ortsverbindungsstraßen ohne übergreifende Planung entstanden sind. Man baute, wo Grundstücke verfügbar waren und Gleisanschlüsse verlegt werden konnten. Fallen heute Teile solcher Industrielandschaften brach, wird auf diesen zufälligen Flächen neu gebaut – wiederum ohne übergreifendes stadträumliches Konzept, sondern nur den generellen Ausweisungen des Flächennutzungsplanes folgend, der sich meist am Bestand orientiert.

78–80 In *Essen* hat man sich anders entschieden, als das Gelände am Nordrand der Innenstadt brachfiel, an dem das Kruppsche Industrieimperium seinen Anfang nahm. Der Erwerb dieser Fläche durch die Landesentwicklungsgesellschaft erleichterte den Weg, die historisch und betrieblich bedingten Zufälligkeiten des Lageplans durch ein orthogonales Raster zu ersetzen. Auf den Baufeldern soll ein die Innenstadt ergänzendes Stück Stadt entstehen – mit geschlossen umbauten Straßenzügen, Plätzen, Wohnungen und Dienstleistungsangeboten. Der Bebauungsplan ist in seinen Festsetzungen sehr zurückhaltend, um die nötige Flexibilität zu ermöglichen.

75 In der (graphisch gekennzeichneten) wechselnden Siedlungsstruktur der Stadt Braunschweig ist das Ringgebiet des 19. Jahrhundert das stadtprägende Ordnungssystem.

76 In der anscheinend ohne Plan wuchernden Stadt Düsseldorf ist das Gitter der klassizistischen Epoche das einzige Ordnungssystem (vgl. die Bilder 144 ff).

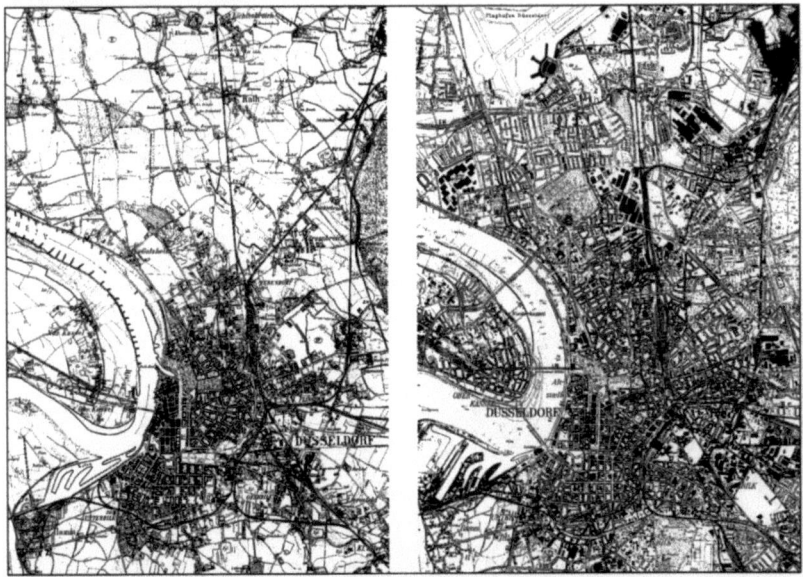

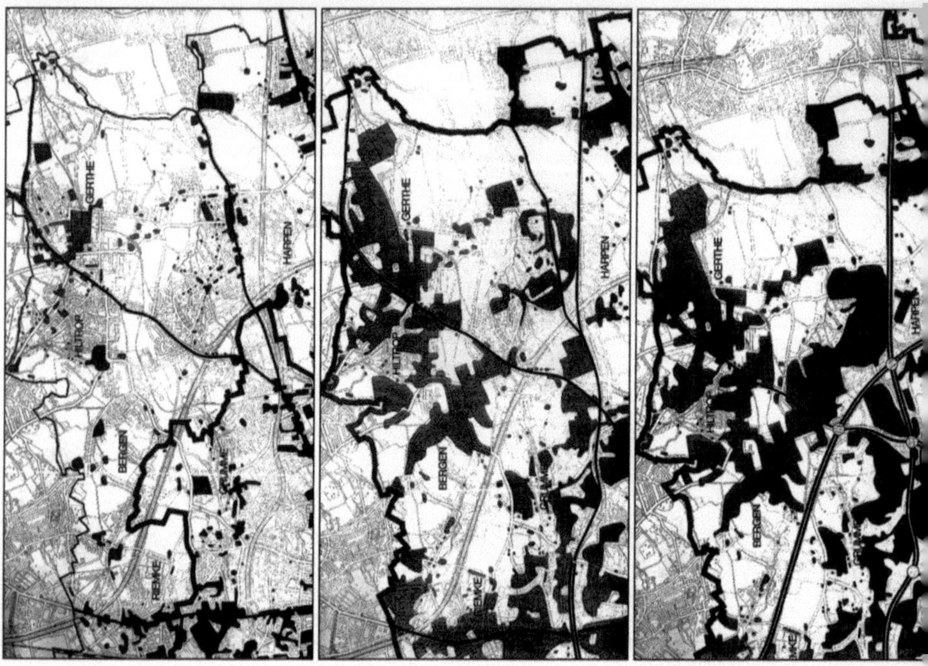

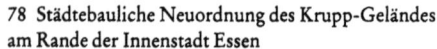

77 a–c Zeitreihe 1910–1960–1974 einer amorphen Besiedlung
im Ruhrgebiet (Bochum)

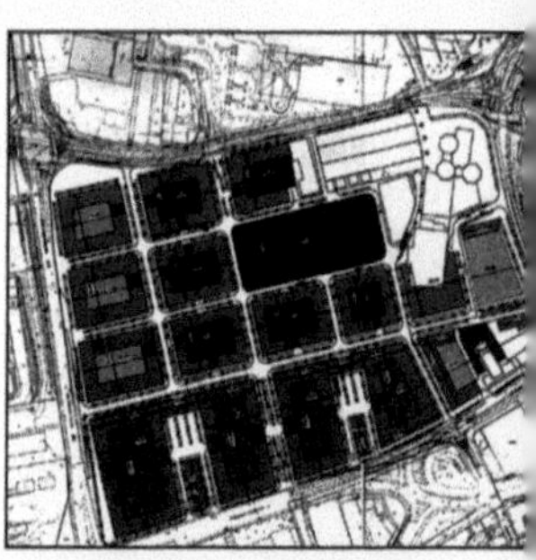

78 Städtebauliche Neuordnung des Krupp-Geländes
am Rande der Innenstadt Essen

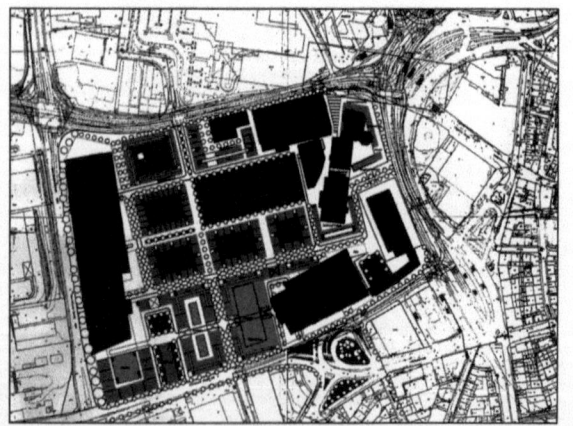

79 Endstufe
80 Bebauungsplan

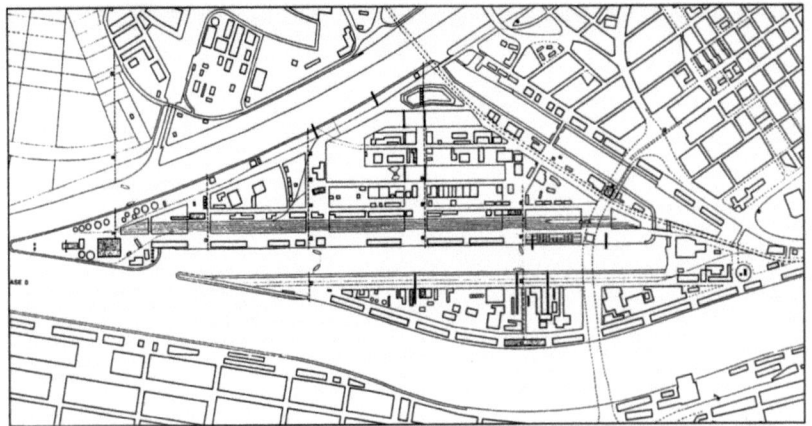

81 a–c Verborgene Potentiale und Entwicklungskonzept Mannheim-Handelshafen: Bestand (oben), Patchwork (Mitte), Vision (unten)

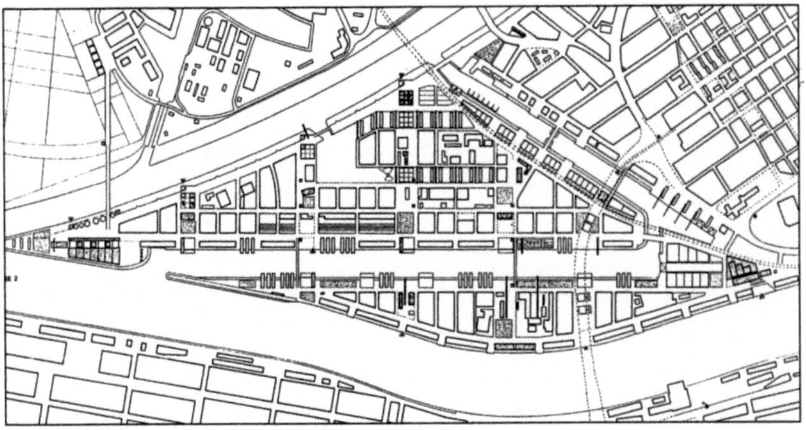

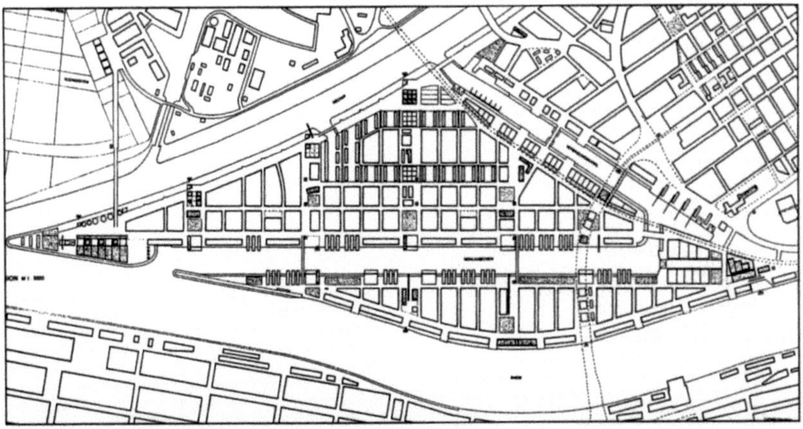

82 Poebene mit römischem Raster
(Ausschnitt aus dem Kataster)

*Anpassungsfähige und robuste Gerüste
für die Erschließung
und städtebauliche Gliederung*

83 Meilenraster, der Rahmen für die
Besiedlung Amerikas (Amana, Iowa)

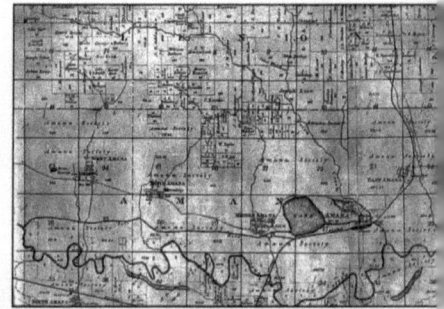

Ausblick

Anforderungen an eine anpassungsfähige Stadtstruktur

Auch wenn politischer Wandel, Brände und Hungersnot wiederholt die Städte beutelten, bezweifelten die Bameister früherer Jahrhunderte und ihre Auftraggeber nicht, daß ihre Werke die Zeitläufe überdauern würden. Die Anforderungen an die Stadt veränderten sich nur langsam.
Erst mit der Industrialisierung beschleunigte sich die Stadtentwicklung. Als Reaktion wurden großräumige Pläne für die Stadterweiterung erarbeitet. Das Erfordernis neuer Besiedlungsflächen beschäftigte auch die sich entwickelnde Disziplin Städtebau. Deren Leitbilder, beginnend mit den Reformen nach der Jahrhundertwende über Bauhaus und CIAM bis zu den Bauleitplänen der Gegenwart, befassen sich wohl mit der Gliederung und Gestaltung von Stadträumen, nicht aber mit wechselnden Anforderungen in den besiedelten Flächen. Stadtentwicklungs- und Flächennutzungspläne basieren auf Prognosen, die nur kurzfristig verläßlich sind und beschränken sich auf generalisierte Flächenausweisungen. Eine Erweiterung der Besiedlungsgebiete über den im Flächennutzungsplan gesetzten Rahmen wird nicht angenommen. Städtebauliche Entwürfe sind nicht auf Mehrdeutigkeit und Flexibilität ausgelegt.
Allen städtebaulichen Modellen einer gegliederten Stadt aus den letzten Jahrzehnten ist die freie Gruppierung der Baukörper – anstelle der früher durchwegs üblichen Blockrandbebauung – gemeinsam. In diesem ‚fließenden Raum' haben Bebauung und Straßennetz ihren unmittelbaren räumlichen Bezug zueinander verloren. Der öffentliche Raum ist nicht mehr definiert. Die prinzipielle Austauschbarkeit von Nutzungen und Bebauung stört das sensible Zusammenspiel der städtebaulichen Elemente. Langfristig ist eine gestalterische Harmonie nicht mehr herzustellen.
Neue Baugebiete werden bis heute in der Regel nur für den aktuellen Bedarf dimensioniert. Eine spätere Erweiterung der Quartiere ist im Verkehrsnetz nicht berücksichtigt. So legen sich spätere Bauabschnitte, Zwiebelschalen gleichend, ohne einen geordneten verkehrlichen Zusammenhang um vorhandene Quartiere. Das Netz wird immer unübersichtlicher, die Orientierung ist erschwert.

Dies alles lehrt uns: Wir brauchen als verläßlichen Rahmen für die stete Entwicklung der Besiedlungsgebiete ein robustes Gerüst, das städtebauliche Moden sowie wechselnde soziale und wirtschaftliche Bedingungen elastisch auffangen kann. Die in der Planungsphase entwickelte Nutzung und Bebauung überdauert oft wohl längere Zeit, in vielen Fällen wird sie aber schon nach wenigen Jahren oder Jahrzehnten verändert. Nicht selten wird das dem Entwurf zugrunde liegende Programm schon während der Planungsphase korrigiert. Das Gerüst des Besiedlungsgebietes muß deshalb gegenüber Veränderungen jedweder Art offen sein. Diese Anpassungsfähigkeit erstreckt sich auf
- kommunalpolitische Ziele,
- Wünsche und Forderungen der Stadtbewohner,
- wirtschaftliches Handeln,
- Grundbesitz,
- Art und Umfang des Verkehrs.

Eine solche zukunftsfähige Struktur ist langlebig und erfüllt den Auftrag an die Nachhaltigkeit. Einmal gebaute Quartiere müssen auf Dauer benutzbar sein, um die Erweiterung des besiedelten Raumes wenigstens einzuschränken. Diese Struktur muß indessen ohne besondere Infrastrukturmaßnahmen erweiterbar sein; sie sollte auch eine Schrumpfung erträglich machen. Das Gerüst einer solchen Stadt soll ein Ordnungsrahmen sein; er soll Besiedlungsgebieten eine gute Orientierung gewährleisten und ihnen gestalterische Kraft und Eindeutigkeit im Erscheinungsbild verleihen. Das Gerüst soll die Nutzer nicht gängeln; im Idealfall kann Baufreiheit gewährleistet werden. Die hippodamische Stadtstruktur erfüllt diese Anforderungen.

Die Suburbanisierung führt seit fünfzig Jahren in einem dynamischen Prozeß zu diffusen und gestaltlosen Bildern. Sie sind nicht mehr mit den gewohnten Gesetzen der Stadtentwicklung erklärbar. Ordnung schafft man nicht mehr mit punktuellen Projekten. Das Leitbild für die regionale Steuerung könnte eine Netz-Stadt sein, in der eine horizontale Verknüpfung der Aktivitäten an die Stelle einer eindeutigen vertikalen Hierarchie tritt. In dieser sind nur die beständigen Elemente festzulegen, während die einzelnen Module flexibel bleiben (vgl. Marco Venturi 1998). Auch diese Anforderung erfüllt das hippodamische Gerüst.

Das Raster ist kein Dogma

Straßengitter und rechtwinklig geschnittene Baublöcke können keine zwingende Vorgabe für den städtebaulichen Entwurf und für die Stadtentwicklungspolitik sein. Niemand kann wollen und wird akzeptieren, daß gewachsene Stadtorganismen mit ‚krummen Straßen' verurteilt werden und utopische Pläne über alte Stadtgrundrisse gezogen werden. Ortstypische Situationen würden beschädigt werden.

Wir lernen jedoch aus den Fallbeispielen, daß eine einfache Blockstruktur den Wohn- und Arbeitsbedingungen sowie der Stadtgestalt – insbesondere langfristig – dienlich sein kann.

„Gerade weil die Stadt so unanschaulich geworden ist, sind Leitbilder zur Verständigung über Handlungszusammenhänge und Ziele unverzichtbar." (Sieverts 1997) Sie müssen eine symbolische Qualität haben und dürfen auch utopisch sein. Sie sollen Leitplanken der räumlichen Struktur und der Wege dorthin sein.

Kennen wir die tragfähigen Prinzipien der ‚Stadt im Quadrat', so können wir diese auch variieren. So kann der verkehrstechnische und – regelnde Vorteil des Straßengitters auch mit geschwungenen Linien der Straßenführungen erreicht werden, wenn diese – wie im Raster – miteinander vernetzt sind. So bewahrt der schiefwinklige Baublock wesentliche Vorteile des rigiden Blockrasters.

Das Plädoyer für das Raster richtet sich gegen die Willkür vieler städtebaulicher Entwürfe, die das Besondere wollen und Chaos produzieren. Es soll die Erkenntnis schärfen, daß wir nur einen kleinen Ausschnitt der langen Geschichte eines Besiedlungsgebietes überschauen und gestalten. Die nach uns kommen, sollen robuste Strukturen vorfinden, die sich ohne Zwänge verändern und erweitern können. Eine Generation gestaltet nur einen kleinen Teil einer Stadtlandschaft; ihre Planungen müssen sich harmonisch in den großen Rahmen einfügen.

Beispiele

Berlin-Dorotheen- und Friedrichstadt

84–95
58–62

Die Schilderung von Stadtbauentwürfen und Quartiersschicksalen soll in Berlin beginnen; aus der bewegten Geschichte dieses Quartiers in Berlin-Mitte können wir exemplarisch alle wesentlichen Merkmale, Qualitäten und Möglichkeiten der ‚Stadt im Quadrat' erfahren:
Unter den Linden und Friedrichstraße waren im Kaiserreich und in den zwanziger Jahren die bekanntesten Adressen in Deutschland. Das Achsenkreuz dieser prominenten Straßenzüge kennzeichnet ein schachbrettförmiges Stadtquartier, das einst das wirtschaftliche und politische Zentrum des Deutschen Reiches war. Die Grenzziehung der Alliierten teilte 1945 die City, die Mauer griff 1961 rigoros in die städtebauliche Struktur und deren vielfältig verwobenen Beziehungen ein. Seit 1989 ist das Quartier wieder als Ganzes erlebbar.
Bis zum 17. Jahrhundert orientierte sich die befestigte Doppelstadt Berlin (im Osten) und Cölln (im Westen) auf die Spree. Mit dem Schloßbereich auf der Cöllner Spreeinsel öffnete sich die Residenzstadt nach Westen. Der Große Kurfürst trassierte 1647 die Reitallee Unter den Linden in den Tiergarten. Während seiner Regentschaft wurde die Dorotheenstadt um diese Promenade als Typus einer fürstlichen Stadterweiterung gebaut. Sie war nach dem Edikt von Potsdam 1685 vornehmlich für Einwanderer gedacht. Ihre Tore gaben der südlich anschließenden Stadterweiterung, der Friedrichstadt unter König Friedrich I., die Richtung vor. Die Pläne von Arnold Nehring sahen hier ein streng rechtwinkliges Straßennetz mit verhältnismäßig kleinen Baublöcken vor, das auf zwei Hauptachsen bezogen war, die Friedrichstraße und die Leipziger Straße. In diesem System war der Friedrichstädter Markt (Gendarmenmarkt) ausgespart. Zeitgleich legten sich im Osten Vorstädte ringförmig um die Bürgerstadt Berlin.
In der Regierungszeit Friedrich Wilhelms I. (1713–1740) erfolgte nach Plänen von Philipp Gerlach eine Erweiterung der Friedrichstadt nach Süden und Westen. Diese nahm die vorgegebenen Achsen auf; Friedrichstraße und Leip-

ziger Straße wurden bis an die Stadtgrenze verlängert und erweiterten sich hier zu barocken Platzanlagen, die jedoch ihre städtebauliche Bedeutung erst später erhalten sollten: im Süden der Belle-Alliance-Platz (Mehringplatz) als Ausgangspunkt strahlenförmiger Straßenzüge (Lindenstraße, Friedrichstraße, Wilhelmstraße), die den rasterförmigen Stadtgrundriß umfassen. Im Westen das Oktogon des Leipziger Platzes und im Zuge der Linden das Karree des Pariser Platzes. Der König veranlaßte den Landadel zur Verlegung seiner Palais; so entstand an der Wilhelmstraße eine Reihe repräsentativer Bauwerke mit großen Gärten, die späteren Ministergärten. Die als Zoll- und Steuergrenze ab 1735 errichtete Akzisemauer schloß eine weitere Entwicklung der Friedrichstadt nach Westen aus. Jedoch wurde 7 km westwärts der Kern eines späteren Stadtwachstums mit dem Sommerschloß Charlottenburg vorbereitet. Der zwischen der Siedlung Charlottenburg und der Dorotheen- und Friedrichstadt liegende kurfürstliche Tiergarten wurde in die repräsentative barocke Stadtplanung einbezogen.

Bevor James Hobrecht 1862 seinen umfassenden Stadterweiterungsplan vorlegte, waren weitere wesentliche städtebauliche Maßnahmen in Angriff genommen worden: Der Bau des Landwehrkanals als zweiter Schiffahrtsweg parallel zur Spree wurde beschlossen. Peter Josef Lenné projektierte eine Ringstraße und zeichnete einen großzügigen Plan für das Köpenicker Feld (Luisenstadt) zwischen dem Schiffahrtsweg und der erweiterten Altstadt. Gegenüber der relativ kleinteiligen Blockstruktur der Barockstadt entstand hier, gegliedert mit Alleen und Kanälen, ein großmaßstäbliches Schachbrettmuster. Der ‚Berliner Baublock' mit der ‚Kreuzberger Mischung' aus Wohn- und Arbeitsstätten um miteinander verbundene Höfe war indes von Lenné nicht beabsichtigt. Die Bahnhöfe der Eisenbahngesellschaften wurden an die Friedrichstadt so dicht wie möglich herangerückt. Anhalter und Potsdamer Bahnhof haben (mit dem später eröffneten Bahnhof Friedrichstraße) die Entwicklung der Friedrichstadt zum lebendigsten Geschäftsgebiet Deutschlands beflügelt.

Die fortdauernde stürmische Entwicklung der Stadt erforderte Anfang des 20. Jahrhunderts eine neue Planungsgrundlage. Der hierfür 1910 ausgelobte Wettbewerb mußte sich unter anderem mit einer besseren Erschließung des historischen Stadtkerns befassen. Die preisgekrönten Entwürfe suchten den abgeschlossenen Stadtkörper der Friedrichstadt aufzubrechen. In Ost-West-Richtung wurden hierfür im vorhandenen Schachbrettgrundriß neben der Leipziger Straße und der repräsentativen Achse Unter den Linden weitere Durchgangsstraßen ausgewählt. Diese Planungsansätze wurden in den zwanziger Jahren von Martin Wagner weiterverfolgt, aber nicht realisiert. Die Achsenplanung im ‚Dritten Reich' tangierte die Friedrichstadt nur wenig.

Hingegen hat die Blockstruktur von Dorotheen- und Friedrichstadt bei unveränderten Abmessungen seit der Barockzeit wiederholt erhebliche Veränderungen im Nutzungsgefüge und in der Bebauungsart erfahren. Die ursprünglichen Gebäude waren zweigeschossig, umschlossen die Baublöcke und betonten die hauptsächlichen Achsen mit einer vom Regenten vorgeschriebenen einheitlichen Architektur. Es war vornehmlich eine Wohnstadt, vergleichbar mit einem noch heute in Potsdam, *Neuruppin* und weiteren *108 ff* Landstädten erhaltenen preußischen Ambiente. Bald begann jedoch eine Verdichtung mit der Überbauung der Höfe und der Aufstockung der Straßenrandbebauung. Schon unter Friedrich II. hatte der Gendarmenmarkt auf Staatskosten eine viergeschossige Bebauung erhalten. In der zweiten Hälfte des 19. Jahrhunderts genügte diese barocke Bausubstanz nicht mehr den Anforderungen der schnell zunehmenden geschäftlichen Aktivitäten im Zentrum der Stadt. Die Reichsgründung räumte endgültig mit der Idylle der Barockstadt auf. Die Friedrichstadt wurde, von Norden nach Süden fortschreitend, mit mehrfacher Auswechslung der Bausubstanz die elegante Einkaufsmeile der Hauptstadt. Die Errichtung neuer Geschäftshäuser mit großen Wohnungen in den Obergeschossen erfolgte nun auch auf zusammengelegten Grundstücken, die dem Baukanon des Berliner Miethauses im 19. Jahrhundert entsprachen.

Im 20. Jahrhundert, und hier insbesondere in der kurzen Wirtschaftsblüte der zwanziger Jahre, reichte auch diese Baustruktur nicht mehr aus. Die veränderten kaufmännischen Ziele verlangten nun große Geschäftshäuser mit Ladenflächen auch in den Obergeschossen. Das berühmte, von Alfred Messel entworfene Kaufhaus Wertheim am Leipziger Platz belegt diese Entwicklung; ebenso die großen Hotels. Erforderlich waren hierfür große Grundstücke. Folglich wurde in Teilen die Baustruktur großmaßstäblicher, ohne jedoch mit 22 m in der Höhe die Altbauten wesentlich zu übertreffen. Um den Bahnhof Friedrichstraße etablierten sich Unterhaltungspaläste. Ludwig Mies van der Rohe entwarf ein gläsernes Hochhaus, das jedoch nicht realisiert wurde. Die Wirtschaftskrise bewahrte das Quartier vor weiteren Veränderungen. In die immer noch überwiegend kleinparzellierte Baustruktur wurden im Kaiserreich, später im ‚Dritten Reich‘, auch staatliche Großbauten eingefügt. Sie beanspruchten zum großen Teil ganze Baublöcke. Waren solche repräsentativen Bauwerke ursprünglich in der Nähe des Schlosses am Boulevard Unter den Linden konzentriert, verteilten sie sich später über das ganze Quartier. Die Wilhelmstraße wählte Hitler als Standort für Reichskanzlei und Ministerien. Aus den früher ruhigen Wohnstraßen waren im 20. Jahrhundert mit den skizzierten strukturellen Veränderungen brodelnde Verkehrsräume geworden.

Berühmt, oft gemalt und fotografiert, wurde die Friedrichstraße mit flanierenden Menschen, Kutschen und den ersten Autos, mit Straßenbahnen in ununterbrochener Folge im engen Nebeneinander zum Inbegriff urbaner Lebenskraft. Sie würde heute Verkehrsplaner auf den Plan rufen.
Der Krieg zerstörte die Friedrichstadt, hinterließ aber – in Luftbildern deutlich erkennbar – das Straßenraster und auch die Typologie der Straßenfassaden als ortsprägende Elemente. Wie an anderer Stelle geschehen, wäre auch hier ein Wiederaufbau in den historischen Fluchten möglich gewesen. Indessen strebten die Planenden an, die Leitbilder der ‚gegliederten und aufgelockerten' Stadt wie des sozialistischen Städtebaus auf den historischen Stadtgrundriß zu übertragen. Beiden konkurrierenden politischen Systemen war die bewußte Zerstörung des vorhandenen Straßen- und Platzgefüges aus dem 18. und 19. Jahrhundert gemeinsam. Diese aus heutiger Sicht radikalen Projektierungen ohne Respekt vor der Geschichte begannen mit den ersten, 1946 vorgestellten Überlegungen des damaligen Stadtbaurates Hans Scharoun und setzten sich 1957/1958 in den Wettbewerben ‚Hauptstadt Berlin' (West) und der ‚sozialistischen Umgestaltung des Zentrums der Hauptstadt der DDR' (Ost) fort. Scharoun berücksichtige nur die Achse Unter den Linden; aber auch der preisgekrönte Entwurf von Fritz Eggeling, Friedrich Spengelin und Gerd Pempelfort war noch so radikal, daß nur ein Kenner Berlins die Stadtmitte wiedererkennt. Die Bauausstellung Interbau im Berliner Hansa-Viertel (1957) belegte die Intentionen dieser Planungsideologie: Solitärbauten im fließenden Raum ohne Bezug auf vorhandene Netze. Im Osten wurde als Folge der ersten Leitplanungen die Altstadt praktisch vernichtet. Im Westen steht die Zerstörung des Mehringplatzes auf der Verlustliste.
Der Umbau des ganzen historischen Stadtgefüges wäre gelungen, wenn die Pläne der Verkehrsingenieure realisiert worden wären, die auch die Stadtmitte mit einem Autobahnnetz zu erschließen gedachten. Die Realisierung der autogerechten Stadt – sie hätte die Auflösung des Blockrasters in isolierte Quartiere bedeutet – scheiterte zunächst an der politischen Grenze, die die Friedrichstadt im Osten wie im Westen in eine Randlage im Stadtgefüge brachte. In den achtziger Jahren wurde die Qualität der kompakten Stadtstruktur endlich wiederentdeckt.
So haben wir in der Friedrichstadt lediglich die auf acht Spuren erweiterte Leipziger Straße zu verkraften. Dieser Entwurf bricht mit dem homogenen Kanon des Stadtteils. Jedoch mildert die gestalterische Kraft des Rasters diesen architektonischen Fehlgriff, der nach der Öffnung der Mauer den funktionalen Zusammenhang der Friedrichstadt empfindlich stört. Denn die Hochhausreihe entlang der südlichen Bauflucht der breiten Magistrale über-

baute die Querstraßen. Hier ist – aus dem Verlauf der Mauer unmittelbar südlich der Leipziger Straße verständlich – das Straßenraster unterbrochen; die Orientierung und auch die Verkehrsabwicklung sind deshalb erschwert. Ging es hier eher um eine politisch-ideologische Selbstdarstellung der DDR gegenüber West-Berlin, so war die städtebauliche Planung der Friedrichstadt im übrigen durchaus darauf orientiert, die tradierte Struktur der Gebäudeblocks und Gebäudehöhen sowie des Straßenrasters und der Straßenbreiten beizubehalten. Ganz im Sinne einer städtebaulichen Denkmalpflege ist das Lindenforum rekonstruiert worden. Am Gendarmenmarkt suchte man, mit den architektonischen Mitteln der Betonfertigteile den historischen Charakter der Blockrandbebauung wiederzugewinnen.

Der West-Berlin zugeschlagene Teil der Friedrichstadt hatte seine historisch gewachsene Orientierung auf den Boulevard Unter den Linden verloren; war ein Stück Stadt in einer Randlage ohne wirtschaftliche Impulse geworden. Es entstanden hier in den erhalten gebliebenen Baublöcken alternative Lebensformen. Die Nachkriegsplanung mit einem Autobahnnetz hatte schon vor dem Mauerbau zu Erosionen in diesem Quartier geführt; im Trassenverlauf dieses neuen Netzes unterblieb naturgemäß jeglicher Wiederaufbau. Erst nach Aufgabe der Autobahnplanungen besann sich die Stadt im Zuge der Planungen für die Internationale Bauausstellung (IBA), die überkommene Blockbebauung flächendeckend wieder erstehen zu lassen. Ausgewählte Architekten entwarfen in der südlichen Friedrichstadt vielfältige Bebauungsformen auf der Basis des vorhandenen Blockrasters. Sie belegen eindrucksvoll die Anpassungsfähigkeit dieses Stadtbauschemas und seine Qualitäten für urbanes Wohnen.

Mit dem Fall der Mauer und der Wiedervereinigung rückt Berlin-Mitte wieder ins Zentrum der großen Stadt. Die Dorotheen- und Friedrichstadt wartet, einem schlafenden Riesen ähnelnd, auf neue wirtschaftliche Impulse. Die ersten Jahre nach der Wende zeigen jedoch, daß solcher erhoffter Wiederaufstieg zu der Kraft und Pracht der Vorkriegszeit nicht über Nacht geleistet werden kann. Aber die Stadt hat die gewiß seltene Chance, die „Fehler von 40 Jahren geplanter Abschaffung der historischen Stadt noch einmal durcharbeiten zu können" (Stimmann 1992). Natürlich wird nicht wieder das alte Berlin entstehen. Aber mit der vorhandenen Blockstruktur und den weitgehend in den historischen Fluchten verlaufenden Straßen kann eine ortstypische Urbanität am ehesten erreicht werden. Andere Formen würden zunächst Aufmerksamkeit erheischen, langfristig würde der Wechsel städtebaulicher Muster den Berliner Stadtraum dem weltweiten Charakter moderner Großstädte immer ähnlicher machen.

Wenn eine vollständige Wiederherstellung der zerstörten Stadt und ihres weltstädtischen Ambientes ausgeschlossen werden muß, erscheint es um so wichtiger, die Logik des Stadtgrundrisses zu erkennen und für heutige Anforderungen zu entwickeln. Neben Straßennetz und Blockbebauung mit dem Berliner Maß von 22 m Höhe geht es um die Parzellenstruktur. Die Enteignungen des DDR-Regimes haben Fakten geschaffen, welche die auf den Markt drängenden Immobiliengesellschaften gern genutzt haben. Sie konnten arrondierten Grundbesitz bis zu ganzen Baublöcken erwerben. Wo vor dem Zweiten Weltkrieg auf vielen kleinen Parzellen private Initiativen eine Vielfalt urbaner Angebote schufen, steht nun das Großprojekt eines Investors. Es hat – wie die alte Stadt – Läden im Erdgeschoß, Wohnungen und Büros in den Obergeschossen, kann aber die Lebendigkeit eines kleinteiligen Nutzungsgefüges mit vielen verantwortlichen Beteiligten nicht entfalten. Auch die Architektur wird zwangsläufig großmaßstäblich. Versuche, im Baublock eines Investors architektonische Vielfalt zu erreichen, bleiben bei aller formalen Eloquenz spätestens am Abend fragwürdig, wenn die erleuchteten Fensterbänder die vorgespiegelten Grundstücksgrenzen negieren.

Die für Berlin typische Blockstruktur hat auch die Neuplanung des Bereiches um den Potsdamer Platz stark beeinflußt. Die hierfür in einem Wettbewerbsverfahren prämierte Leitplanung von Heinz Hillmer und Christoph Sattler beruft sich auf diese Tradition. Allerdings haben auch hier anstelle vieler mittelständischer Bauherren wenige Weltfirmen das große Baufeld unter sich aufgeteilt.

Die neue Stadtmitte Berlins wird anders sein – monotoner und kälter. Ihre unverwechselbare Identität und das verbindende Glied zur übrigen Stadt bleibt jedoch das hippodamische Netz.

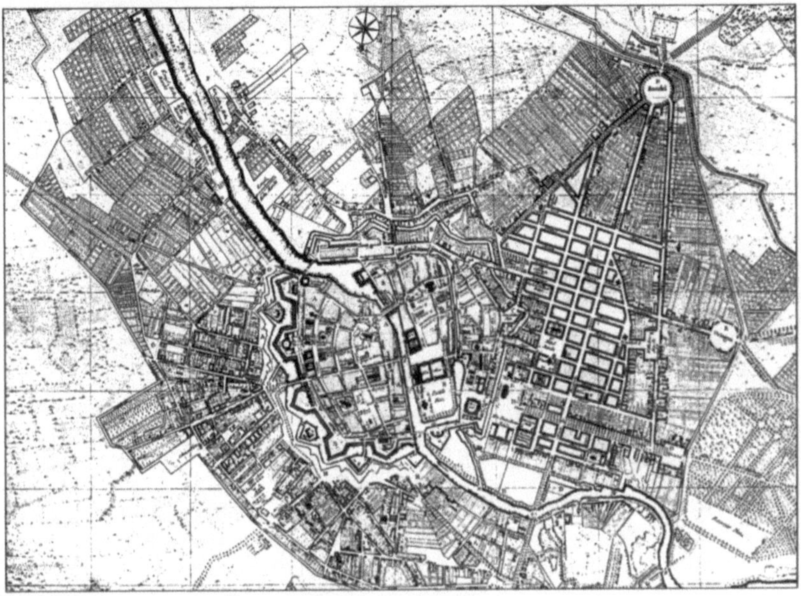

84 Plan (1749)

Berlin-Friedrichstadt
(vgl. die Bilder 58–62)

85 Bau der Friedrichstraße nach architektonischen Vorgaben des Königs (1732)

86 Plan der Luisenstadt (Peter Joseph Lenné, 1842)

87, 88 Ausschnitt um die Friedrichstraße bei Kriegsende 1945 und 1997

89 a, b Bebauung vor 1945 und 1989

Berlin-Friedrichstadt

90 a, b Parzellen vor 1945 und 1991

91 Bereich um die Friedrichstraße mit neuen Geschäftshäusern

Berlin-Friedrichstadt

92 a, b Friedrichstraße 66–70 (O. M. Ungers)
93 a, b Dorotheenblöcke

94 a, b Friedrichstraße 185–189 (J. P. Kleihues)
95 a, b Schützenstraße (A. Rossi)

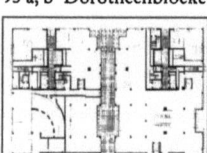

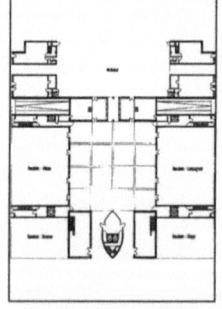

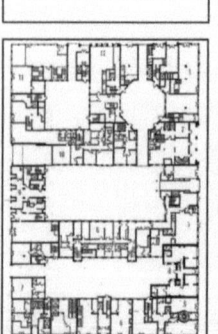

Kolonialstädte des Mittelalters

Karlstadt

Das Bistum Würzburg betrieb im 12. und 13. Jahrhundert zur Stärkung seines Herrschaftsgebietes eine systematische Siedlungspolitik. Um 1200 gründete Bischof Konrad I. zwanzig km nördlich von Würzburg am Mainufer die Landstadt Karlstadt. Mit besonderen Privilegien förderten die Bischöfe den Zuzug in die junge Stadt. So gelang innerhalb weniger Jahrzehnte die Besiedlung nach dem Plan des Bistums.
Dies ist ein Erschließungsraster, das auf die breite Hauptstraße, die im Tal verlaufende Heerstraße, bezogen ist. Die versetzt angeordneten schmalen Nebenstraßen erschließen gleichmäßig das fast quadratische Baugebiet. Der Mauerring und die Tore spiegeln diesen rationalen Grundriß wider. Die Art der Erschließung schafft geschlossene Straßenräume. In den Blickachsen der Nebenstraßen stehen Gebäude mit besonderer gestalterischer Qualität. Die Hauptstraße ist leicht gekurvt. Schmale Baublöcke etwa gleicher Größe gestatteten einen gut nutzbaren Parzellenschnitt. In der Blockmitte blieb genügend Raum für Gärten. Diese sind in späterer Zeit jedoch weitgehend überbaut worden. Am Schnittpunkt der Hauptstraße mit einer Querachse ist – streng symmetrisch – der quadratische Marktplatz mit dem Rathaus angeordnet. In räumlicher Verbindung ist eine quadratische Fläche über zwei Baublockbreiten für die gotische Pfarrkirche ausgespart.
Als in den siebziger Jahren die historische Bausubstanz im Ortskern zu verfallen begann, entschloß sich der Stadtrat zu einer durchgreifenden Sanierung. Die Blockrandbebauung wurde – wo noch möglich – modernisiert. Maßstäblich einfühlsam gestaltete Neubauten mit ortstypischen Architekturelementen füllten nach notwendigen Abrissen die Baulücken. Die Blockentkernung ermöglichte den Bau von Sammelgaragen unter den Hausgärten. Die Grundstücksparzellierung wurde in dem rechtwinkligen Bezugsrahmen korrigiert; nun gehören zu jedem Wohngebäude ein Garten und ein Anteil der Bewohnergarage. Schritt für Schritt wurden die Baublöcke in dieser Weise erneuert. Bei Bewahrung der geschlossenen Straßenräume haben die Baublöcke eine neue innere Ordnung mit hoher Wohnqualität erfahren. Der historische Ortskern hat trotz umfangreicher Neubauten das mainfränkische Milieu nicht verloren.
Es lag auf der Hand, in diesem Erneuerungsprozeß auch den Verkehr neu zu ordnen. Unterstützt durch eine sorgfältige Pflasterung der Gassen, sind verkehrsberuhigte Zonen entstanden. Rathausplatz, Kirchplatz und Verbin-

dungsstraße zum Maintor wurden Fußgängerbereiche. Das Straßenraster erleichterte solche Korrekturen.

100–107 Neubrandenburg

Auch die ostelbischen Stadtgründungen aus dem 12. bis 14. Jahrhundert erkennt man am regelmäßigen Stadtgrundriß. Vielfach wurde als geometrisches Muster – in Anlehnung an einen Idealplan für das himmlische Jerusalem – die Kreisform gewählt. So auch in Neubrandenburg. Innerhalb des Befestigungsringes ist ein gitterförmiges Straßennetz vermessen worden, das auf ein Achsenkreuz mit breiteren Querprofilen bezogen ist. Die Ost-West-Richtung ist in diesem Gerüst mit längeren Blockkanten und breiten Straßen betont; die Nord-Süd-Wege sind überwiegend schmale Gassen. Eine Blockfläche am Schnittpunkt der Hauptstraßen ist für den Markt ausgespart, abgesetzt von dieser Mitte ein weiterer Baublock für die Kirche. Dieser Lageplan ist von innen heraus entwickelt worden. Die mächtigen Stadttore, welche die Verbindung zu den Landstraßen herstellten, liegen nur zum Teil in den Achsen der Hauptstraßen.

Dies war der Grundriß von Neubrandenburg bis zur achtzigprozentigen Zerstörung wenige Tage vor Ende des Zweiten Weltkrieges. Für den Wiederaufbau gab es verschiedene Entwürfe, die alle auf dem vorhandenen Straßennetz aufbauten. Heinrich Tessenow zeichnete in dieses Raster den Typus einer kleinen Gartenstadt mit kurzen, gereihten Wohnhauszeilen. Der Beschluß, Neubrandenburg zur Bezirkshauptstadt zu machen, leitete jedoch eine ganz andere Entwicklung ein. Heute leben hier 90 000 Menschen.

Es ist ein glücklicher historischer Zufall, daß die Baumaßnahmen in Neubrandenburg schon 1952 in der historischen Innenstadt begannen. Denn die damals in der DDR verfolgte Architekturhaltung verband Bauformen der dreißiger Jahre mit klassizistischen Elementen. Die typisierte Blockrandbebauung rahmt große grüne Höfe. Sie ist überwiegend ein bis zwei Geschosse höher als die wenigen erhalten gebliebenen Altbauten. Es sind schlichte Putzfassaden, sparsam mit herausgehobenen Hausecken, Eingängen und anderen schmückenden Elementen gegliedert. Sie sind an einigen Stellen so geschickt entworfen, daß man zunächst Altbauten aus dem frühen 19. Jahrhundert vermutet. Anstelle der kleinparzellierten Struktur der alten Stadt konnten auf den enteigneten Flächen lange Zeilen gebaut werden. Keine Reste aus der alten Stadt störten diese Neuplanung auf dem historischen Raster. Die dabei entstandenen Maßstabsveränderungen kann man hart kritisieren. Man möge sich aber vorstellen, wie Neubrandenburg heute aussähe, hätte der Aufbau später begonnen. In benachbarten Planstädten sind Plattenbauten errichtet worden; der historische Charakter ist dort zerstört. Heute erleichtert das Blockraster den Ausbau der Stadtmitte zu einem modernen Zentrum. Erdgeschoßläden konnten in den Blockhof erweitert werden. Auf einer unbebauten Blockfläche ist ein Einkaufszentrum errichtet worden. Eine Fußgängerzone bindet Marktplatz und Einkaufsstraßen zusammen.

Neuruppin 108-115

Als wirtschaftlichen Mittelpunkt eines neuen Landes im ostelbischen Städtenetz gründeten die Herren von Ruppin 5 km von ihrem Herrschaftssitz (Alt-Ruppin) im Jahre 1238 Neu-Ruppin. Die Hauptachse dieser mittelalterlichen Planstadt war ein Doppelstraßenzug, der die gesamte Stadt geradlinig durchzog. Zu beiden Seiten wurden mehrere Querstraßen angelegt, die sich am schrägen Verlauf des Klappgrabens orientierten. Daß diese Abweichung vom orthogonalen Stadtmodell als störend empfunden wurde, belegt eine idealisierte Karte, in der alle Straßen im rechtwinkligen Raster gezeichnet sind. Etwa in der Mitte der Hauptstraße lag der rechteckige Alte Markt mit dem Rathaus. Am Ufer des Ruppiner Sees wurde die Klosterkirche des Dominikanerordens errichtet, die mit ihrem 1906 errichteten Doppelturm bis heute die Silhouette des Ortes bestimmt.
Im 16. Jahrhundert war die Herrschaft an die brandenburgischen Kurfürsten übergegangen; König Friedrich I. und sein Sohn Friedrich-Wilhelm I. verlagerten die örtliche Selbständigkeit in die Landesverwaltung. Für das weitere Schicksal der Stadt sollte diese politische Weichenstellung noch bedeutsam werden. Denn am 26. August 1787 fiel Neuruppin einem verheerenden Flächenbrand zum Opfer, wobei der alte Hausbestand zu etwa zwei Dritteln vernichtet wurde. Die preußische Staatsverwaltung hatte Erfahrung mit Brandschäden in Provinzialstädten. Die städtebaulichen und hygienischen Ziele, auch die Finanzierungsmethoden, waren systematisch entwickelt worden. Stadtbrände wurden benutzt, um umfangreiche Modernisierungen durchzusetzen und durch Straßenverbreiterungen und -begradigungen sowie große Plätze Licht und Luft in die noch mittelalterlich geprägten Stadtstrukturen zu bringen.
In Konferenzen des kurmärkischen Kammerpräsidenten und späteren Ministers Otto Carl Friedrich von Voß mit allen verantwortlichen Beamten wurde unmit-

telbar nach dem Brand das Konzept für den Wiederaufbau Neuruppins (auf einem nach Westen erweiterten Baufeld) nach den Regeln der preußischen Stadtbaupolitik im 18. Jahrhundert formuliert und dem Bauinspektor Bernhard Mathias Brasch die technische Ausfertigung der Pläne übertragen. Dieser Wiederaufbauplan, sicherlich die reifste Leistung des preußischen Provinzialstädtebaus im 18. Jahrhundert, wurde bereits im Januar 1788 genehmigt und in nur eineinhalb Jahrzehnten im wesentlichen verwirklicht. Der später in Kupfer gestochene und gedruckte Plan idealisiert die gestalterischen Absichten; die im Stil des barocken Gartenbaus gestalteten großen Blockinnenflächen wurden so nicht realisiert; statt dessen entstanden hier Werkstätten, Remisen und Stallungen.

Theodor Fontane verglich seine Heimatstadt mit „einem auf Aufwuchs gemachten Staatsrock, in den sich der Betreffende, weil er von Natur klein ist, nie hineinwachsen kann". Auf eine stattliche Achse anstelle des doppelten Hauptstraßenzuges wurde ein großzügiges Straßen- und Blockraster bezogen und mit den erhalten gebliebenen schrägen Straßenzügen verbunden. Eine Folge von drei großen Stadtplätzen in der zentralen Achse, die wahrscheinlich den Gendarmenmarkt in Berlin zum Vorbild nahmen, verstärken den Charakter von Weite und Großzügigkeit des Stadtraumes. Auf diesen sollten repräsentative Gebäude stehen – Schule, Rathaus und zwei Kirchen. Sie sind nur zum Teil realisiert worden; der ‚Paradeplatz' blieb unbebaut. Zu dem repräsentativen städtebaulichen Rahmen paßt die anspruchsvolle Gestaltung der Straßenräume, insbesondere der Belag der Trottoirs mit großen Sandsteinplatten, wie wir sie aus Großstadtquartieren dieser Zeit kennen. Ein hoher Anspruch im ländlichen Raum.

Die Grundzüge für die Entwürfe der Bürgerhäuser formulierte das ‚Retablissements-Reglement'. Es regelte die Bodenordnung nach dem Prinzip, daß jeder ‚abgebrannte Bürger' ein traufständiges Haus von solcher Breite erhält, wie er es vor dem Brand besessen hatte. Vier bis neun Fensterachsen waren möglich; finanziell gefördert wurde eine zweigeschossige Bauweise. Die bis heute erhaltenen Bürgerhäuser unterwarfen sich einer reglementierten Stadtbaupolitik im neuen klassizistischen Stil: Sie trumpfen gegenüber Nachbarn nicht auf, auch wenn sie zum Teil palastähnlichen Charakter haben; sie bewahren trotz wiederkehrender Fassadengliederung mit geputzten Flächen, flachen Risaliten und Lisenen ihre Eigenständigkeit. In der Hauptstraße veränderten drei- bis viergeschossige Gründerzeithäuser sowie in die alten Fassaden geschnittene Schaufenster das Stadtbild; die gestalterische Kraft des Stadtgrundrisses und des öffentlichen Raumes geht dadurch nicht verloren.

96 Lageplan vor der Sanierung
97 Wohnstraße nach der Sanierung

Karlstadt

98 a, b Parzellen im nordwestlichen Quartier vor und nach der Sanierung
99 Bebauung nach der Sanierung (rechts)

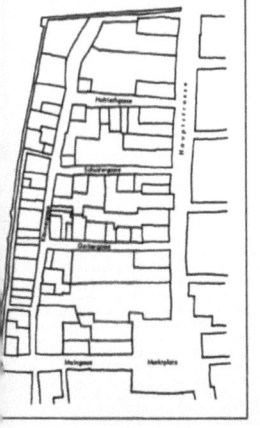
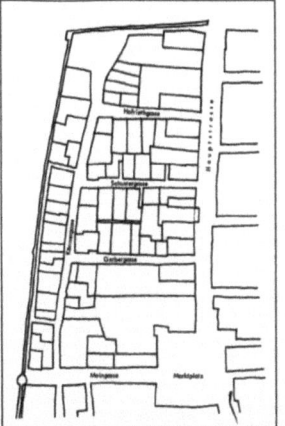
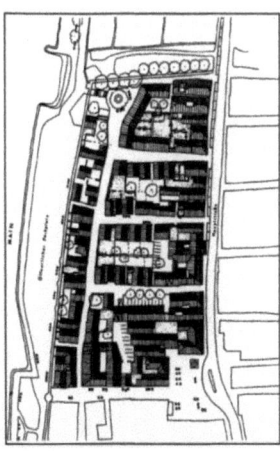

101 Alter Parzellenplan

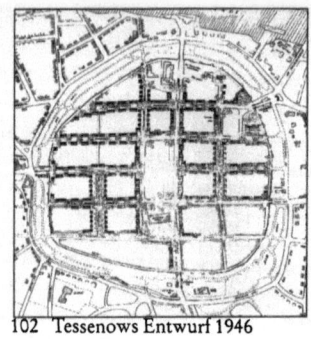
102 Tessenows Entwurf 1946

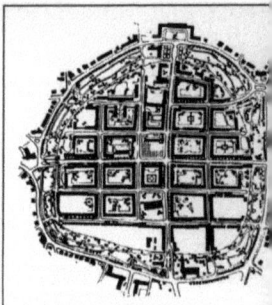
103 Wiederaufbauplan 1954

100 Luftbild 1990 der Stadt Neubrandenburg

104 Luftbild 1998 (mit der Baustelle des Einkaufszentrums)

Neubrandenburg

105 Straßenraum mit einer auf die historische Stadt eingehenden Neubebauung

106, 107 Blockbebauung

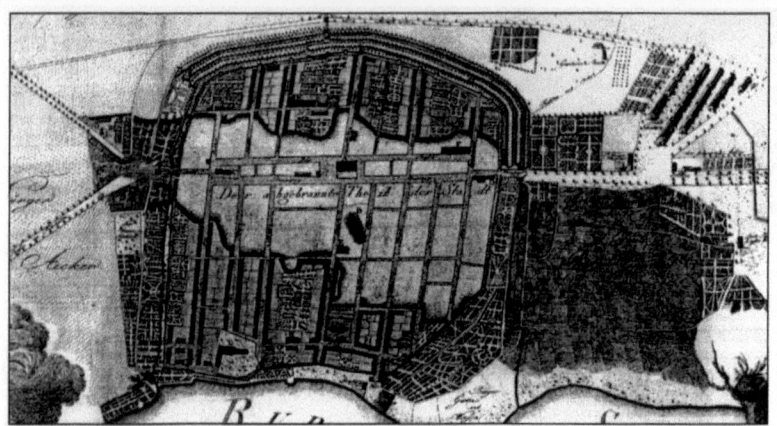

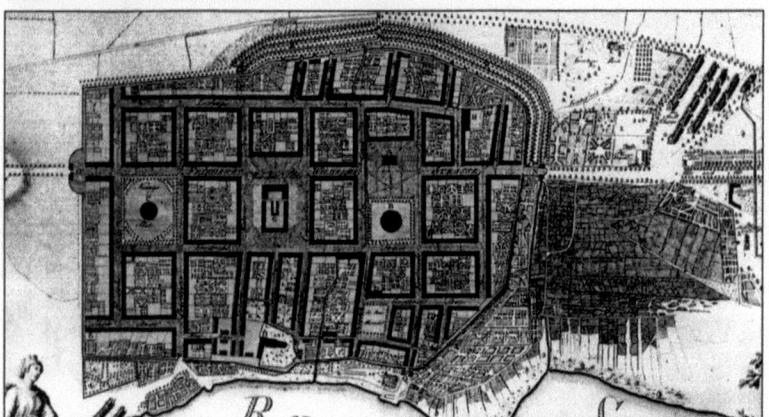

108 Mittelalterliche Planstadt mit Eintragung der 1787 zerstörten Fläche

109 Wiederaufbauplan mit idealisierten barocken Gärten (C. Jäck 1789)

Neuruppin

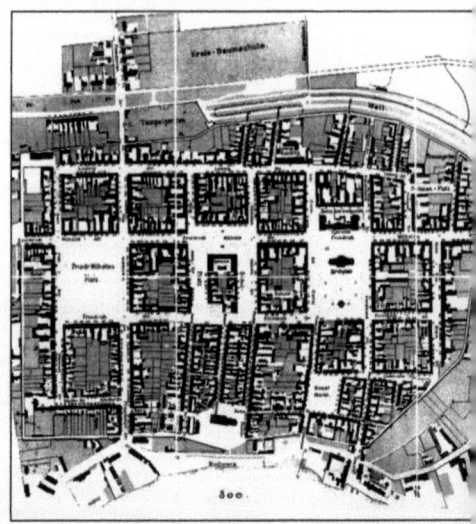

110 Bestand 1886

111 Luftbild 1991

Neuruppin

112–115 Klassizistische Straßenräume

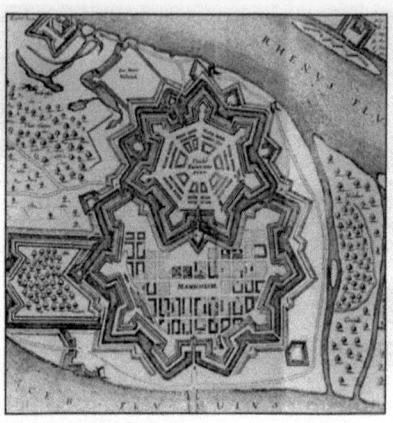 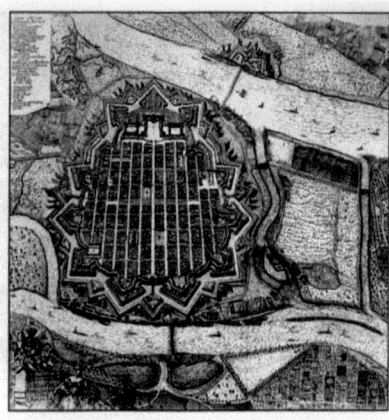

116–118 Historische Karten aus den Jahren
1660, 1758, 1813

Mannheim

119 Bestandsplan der Innenstadt und Oststadt

120–121 Aktuelles Luftbild der Stadtmitte Mannheim und ein Ausschnitt (1927) mit kleinteiliger Baustruktur

122, 123 Achse der repräsentativen Augusta-Anlage in der Oststadt und der Hauptstraße Plan in der Innenstadt

124 Wohnstraße in der Stadtmitte

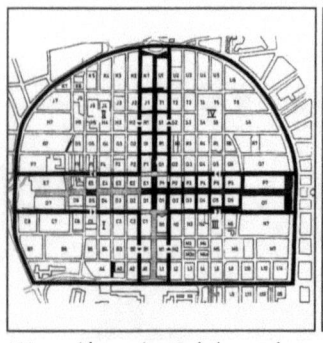 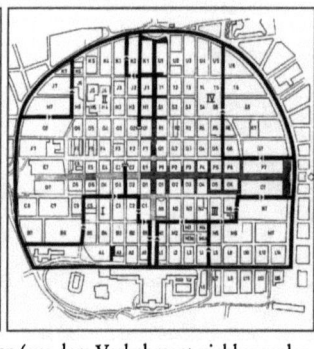 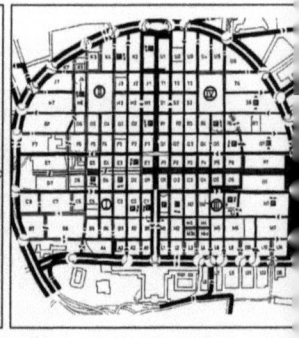

125 a-c Alternative Verkehrsregelungen (aus dem Verkehrsentwicklungsplan 1996)

Mannheim

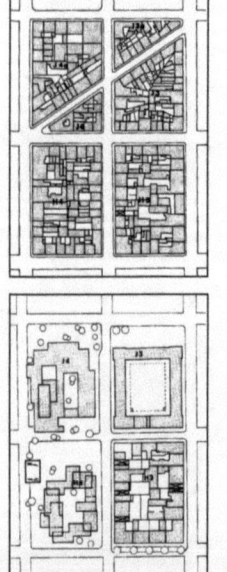 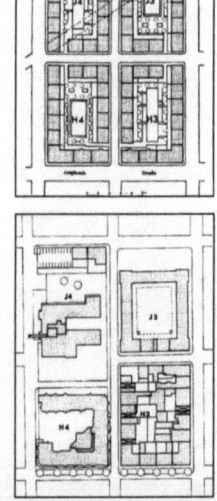

126 a–d Baublöcke im Raster mit Bestand und Umbauvorschlägen aus 1933, 1969, 1976

Planstädte der Renaissance, des Barock und des Klassizismus

Mannheim

1606 erhob Kurfürst Friedrich IV. das Fischerdorf Mannheim zur Stadt und ließ die Friedrichsburg errichten. Die Bürgerstadt wurde nach den Regeln der Renaissance durch geradlinige Straßenführungen in regelmäßiger Abfolge in ‚Quadrate' aufgeteilt. Im Dreißigjährigen Krieg wurde die Friedrichsburg einschließlich der Stadtanlage zerstört. Der Wiederaufbau erfolgte nach dem alten Bebauungsschema. Es wurden zunächst nur kleine eingeschossige Häuser errichtet; 1682 ordnete der Kurfürst an, wenigstens zweigeschossige Häuser zu bauen. Hierfür wurden vier Modellhäuser mit Festlegungen für die Anzahl der Fensterachsen entwickelt.

1689 wurde Mannheim in der Folge der von Ludwig XIV. angeordneten Niederbrennung der Pfalz abermals zerstört. Der Wiederaufbau erfolgte wiederum nach dem alten Gründungsschema. Die Straßenquerschnitte wurden auf 11 m erweitert. Grundstücke wurden an Bauwillige kostenlos vergeben, verbunden mit Bauverpflichtungen und stringenten Bauvorschriften für jedes Quadrat. Die Parzellierung folgte der gewünschten sozialen Gliederung; in der Nähe des auf dem Gelände der Friedrichsburg geplanten Schlosses wurden größere Grundstücke, in anderen Quadraten kleinere Parzellen geschnitten. Diese Aufteilung sollte dauernd erhalten und vor Ankäufen geschützt werden. Bis in die Mitte unseres Jahrhunderts blieb diese Grundstücksstruktur tatsächlich erhalten. Die große Schloßarchitektur wurde auf sieben Straßenachsen bezogen, die Proportionen der Bürgerbauten und des Schlosses wurden aufeinander abgestimmt. Deshalb schrieben die Verordnungen nicht nur die Anzahl der Geschosse, Dach-, Gesims- und Fensterformen, sondern auch für alle Putzflächen einen einheitlichen hellen Anstrich vor.

1799 begann unter dem Jubel der Bevölkerung die Schleifung der Befestigungsanlagen. Unter Beibehaltung des charakteristischen Rasters wurden die Straßen des alten Grundrisses in das eingeebnete Gelände verlängert. Ein Stadtgraben begrenzte diese erweiterte Stadt; er markierte die Lage der später ausgebauten Ringstraße. Die öffentlichen Wege wurden nur notdürftig befestigt, jedoch bereits mit zwei Reihen Bäumen begrünt. Die Hauptachsen der Stadt erhielten eine vierreihige Alleebepflanzung. Das so erschlossene Gelände wurde an private Interessenten verkauft; sie nutzten es als Gartenfläche. Das Stadtbild änderte sich. Eine zeitgenössische Beschreibung aus dem Jahre 1824 lobte das architektonische „Gepräge griechischen, römischen, altfranzösischen und niederländischen Stils, wie aus einem Stück gegossen. Alles

Neue muß nach einem Stil ausgeführt und alle Unregelmäßigkeiten in Türen, Fenstern, Kellerlichtern, alle unproportionierten Fassaden müssen nach und nach weggeschafft werden". Das von Friedrich Ludwig Sckell entworfene Konzept einer absolutistischen Idealstadt wirkte weiter; auch in den nachfolgenden Epochen bestimmten strenge Bauordnungen die Architektur und wurden offensichtlich in der souverän gewordenen Bürgerschaft nicht als unzumutbar empfunden. Mannheim wurde nun mit Eisenbahnanschluß und Freihafen Handelsstadt. Bereits um 1850 waren Erdgeschoßzonen in Gewerbeflächen umgewandelt. Die maximale Geschoßzahl wurde auf vier erhöht. Die Bauordnungen blieben sehr streng. Mit der industriellen Gründerzeit sickerten kleine Betriebe in die Quadrate. Die Unternehmer bewahrten – der örtlichen Tradition folgend – den Grundriß der Stadt, jedoch wurden der Aufriß der Bebauung und die Verwertung der Parzellen rücksichtsloser. Die hygienischen Verhältnisse ließen zu wünschen übrig. Das Großbürgertum verließ die als veraltet geltende Innenstadt und wohnte in der *Oststadt*.
In den siebziger Jahren des 19. Jahrhunderts war ein städtebaulicher Wettbewerb für diese Stadterweiterung ausgelobt worden. Die Ausschreibung forderte ein „Gelände für Villen und Miethäuser mit eleganten und kleinen Wohnungen, mit Parkanlagen und Squares für kleinere Baugruppen". Der Entwurf von Reinhard Baumeister aus Karlsruhe wurde in diesem Verfahren ausgewählt. Bei der Überarbeitung seines Konzepts wurde besonderer Wert auf großstädtischen Charakter gelegt und gefordert, den Plan „mit den Annehmlichkeiten und Reizen, deren man sich in der Neuzeit zur Verschönerung der Stadt bedient, auszustatten". Nach Baumeisters Planung wurde die innerstädtische Hauptachse (Planken) mit einer üppig dimensionierten Allee verlängert. An der Nahtstelle zwischen der Innenstadt und dem geplanten neuen Wohnquartier entwarf Baumeister den großzügigen Friedrichplatz. Auf diesem wurde das technische Bauwerk eines Wasserturms im Stil der Zeit errichtet. Er wurde zum Wahrzeichen und Orientierungspunkt in der Stadt. Heute rahmen das Kongreßzentrum Rosengarten auf der einen, die Kunsthalle und das Parkhotel auf der anderen Seite sowie Hausfronten im Viertelkreis den repräsentativen Platzraum.
Die hervorragende Lage der Oststadt und die wachsende Wirtschaftskraft der Gemeinde zogen viele Bauwillige an. Die Stadt als Grundeigentümerin des gesamten Areals nahm in den Kaufverträgen weitgehend Einfluß auf die Bebauungsart. Eine ortspolizeiliche Vorschrift bestätigte den Gestaltungswillen. Die Bauordnung aus dem Jahre 1913 bestätigte detailliert die architektonische und städtebauliche Einbindung der einzelnen Häuser in Baublöcke, die für eine geschlossene oder offene Bebauung vorgesehen waren. Auch Vorschläge für die Gartengestaltung wurden gemacht. Diese strengen

Auflagen lagen in der Tradition der Stadt und konnten in dieser Form wohl nur hier durchgesetzt werden. Verwaltungsgebäude entstanden schon vor dem Zweiten Weltkrieg; in der Nachkriegszeit verstärkte sich dieser Trend. In die großen Villen zogen freie Berufe ein; einige große Neubauten, die sich auf den groß geschnittenen Baublöcken unschwer errichten ließen, sprengten den bisherigen Maßstab, allerdings nicht in der Gebäudehöhe. Die Verwaltung suchte diesen Trend 1976 mit einer Rahmenplanung einzugrenzen.

Nach dem Zweiten Weltkrieg verlängerte die Stadt erneut die große städtische Achse als repräsentative Stadteinfahrt bis zur Autobahn. Den Prinzipien der gegliederten Stadt der Nachkriegszeit und den verkehrsplanerischen Regeln hätte eine geschwungene Straßenführung mit aufgeweiteten Kreuzungen eher entsprochen. Die geradlinige Fortsetzung der Hauptzufahrt in die Stadt verbindet verkehrliche Anforderungen mit dem Anspruch einer Stadtachse mit gestalterischer Kraft. Diesem Ziel entsprechen das neue Industriemuseum und große Verwaltungsgebäude. Der so geschaffene öffentliche Raum verlängert den Charakter einer kompakten Stadt bis in das diffus besiedelte Umland. Wer von der Autobahn in diese ‚Barockachse' mit dem Wasserturm als point de vue einfährt, weiß, daß er in Mannheim ist. Dies wird stadtprägend bleiben. Mit dieser, über viele Jahre fortgesetzten überdurchschnittlichen städtebaulichen Leistung bewahrt die Stadtpolitik eine aus der Stadtgeschichte tradierte Kontinuität der städtebaulichen Formgebung. Dies ist gerade in einer wechselnden Moden nachlaufenden Zeit ein ungewöhnlicher Vorgang. Er ist sicher nur denkbar in einer Stadt mit einem Grundriß hoher Prägekraft, wie es nur ein hippodamisches Netz mit axialen Bezügen sein kann.

Die Stadtmitte ist im 20. Jahrhundert allmählich eine Geschäftsstadt geworden, die jedoch bis heute eine hohen Anteil Wohnungen in ganzen Baublöcken oder gemischt mit Dienstleistungen aufweist. Für den wachsenden Verkehr war die Ringstraße zu einer leistungsfähigen Promenade ausgebaut worden. Sie sammelt und verteilt den City-Verkehr. Für Verbindungen über den Rhein wurde die Gartenseite des Schloßareals mit kreuzungsfreien Straßenzügen in Anspruch genommen. Der historische Stadtgrundriß wurde jedoch geschont. Das hippodamische Netz hatte sich als sehr tauglich erwiesen, ein Stadtzentrum zu erschließen. Dafür wurde das regelmäßige Netz – wie in New York – in ein System von Einbahnstraßen mit wechselnder Fahrtrichtung umgewandelt. In einer zweiten Stufe wurde das Hauptstraßenkreuz schrittweise zum Fußgängerbereich umgebaut. In diesem sind alle Straßenbahnlinien gebündelt. Es entstand ein sehr übersichtlicher und einladender, großstädtisch wirkender öffentlicher Raum. Die bislang durchlaufenden Einbahnstraßen mußten dafür unterbrochen werden. Im hippodamischen System ist dies kein

Problem. Es wurde in den vier Sektoren, die sich durch das Kreuz der Fußgängerachsen ergeben, das Raster zum Teil in Schleifenstraßen umfunktioniert. Diese werden zum Teil in Einbahnrichtung befahren. Die dem Fußgängerkreuz benachbarten Straßen übernehmen Anlieferfunktionen.
Im Verkehrsentwicklungsplan aus den neunziger Jahren wurde dieses System der Verkehrsführung erneut geprüft. Die Planvarianten zeigen die breite, letztlich unbegrenzte Palette der Möglichkeiten, den Verkehr im Quadratraster zu führen. Die unvergleichlich gute Orientierung bleibt dabei erhalten, zumal die Kennzeichnung der Blöcke mit Buchstaben und Zahlen eindeutige Hinweise gibt. Man weiß jederzeit, wo man sich in diesem Netz befindet und wie bestimmte Punkte erreichbar sind.

127–131 ## Darmstadt

Selten trägt ein Stadtteil den Namen seines Baumeisters. Die *Mollerstadt*, die den Charakter Darmstadts prägende westliche Vorstadt zwischen Schloß und Hauptbahnhof, ist aus mehreren vorangegangenen Planungsstufen der ausgehenden Barockzeit entwickelt worden und ein Produkt des Karlsruher und Berliner Klassizismus. Die angestrebte Ansiedlung von Hugenotten führte Ende des 17. Jahrhunderts zu einer idealstädtischen Planung. Dieses nicht realisierte Konzept gab die Richtung vor für alle späteren Überlegungen einer Erweiterung der zu klein gewordenen Residenz. Die schnurgerade Rheinstraße ersetzte die damals projektierte Kanalverbindung vom heutigen Luisenplatz zum Rhein. Delafosse entwickelte aus dieser Vorgabe eine Platzfolge als Auftakt zu dem im Aufbau begriffenen neuen Residenzschloß. Johann Elfrich Müller gab dem Luisenplatz, der neuen Stadtmitte zwischen Altstadt und Stadterweiterung, die heutige Form mit vier symmetrisch eingezogenen Ecken. Sein kleinteiliges Bebauungskonzept genügte dem repräsentativen Anspruch des seit 1806 regierenden Großherzogs von Hessen-Darmstadt nicht. Mit Georg Moller, einem Schüler Friedrich Weinbrenners, gewann der Landesherr einen Hofbaumeister für seine Ziele.
Dessen Planungen für die westliche Neustadt zeigen die Variationsbreite des zum Teil vorgegebenen Rasters. Um den Luisenplatz sah er ein Regierungsviertel und Geschäftsgebiet in dreigeschossiger Bauweise vor. Für den Wohnungsbau wählte er Einzel- und Doppelhäuser auf unterschiedlich breiten Gartenparzellen. Quer zur Rheinstraße, der Via triumphalis der Residenz, entwickelte er die nach Heidelberg führende wichtige Landstraße zu einer zweiten Promenade. Das so entstandene Koordinatensystem der beiden Prachtstraßen

war nicht mehr allein axial auf das Schloß bezogen, sondern schuf einen spannungsreichen asymmetrischen Stadtgrundriß. Die Mollerstadt erscheint beliebig erweiterbar und in ihrem inneren Aufbau veränderbar. Der Hofbaumeister konnte indes nicht ahnen, daß auf dem Raster nach den Zerstörungen im Zweiten Weltkrieg eine ganz andere Baustruktur entstehen würde. Die neuen Nutzungen und Gebäude konnten in den rechtwinkligen Baufeldern auf zum Teil zusammengelegten Parzellen leicht plaziert werden. Der Charme des villenartigen Quartiers ist durch eine zweckorientierte puristische Bebauung ersetzt.

Erlangen

Diese Stadt hat ihren Ursprung nicht im herrschaftlichen Anspruch des Markgrafen Christian Ernst, sondern in dessen Kalkül, die Wirtschaftskraft seines Landes durch Neubürger zu verbessern. Nach der Aufhebung des Toleranzedikts von Nantes durch König Ludwig XIV. im Jahre 1685 erklärte sich der Markgraf bereit, einige hundert Hugenotten aufzunehmen. Baumeister Johann Moritz Richter entwarf hierfür nach den zeitgenössischen Idealvorstellungen einen Plan südlich des alten Ortskerns Erlangen. Er sah Architektur vornehmlich als Stadtbaukunst, die Stadt als Monument. Entsprechend streng waren die Bauvorschriften für die Bebauung der in einem spannungsreichen Raster angelegten Stadt. In die regelmäßige Folge der Baublöcke mit einer vorgegebenen Parzellierung waren in der Achse der Hauptstraße Plätze eingefügt. Man ließ einzelne Baufelder offen oder reservierte sie für öffentliche Gebäude, unter anderem für den Tempel der Hugenotten.
Nach diesem Konzept entstand eine Idealstadt des Barock, eine Bürger- und Handelsstadt. Eine Nebenresidenz der Markgrafen mit einem großen Schloßareal wurde sie erst nach 1700. Dafür mußte das Gerüst der Planung nicht geändert werden. Die Grande Place wurde Schloßplatz und ein Achsenkreuz im Lageplan; die östlich angrenzenden Baufelder wurden der Bauplatz des Schlosses. In die freie Landschaft wurde ein riesiger Park gesetzt – heute eine innerstädtische Erholungsfläche, belebt vom studentischen Leben der Universität, deren Gebäude den Grünraum rahmen.
Die nachwachsenden Generationen der Hugenottenstadt fühlten sich dem gestalterischen Kanon des Idealplans verpflichtet. Erstmals 1897 wurde das Prinzip der Geradlinigkeit im Straßenbau verlassen. Auch die Tradition der einheitlich gestalteten zwei- bis dreigeschossigen Bebauung bröckelte erst Ende des 19. Jahrhunderts ab und mußte – zunächst zögernd – für Aufstockungen und Neubauten mit zeittypischen Details das Feld räumen.

Erst in der Nachkriegszeit erlangte Erlangen seine heutige Bedeutung als Standort der High-Tech-Industrie. Nun war die Opferung historischer Bausubstanz unausweichlich geworden. Auf dem Hugenottenplatz ersetzten Kaufhäuser und auf dem Schloßplatz ein Bankgebäude die ‚Richthäuser'. Für die Entwicklung eines Dienstleistungszentrums erwies sich die historische Stadtfläche bald als zu eng. 1963 wurde eine Ausdehnung der Innenstadt nach Süden im Zuge von Hauptstraße/Nürnberger Straße beschlossen. Sie wurde im Kontext mit der Barockstadt als geradliniger Korridor ausgebildet. In der Tradition der Plätze der Hugenottenstadt wurde ein weiterer Platzraum geplant. Das Einkaufszentrum ‚Neuer Markt', in das ein neues Rathaus integriert wurde, verschob den Schwerpunkt des Handels und der örtlichen Repräsentation nach Süden und milderte so den wirtschaftlichen Druck auf die Barockstadt. Diese blieb bis heute – in den Baublöcken abseits der langen Nord-Süd-Achse – eine Wohnstadt. Der Umbau der Straßenzüge zu verkehrsberuhigten Bereichen nach einem einheitlichen Gestaltungskanon hat den Bewohnern und Besuchern einen deutlich aufgewerteten öffentlichen Raum beschert. Die Plätze lockern das strenge Raster auf und vermitteln um die Kirchen ein historisches Ambiente.

Die Vorzüge eines Gitternetzes sind auf Wegen durch diese Stadt erfahrbar: keine Monotonie, sondern stetig wechselnde Eindrücke. Mehrere Wege führen um die Blöcke zum Ziel. Auch als Fremder findet man sich sofort zurecht. Diesem Ziel diente auch die Entwicklung von Fußgängerzonen, die in einem langen, von der Verwaltung zäh verteidigten Planungsprozeß schrittweise durchgeführt wurden. Der fließende Verkehr konnte im Raster der Idealstadt neu geregelt werden. Inzwischen gebaute Tangenten erleichterten die Aufhebung der Nord-Süd-Achse als innerstädtische Hauptverkehrsstraße und ihren Umbau zur Fußgängerzone. Diese Veränderungen haben das Gerüst der Idealstadt nicht beeinträchtigen können. Alle Neubauten folgen den historischen Baulinien; der öffentliche Raum der barocken Stadtgründung blieb erhalten.

139–143 Ludwigsburg

Die Idealstädte des Barock sind weiterbaubare Systeme. Deren geometrisches Gerüst gestattet Korrekturen im inneren Aufbau ebenso wie weitgreifende Erweiterungen ins Umland. Dafür ist Ludwigsburg ein gutes Beispiel. Denn die Entwicklung dieser Stadt war keineswegs ein kontinuierlicher Prozeß; wiederholt wechselten die Herzöge ihre Residenz zwischen Stuttgart und Ludwigsburg – mit dem Ergebnis, daß beschlossene Projekte nicht weiter

verfolgt werden konnten und Baumaßnahmen unterbrochen wurden. Das Grundkonzept der Stadt, orientiert am Schloß und seinem großen Garten, blieb Bezugspunkt für alle Pläne.
Diese einzige altwürttembergische Stadtgründung von Herzog Eberhard Ludwig suchte seine Vorbilder im französischen und preußischen Städtebau. Ausgangspunkt war ab 1706 der Schloßbau. Ursprünglich sollte (nach einem verschollenen Plan von Ingenieurhauptmann Johann Friedrich Nette) die Hauptachse des Schlosses auch die Mittelachse der Bürgerstadt ‚Ludwigsburg' sein. Donato Giuseppe Frisoni entwickelte jedoch 1715 westlich des Schloßareals ein großzügiges Bebauungsschema um eine Platzgruppe. Er dachte dabei an ein Pendant an der Ostseite des Schlosses, das aber nicht realisiert wurde. Wohl aber waren die bis in diesen Bereich gezogenen Alleen im 19. Jahrhundert die Bezugsachsen für umfangreiche Kasernenanlagen als Folge der napoleonischen Kriege.
1726 zeichnete Frisonis Bauhütte einen Idealentwurf für die großräumige Weiterentwicklung des Stadtgrundrisses nach Süden und dessen Gesamteinfassung in ein barockes Befestigungssystem. In diesem Rahmen erweiterte Herzog Carl Eugen ab 1760 das Raster der vorhandenen Stadt und verband die junge Residenz mittels schnurgerader Alleen mit den wesentlichen Orten und Lustschlössern in der näheren und weiteren Umgebung. Er steckte damit sein engeres Herrschaftsgebiet visuell ab; die Landschaft wurde Teil der geordneten Stadtarchitektur.
Das orthogonale Gerüst der Straßenachsen und deren Fortsetzung in der Landschaft prägt bis heute die Stadt und soll – soweit möglich – durch neue Baumalleen in ausgewählten Stadtstraßen wieder erlebbar werden. Denn die Verkehrsplanung hatte in der Nachkriegszeit die Pflanzstreifen für Straßenverbreiterungen geopfert. Die Schloßstraße, Hauptachse der Stadt entlang des Schloßgartens und Hauptverkehrsstraße nach Stuttgart, erhielt acht Fahrspuren, zum Teil mit kreuzungsfreien Knotenpunkten. Auf dieser Magistrale entlangfahrend, erfahren wir die bewegte Topographie, die für das barocke Stadtbaukonzept kein Anlaß für eine Abweichung vom hippodamischen Netz gewesen ist.

Düsseldorf

Die heutige Rheinmetropole und Hauptstadt des großen Landes Nordrhein-Westfalen blieb bis ins 18. Jahrhundert eine kleine Residenzstadt. Erst als Kurfürst Carl Theodor im Jahre 1787 die südlich an die umwehrte Altstadt angrenzenden Flächen freigab, konnte eine für die damalige Zeit angemessene Entwicklung eingeleitet werden. Im erweiterten Festungsgürtel wurde das Blockraster der *Karlstadt* geplant und gebaut. Als in einer zweiten Entwicklungsstufe die Stadt nach 1801 über die fallenden Bastionen hinauswuchs, gelangen dem Architekten Anton Hüschberger in der Königsallee und in der Hofgartenstraße großzügige, den Park in die Stadt einbeziehende Anlagen. Die klassizistischen Formen dieser Stadterweiterung duldeten keine Kompromisse an den Nahtstellen zum alten Ortskern. Der neue Stadtgrundriß dominierte mit einem größeren Maßstab und geradlinigen Baublöcken und Alleen das historische Düsseldorf. Mit einem Befreiungsschlag hatte sich die Stadt von seiner Kleinteiligkeit gelöst. Die weitere Stadt orientierte sich allein an diesem neuen Rahmen.

Dies gelang jedoch nicht im Stadterweiterungsgebiet östlich der Königsallee. Der ab 1806 für den Ausbau der Stadt zuständige Architekt Adolph von Vagedes hatte einen großzügigen, leider verloren gegangenen Plan gezeichnet, der von einem Achsenkreuz der heutigen Heinrich-Heine-Allee/Benrather Straße ausgehend, nach Osten über den heutigen Hauptbahnhof hinaus eine weitere Prachtstraße und Orientierungslinie im Stadtgrundriß ergeben hätte. Nur Fragmente dieses Planes sind realisiert worden. Vielmehr blieben die vorhandenen Wegebeziehungen in den kleinteilig parzellierten Fluren grundrißprägend. Es entstand hier ein eher amorphes Straßennetz.

Hingegen nahm der Bebauungsplan aus dem Jahre 1854 für die *Friedrichstadt* die Blockstruktur der Karlstadt auf. Die historischen Karten zeigen, daß man sich hier im Interesse einer klaren städtebaulichen Form über vorhandene Parzellengrenzen und Wegführungen hinwegsetzte. Im heutigen Grundriß der ausgedehnten Stadtmitte sind die hippodamischen Netze die ortsprägenden Bereiche. Der Eindruck des Luftbildes korrespondiert mit dem Stadterlebnis, das Besucher bei Rundgängen erahnen. Das Gerüst des historischen Blockrasters um die dominierende Königsallee gibt dieser Stadt Orientierung und Prägnanz.

Ein aufmerksamer Spaziergang durch diese Quartiere wird zu einer Lehrstunde für die Entwicklung und Anpassungsfähigkeit eines gerasterten Stadtgrundrisses, sind sie doch ein wesentlicher Teil der heutigen City. Im westlichen Teil der Karlstadt ist die klassizistische Architektur noch bis heute erhalten. Die gepflasterten Straßen und die einfachen geputzten Fassaden auf 8 bis 12 m breiten Parzellen und mit einer durchlaufenden Traufhöhe zwischen 10 und 12 m ergänzen sich zu einem anschaulichen Abbild des Gestaltungswillens dieser Zeit. Kleinteilige geschäftliche Nutzungen haben sich in diesen Rahmen eingefügt; es gibt hier auch noch Wohnungen. Im östlichen Teil hat

der wirtschaftliche Druck auf die Rheinmetropole im 20. Jahrhundert eine hohe Ausnutzung der Baublöcke erzwungen. Das Wilhelm-Marx-Haus am Heinrich-Heine-Platz ist der eindrucksvolle Auftakt zu mehreren Backsteinbauten in der Breiten Straße. Nach dem Zweiten Weltkrieg kamen weitere Großbauten, unter anderem der großen Banken, hinzu, die ihre Grundstücke schrittweise vergrößerten, Büros in benachbarten Gebäuden einrichteten oder hier nach Abriß neu bauten.
Die Friedrichstadt war ursprünglich eine Wohnstadt mit gewerblichen Einrichtungen in den Hofflächen. Sie ist es auch noch heute, aber jetzt im engen Verbund mit geschäftlichen Nutzungen. So stehen heute Wohn- und Bürohäuser im Straßenraum nebeneinander oder einander gegenüber; vereinzelt haben Hochhauskomplexe in der durchwegs viergeschossigen Bebauung ganze Baublöcke besetzt. Alle Formen eines Mischgebietes und auch eine gestalterische Verträglichkeit unterschiedlicher Architekturhandschriften im Blockraster sind hier zu studieren. Dieser Prozeß kann sich fortsetzen, ohne daß der Stadtgrundriß verändert werden muß.

München-Max-Vorstadt/Schwabing

In der bayerischen Landeshauptstadt haben die auf die Repräsentationsachse Ludwigstraße-Leopoldstraße bezogenen Stadtteile ein besonderes, schon südeuropäisch geprägtes Milieu. Die Münchener lieben ihr Schwabing mit seiner kleinteiligen Mischung von Wohnen, Arbeiten, Einkaufen, Gastronomie, Bildung und Kultur. Dieses urbane multikulturelle Stadterlebnis im ordnenden Raster war jedoch nicht Ziel der bayerischen Krone. Vielmehr sollte die *Max-Vorstadt* die wachsenden Repräsentationsbedürfnisse des Königreiches erfüllen und dem Adel ein angemessenes Ambiente für anspruchsvolles Wohnen auf großen Grundstücken bieten.
Während der Regentschaft Königs Max I. zeichnete Friedrich Ludwig Sckell einen Plan mit einem nahezu quadratischen Blockraster. Seine Vorstellungen für die Gestaltung der öffentliche Räume und die Architektur folgten den klassizistischen Idealen der Jahrhundertwende. Mit gut 200 m Seitenlänge waren die Baufelder üppig, aber für die geplanten Nutzungen angemessen dimensioniert. Sckell verknüpfte diese neue Form, vom Maximiliansplatz ausgehend, mit der Diagonale der Franz-Joseph-Straße zu dem von Karl von Fischer gestalteten Rondell des Karolinenplatzes. Der Obelisk ist wie die Propyläen des Königsplatzes ein Merkzeichen auf dem festlichen Weg in der Briennerstraße (von der Residenz zum Nymphenberger Schloß).

Es ist bezeichnend, daß dieser repräsentative Schachbrettgrundriß nach Norden für eine spätere Fortsetzung des Erschließungssystems offengehalten wurde. Die Bebauung geschah indessen zunächst nur zögernd. Um 1850 waren die Baublöcke um den Karolinenplatz mit herrschaftlichen Palais und großen Villen bebaut. Leo von Klenze hatte am Königsplatz die Propyläen und die Glyptothek, Georg Ziebland das Ausstellungsgebäude gegenüber als solitäre Bauwerke im klassischen Stil errichtet. Die alte Pinakothek von Klenze besetzte, eingebettet in eine Parkanlage, einen ganzen Baublock; ebenso die Türkenkaserne, die Technische Universität und die neue Pinakothek.

Mit der Ludwigstraße erhielt das Quartier seine östliche Begrenzung. Die Verlängerung dieser Achse durch den Stadtteil Schwabing nach Norden (Leopoldstraße) hat München eine unverwechselbare Stadteinfahrt gegeben. Siegestor und Feldherrenhalle teilen sie in überschaubare Abschnitte. Auf die lebendige Boulevardszene in Schwabing folgt die kühle Repräsentation der klassizistischen Bauwerke von Leo von Klenze und Friedrich Gärtner; die Türme der alten Stadt kommen ins Blickfeld. Diese monumentale, gleichwohl abwechslungsreiche Orientierungsachse in der großen Stadt ist mit dem Blockraster ihres ‚Hinterlandes' eng vernetzt.

Das großzügige städtebauliche Schachbrett der Max-Vorstadt bietet bis heute große Chancen für die Stadtentwicklung und die Entfaltung der Stadtkultur. So ist die dritte Pinakothek auf dem Baufeld der ehemaligen Türkenkaserne gebaut. Der Entwurf von Stephan Braunfels nimmt die rechtwinklige Ordnung der benachbarten Solitäre auf. München bleibt eine herrschaftliche Stadt. Ohne diese weitsichtigen Planungen, die ein Gerüst für die Gliederung der Quartiere und ihrer Bebauung vorgaben, wäre ein additives Nebeneinander von Gebäuden ohne übergreifende Ordnung entstanden. Unsere Generation scheint gut beraten, zu solchen Entwurfsprinzipien – gerade für große Gebäudekomplexe – zurückzufinden. Auch ohne Könige als Auftraggeber. Die Gründerzeit war zu einer solchen großen Geste bereit, wie die Avenuen in anderen – in diesem Buch dargestellten – Städten eindrucksvoll belegen. Sie sind durchweg stadtprägend.

Die Ansprüche einer breiten Beamtenbürgerschaft und die Zwänge der beginnenden Industrialisierung veränderten die ursprüngliche Zielsetzung, eine allein auf Repräsentation und hohen gesellschaftlichen Anspruch gerichtete Stadt zu bauen. In den großen Baublöcken wurden auf nunmehr schmalen und tiefen Parzellen regellos Neben- und Hintergebäude errichtet. Die Baufelder wurden zum Teil geteilt, an schmalen Straßen wurde Raum für weitere Wohnungen angeboten. Dies ist – einmal mehr – ein Beleg für die Anpassungsfä-

higkeit des hippodamischen Systems, hier in erster Linie aus der Wohnungsnot und aus erwartetem Gewinn resultierend.
Gegenüber anderen Städten reagierte München recht spät auf das Erfordernis, neue Flächen für die wachsende Einwohnerzahl zu gewinnen. 1890 konnte *Schwabing*, nördlich der Max-Vorstadt gelegen, endlich eingemeindet werden. Daraufhin beschloß der Stadtrat einen ‚Wettbewerb zur Erlangung von Vorschlägen für die Umarbeitung und Erweiterung des gesamten Stadtplanes'. Dessen Ergebnisse wurden in der Fachwelt breit diskutiert, dokumentierten sie doch die aktuellen städtebaulichen Vorstellungen der Architekten. Sie reichten von rationalen Entwurfsmaximen (wie sie von Reinhard Baumeister und Josef Stübben vertreten wurden) bis zu dem stadtromantischen Konzept von Karl Henrici (der der Lehrmeinung von Camillo Sitte folgte). Theodor Fischer erhielt den Auftrag, aus diesen divergierenden Vorstellungen einen realisierungsreifen Plan zu entwickeln. Er setzte das Blockraster der Max-Vorstadt nach Norden fort, suchte aber auch malerische Situationen mit Blicken auf öffentliche Gebäude, mit Plätzen und Abweichungen vom geradlinigen Erschließungsnetz zu erreichen.
Dieser Plan ließ ein wohnliches Milieu erwarten und veranlaßte viele Investoren, Miethäuser und anspruchsvolle Palais zu bauen. Damit entstand wohl eine gute Adresse für das Wohnen, aber noch nicht die *Schwabinger Mischung*. In der wachsenden Stadt erlangte dieses Quartier indes eine besondere Standortgunst: Die Universitäten bevölkerten den Stadtteil mit Studenten. Das Dorf Schwabing wurde eine weit über die Grenzen der Stadt bekannte Adresse für Kleinkunst mit vielen Facetten. Die Leopoldstraße ist die verbindende Achse zur Innenstadt und eine begrünte, mit dem Stadtteil übersichtlich vernetzte Promenade für alle Schwabinger, Münchner und Touristen.
Das Quartier hat eine großstädtische Prägung mit zum Teil stattlichen Hausfluchten, ist aber relativ kleinteilig parzelliert geblieben. Die unterschiedlichen Interessen und Möglichkeiten der Grundbesitzer und ihrer Mieter gewährleisten die Vielfalt der Nutzungen und Angebote. Diese verflochtene Struktur im steten Wandel erscheint stabil. Jedoch gelang es während der Jahre des Wiederaufbaus einzelnen Investoren, mit großen Projekten in die parzellierten Baublöcke einzudringen. Die Verwaltung reagierte in den sechziger Jahren mit einem ‚rosa Zonenplan', in dessen Geltungsbereich jeder Bauantrag auf seine Verträglichkeit mit dem Charakter des Quartiers geprüft wurde. Über die für die kleinteilige Mischung gefährlich erscheinenden großen Projekte wurde mit den Investoren verhandelt und ein Planverfahren angedroht oder eingeleitet, wenn die Stadt mit den Bauherren keinen tragfähigen Kompromiß erzielen konnte.

In den achtziger Jahren wurde diese informelle Planungsgrundlage durch einen differenzierten Flächennutzungsplan mit Ausweisung von reinen, allgemeinen und besonderen Wohngebieten sowie von Mischgebieten ersetzt. Er ist mit der (immer noch geltenden) im Jahre 1904 erlassenen Staffelbauordnung Grundlage für die Erteilung von Baugenehmigungen nach § 34 des Baugesetzbuches. Ihm zufolge ist „ein Vorhaben zulässig, wenn es sich nach Art und Maß der baulichen Nutzung, der Bauweise und der Grundstücksfläche, die überbaut werden soll, in die Eigenart der näheren Umgebung einfügt". Diese flexible, auf fachlichen Sachverstand und die Zusammenarbeit von Bauherren, Architekten und Obrigkeit setzende Handlungsweise der Münchner Verwaltung hat mehr bewirkt als die ‚preußische' harte Linie, die sich in der Regel nur auf detaillierte rechtskräftige Bauleitpläne abstützt.

Zu den Initiativen, die den Stadtteil ständig erneuern, gehören auch Grundbesitzwechsel und in der Folge Neubauten anstelle unwirtschaftlich gewordener Altbausubstanz. Die städtebauliche Gliederung der großen Baufelder mit 220 bis 240 m Seitenlänge bleibt dabei im Prinzip erhalten. Moderne Wohnhäuser umgrenzen miteinander verbundene begrünte Höfe. Teilweise durchziehen Ladenpassagen die Baublöcke. Renovierte Altbauten geben diesem wohnlichen Ensemble ein individuelles Kolorit. In der lauten Stadt wird hier absolute Wohnruhe garantiert. Überzeugend wird nachgewiesen, daß das Wohnen ‚in zweiter und dritter Reihe' im Baublock nicht minderwertig ist, sondern bei hoher Baudichte eine hohe Qualität entfalten kann.

Die vielfältigen großstädtischen Angebote haben diesem Stadtteil immer mehr Verkehr beschert; er hat die Attraktivität der Straßenzüge jedoch nicht schmälern können. Sie bleiben der öffentliche Raum für das Leben im Quartier, für Handel, für Wege ‚um den Block' und zur U-Bahn, für Begegnungen. Es gibt keine großräumige Korrektur der Verkehrsabwicklung. Vielmehr werden im Straßenraster einzelne Verkehrsregelungen modifiziert: Einbahnstraßen in wechselnder Richtung sind ausgeschildert, einzelne Straßenabschnitte zu Sackgassen umgebaut, die Einfahrten von der Ludwigstraße sind aufgepflastert worden. Schwabing beweist die nahezu unbegrenzten Möglichkeiten der Nutzung und Entwicklung der regelmäßig geschnittenen Baublöcke: als Rahmen für das alltägliche Leben wie für die vielen Besucher. Der besondere urbane Charme dieser ‚Stadt in der Stadt' ist jedoch nicht planbar; angeboten wird nur ein neutrales Tableau, in dem sich städtisches Leben – möglichst ungehindert – entfalten kann.

Wiesbaden

Eine hippodamische Struktur entwickelte sich um einen mittelalterlichen, unregelmäßig gegliederten Stadtgrundriß. Die Verlegung der Nassauer Residenz in diese Stadt förderte zunächst eine Gestaltung im Stile des Barock. Unter französischer Vorherrschaft erweiterten sich die nassauischen Besitzungen; die Gunst der Stunde nutzten Herzog Friedrich August (1803–1816) und seine Nachfolger. Der Eintritt von Christian Zais, ein Schüler des klassizistischen Baumeisters Friedrich Weinbrenner, als Bauinspektor in nassauischen Diensten im Jahre 1805 markiert den Beginn eines planmäßigen Ausbaus der Stadt zum Modebad und für die stetig zunehmende Bevölkerung.

Mit dem ‚historischen Fünfeck' entwarf Zais einen Ring von Alleen und öffentlichen Bauten. Er umschloß das unregelmäßige Netz der Altstadt mit schnurgeraden Alleestraßen im freien Land vor der Stadt – der Schwalbacher Straße im Westen, der Friedrichstraße im Süden und der Wilhelmstraße im Osten als repräsentativer Achse zwischen dem Kurbereich und der historischen Stadt mit Schloß, Rathaus und Pfarrkirche. Er definierte damit einen rechtwinklig geordneten Stadtraum, an dem sich in den nachfolgenden Jahrzehnten die schrittweise erfolgende Stadterweiterung nach Westen und Süden orientierte. Eine auf die historische Substanz bezogene Planung hätte zu einer ungeordneten Stadtentwicklung geführt. Dagegen hat die von Zais gewählte harte klassizistische Ordnung die Grundlage für eine neue entwicklungsfähige Stadtgestalt gelegt. Ein mutiger Schritt, den man sich auch heute in wachsenden Städte öfter wünschen würde.

Zais distanzierte sich von der alten Stadt, wünschte vielmehr ein neues, einer repräsentativen Kurstadt gemäßes Ortsbild. Der vornehmlich aus der Rheinebene Anreisende sollte eine Stadt mit herrschaftlichen Gebäuden in einheitlich zweigeschossiger Bauweise mit einer modernen klassizistischen Formensprache wahrnehmen. Die nur eingeschossigen Häuser für die Kleinbürger verwies er auf die Nordseite am Taunushang. Verglichen mit anderen Stadterweiterungen aus dieser Zeit, die segmentartig an die vorhandene Substanz anschlossen, ist aus den skizzierten Gründen die von Zais gewählte Ummantelung des Stadtkerns eine Besonderheit.

Der Baumeister hatte sich einen Kurbereich in exklusiver Abgeschlossenheit gewünscht, in dem sich das gesellschaftliche Leben ungestört entfalten konnte. Die Planung dieses Viertels mit seinem Kurhaus und seinem wirkungsvollen Architekturplatz folgte klassizistischen Idealvorstellungen. In diesen durchgrünten Stadtraum östlich der Wilhelmstraße fügten sich später der

Neubau des Theaters, des neuen Kurhauses und die Kolonnaden nahtlos ein. Mit einem Theaterbau und dem späteren Hotel ‚Vier Jahreszeiten' wurde diese straffe Architektursprache auch in die Altstadt getragen. Kaiserplatz und Burgstraße ergänzten die großzügige rechtwinklige Ordnung um die Wilhelmstraße.

Für die am Mainzer Tor beginnende südliche Stadterweiterung wurden klassizistische Modellhäuser entworfen. Auch für die parallel zur Friedrichstraße projektierte Luisenstraße wurde diese Architektursprache gewählt. Zais hatte weitblickend bereits Pläne für den prospektartigen Ausbau einer weiteren Parallelstraße (der künftigen Rheinstraße) geliefert, die mit Luisenplatz und Bonifazius-Kirche am Rande der Altstadt einen monumentalen Maßstab erhielt. Die breite Adolfstraße, gedacht als Repräsentationsachse zum Biebricher Schloß am Rheinufer, steigerte Mitte des 19. Jahrhunderts die Wirkung dieses Architekturplatzes. Rheinstraße und Adolfstraße wurden die städtebaulich bedeutenden Achsen des Rasters im weiteren Stadtausbau im Süden, der nunmehr aus geschlossenen Baublöcken im Formenreichtum des Historismus geformt wurde.

Der Entwurf der Ringstraße von Alexander Fach im Jahre 1871 setzte die Maßstäbe für die nächste Stufe der Stadtentwicklung mit dem schon gewohnten großbürgerlichen Anspruch des Weltbades. Im Süden begrenzte der Kaiser-Friedrich-Ring das Quartier um die Adolfstraße. Er entsprach in seiner gestalterischen Ausprägung dem zeitgenössischen Vorbild des Wiener Ringes. Im Westen erschloß der Bismarck-Ring das an die Schwalbacher Straße angrenzende ausgedehnte Gebiet. Es wurde im Blockraster bebaut. In der Achse der Friedrichstraße wurde ein großer Platz ausgespart, im Blickpunkt der Rheinstraße die Ringkirche erbaut. Wo die Führung des Ringes vom rechtwinkligen Raster abweicht, mußte sich das Netz der Wohnstraßen mit Diagonalen anpassen.

Kennzeichnend für diese skizzierte Stadtentwicklung im 19. Jahrhundert ist eine schrittweise erfolgende Planung, die sich am überschaubaren Bedarf orientierte und gleichzeitig spätere Entwicklungen im gewählten Schema ermöglichte. Jede Generation ergänzte das bereits Gebaute im vorgeprägten Gestaltungskanon. Die Architekturformen änderten sich, Geschäftshäuser verdrängten teilweise die Wohnungen. Die Idee eines klassizistischen Städtebaus wurde aber nie in Frage gestellt.

Dieser langwierige Prozeß der Stadtentwicklung ist ohne Brüche im Sinne der Ideen von Zais vollzogen worden. Dies war wohl nur möglich, weil im ganzen 19. Jahrhundert das hippodamische Netz unangefochten Grundlage für den Städtebau war.

Krefeld

Vergleichbar mit Wiesbaden, hat in dieser Stadt das Raster als städtebauliches Schema über Jahrhunderte die Stadtentwicklung bestimmt. Dies begann 1691 mit einem einzigen Straßenzug, der den kleinen historischen Ortskern mit seinen winkligen Gassen im Osten erweiterte. Die nächste Erweiterung schloß bereits 1711 im Süden an; hier schon mit einem kleinen Quartier mit einem rechtwinklig geordneten Netz um die mit Toren markierte Hauptstraße. Ein neuer Marktplatz betonte diese Achse. 1738 und 1752 mußte die Stadt zum dritten und vierten Mal vergrößert werden, diesmal nördlich der Altstadt. Die im Osten und Süden vorgegebenen Straßenachsen wurden übernommen. Wollte man langfristig der zwischen diesen neuen Quartieren eingezwängten Altstadt das barocke Schema aufzwingen? Die fünfte Stadterweiterung wurde 1766 in Angriff genommen, die vorhandenen Straßenzüge wurden nach Norden verlängert. Ein als ‚Quarré' bezeichneter Platz verlieh diesem Gebiet eine repräsentative Note. Krefeld war reich geworden; prächtige Bürgerhäuser rahmten diesen städtebaulichen Raum.
1819 entwickelte Adolph von Vagedes das Wallviereck, das die Altstadt und die Erweiterungsgebiete großräumig ergänzte. Sein Raster war vorgezeichnet. Breite Promenaden umschlossen das lange Rechteck dieser modern wirkenden Stadt. Die ‚Wälle' sollten dem wiederholt erweiterten Stadtraum eine gestaltete Begrenzung geben. Verhindern konnten sie die weitere Stadtentwicklung nicht, wohl aber der wachsenden Stadt als gliedernde grüne Zäsur einen bis heute wirksamen Ordnungsrahmen geben. Ein 1835 vom Stadtrat gewünschtes zweites größeres Wallrechteck konnte wegen der fortgeschrittenen Bebauung nicht realisiert werden. Die 1837 nach Korrekturen von Karl Friedrich Schinkel in Berlin genehmigte siebte Stadterweiterung umfaßte ausgedehnte Flächen außerhalb der Wälle. Die Baublöcke sind hier regelmäßig und größer als im ersten Wallviereck zugeschnitten. Sie nehmen unterschiedliche Bebauungsformen auf. Erst gegen Ende des 19. Jahrhunderts löste man sich von dieser strengen einheitlichen städtebaulichen Form. Die Eisenbahntrassen setzten einer Fortsetzung des Rasters Grenzen.
Der heutige Stadtgrundriß erscheint aufgrund dieses systematischen, über Generationen verfolgten Erschließungsschemas großflächig geordnet, ein seltener Fall kontinuierlicher Planung. Der Wiederaufbau des teilweise zerstörten Stadtkerns war an das Erschließungsraster gebunden. Auch manche aus heutiger Sicht nicht geglückte Projekte können den einheitlichen städtebaulichen Kanon nicht zerstören. Heute ist es erklärtes Ziel, den klassizistischen Stadtgrundriß wiederherzustellen. In der Nachkriegsplanung unbebaut

gelassene und als Parkplätze genutzte Baublöcke werden wieder überbaut oder als Grünflächen gestaltet.

178–181 Tuttlingen

Im Württembergischen an der Donau gelegen, überrascht diese Stadt mit einem langgestreckten Blockgitter auf großer Fläche. Der Ursprung dieser Planstadt ist ungewöhnlich: Die mittelalterliche Stadt fiel am 01. November 1803 einem großen Brand zum Opfer. Glück im Unglück war, daß schon Jahre zuvor die württembergische Regierung eine pflichtmäßige Brandversicherung eingeführt hatte. So konnte der Wiederaufbau zügig erfolgen. Kurfürst Friedrich beauftragte den Landbaumeister Carl Leonhard von Uber, eine moderne städtebauliche Konzeption zu erarbeiten. Dieser legte einen am klassizistischen Ideal orientierten schachbrettartigen Stadtgrundriß vor, der auf das alte Wegenetz keinerlei Rücksicht nahm. Im quadratischen Raster wurde ein ebenfalls quadratischer Markt ausgespart; er markiert ein Hauptstraßenkreuz. Den Besitzern der 232 abgebrannten Häuser wurden durchnumerierte neue Bauplätze in den Baublöcken zugewiesen. Ursprünglich hatten sie interne Wegeverbindungen, die den Grundstücken eine zweite rückwärtige Erschließung eröffneten.

Diese städtebauliche Form war offensichtlich so prägend und in der Bürgerschaft so verankert, daß nachfolgende Generationen die Erweiterung der schnell wachsenden Stadt nach dem gleichen Muster vornahmen. Carl von Uber hatte dafür in seinem Gründungsplan Hinweise gegeben. Der Bahnhof veranlaßte zu einer großräumigen Planung nach Westen. Aber auch in anderen Richtungen beidseits der Donau wurde das Schema vorangetrieben, bis organische Siedlungsformen in den dreißiger Jahren diese Entwicklung unterbrachen.

Die heutige Bebauung ist kleinteilig, in ihren Formen und Nutzungen vielfältig. Sie verbindet sich in den langen Baufluchten zu einem harmonischen Stadtbild. Eine auf das strenge Raster bezogene Pflasterung und Begrünung der innerstädtischen Straßen unterstützt den Charakter einer lebendigen, gleichzeitig geordneten Provinzstadt.

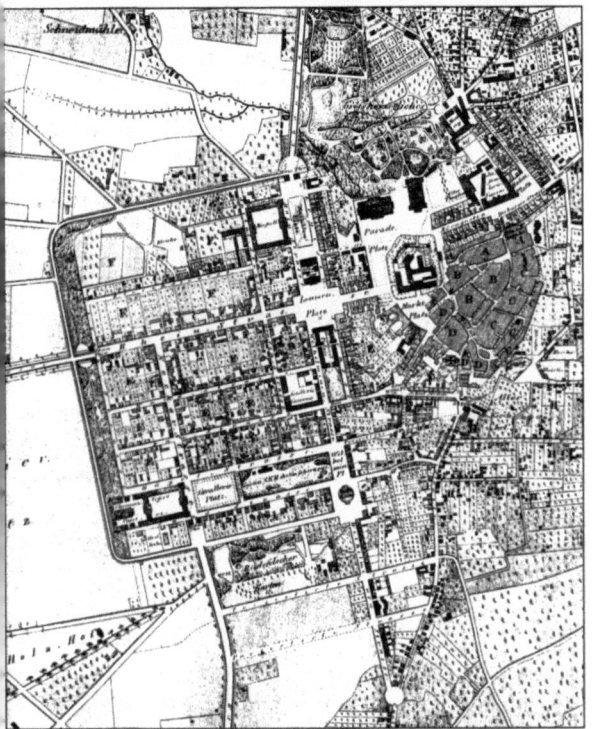

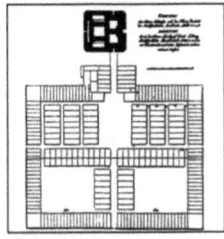

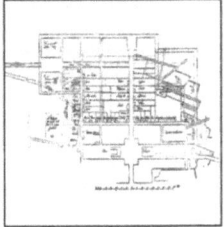

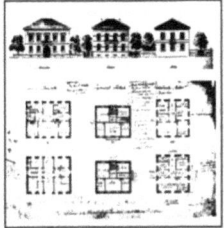

127 Grundriß der klassizistischen Stadt (Klöpper)

Darmstadt

131 Achse der Rheinstraße und die Baustruktur des Wiederaufbaus

128 Plan Delafosse, Anfang 18. Jahrhundert
129 Plan G. Moller 1811
130 Musterhäuser

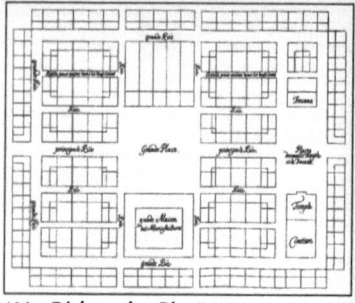

132 „Richterscher Plan" 1686
133 Flurkarte 1822

Erlangen

134 Luftbild 1965

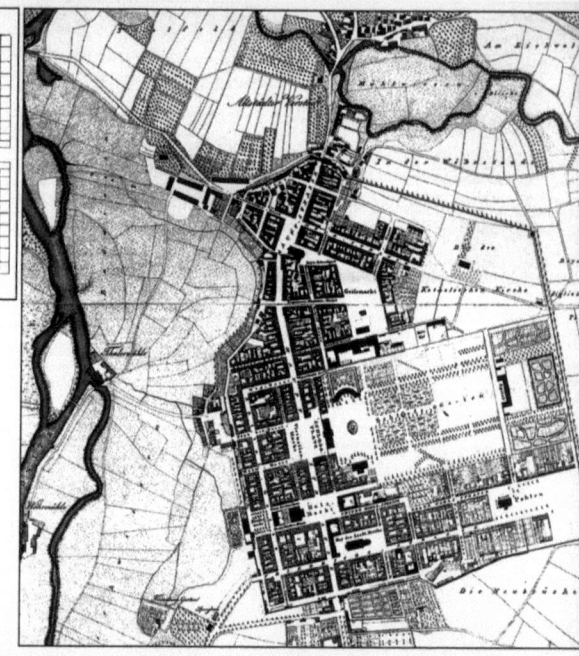

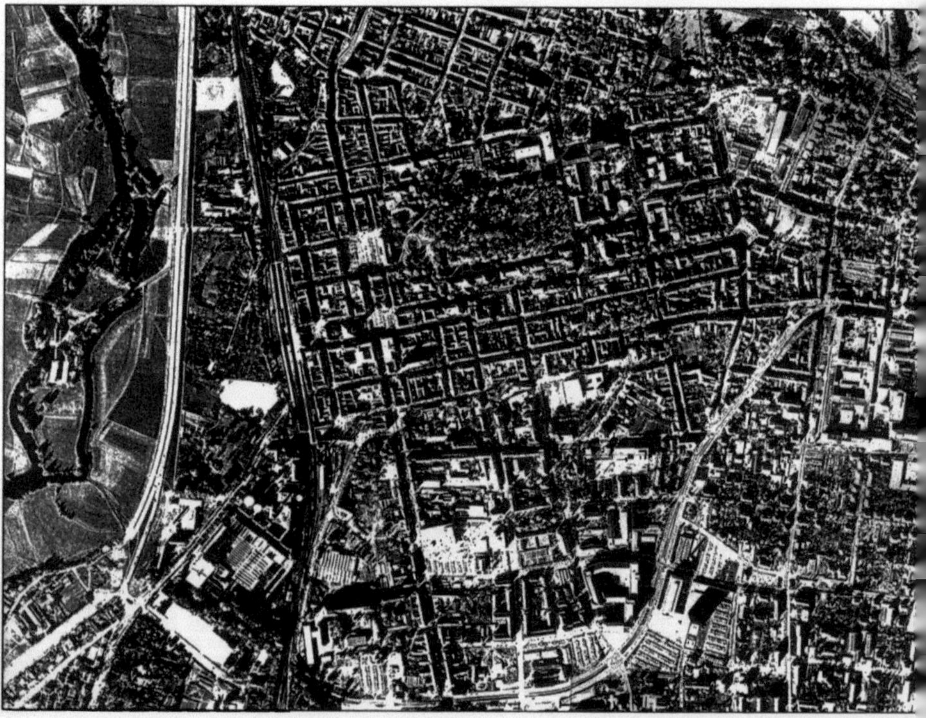

135 Historische Baustruktur im Raster der Straßen und Plätze, durchsetzt mit neuen Geschäftshäusern

Erlangen

136, 137 Hauptstraße im historischen Kern
und in der Cityerweiterung

138 Wohnmilieu in der Altstadt

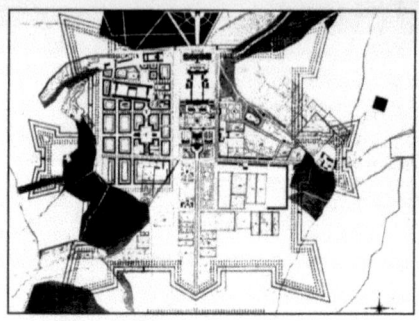

139 Plan der befestigten Stadt

140 Stadtplan 1891

Ludwigsburg

141 Flurkarte 1831

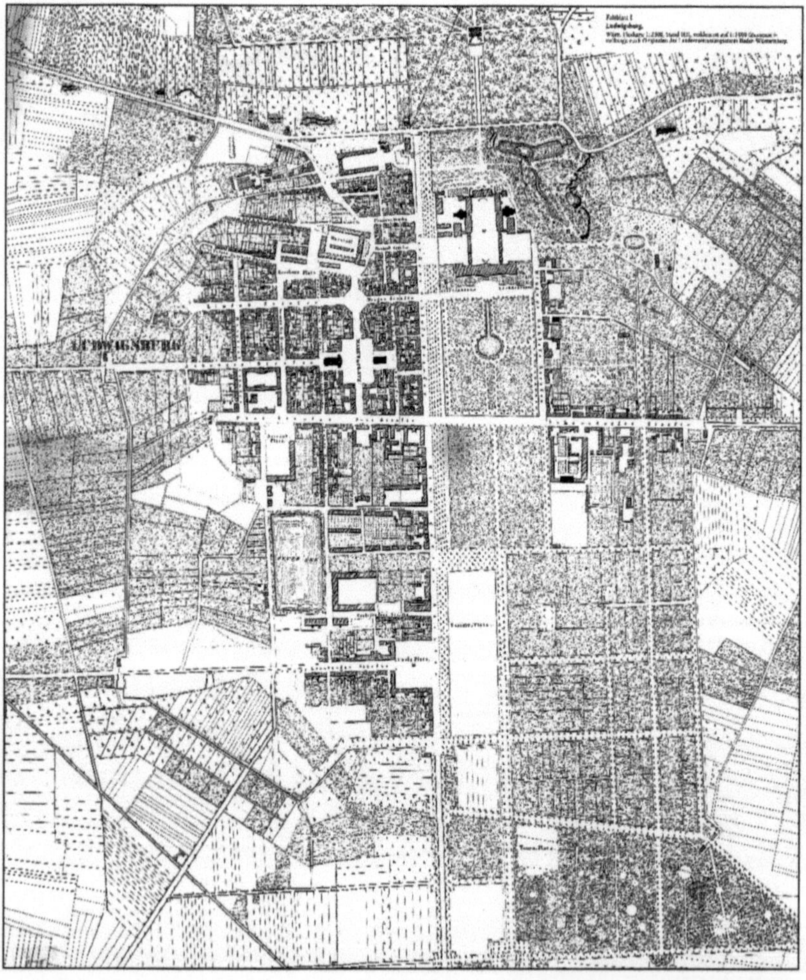

142 Fassadenabwicklung Marktplatz und Holzmarkt um 1800

143 Luftbild 1970

Ludwigsburg

144–147 Zeitreihe der Ortsentwicklung 1809, 1854, 1874, 1902 (vgl. Bild 76)

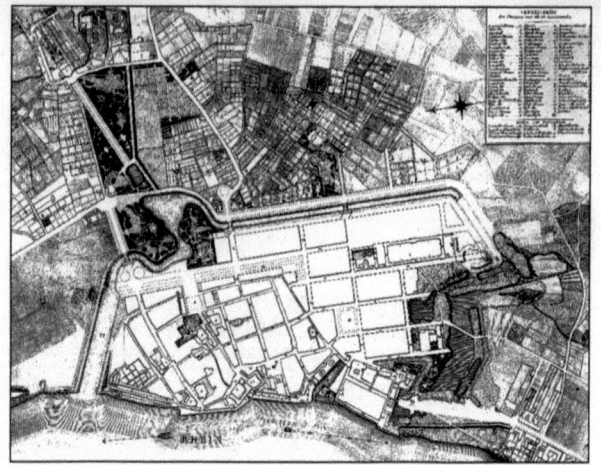

Düsseldorf

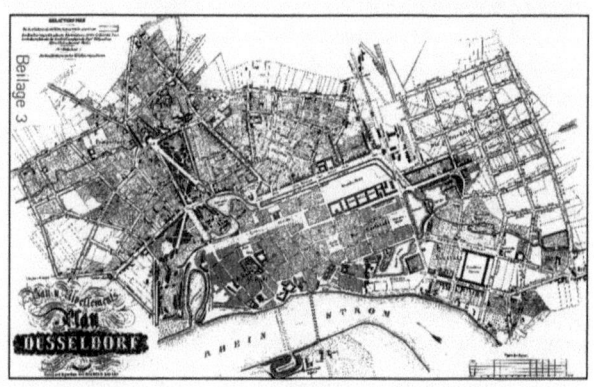

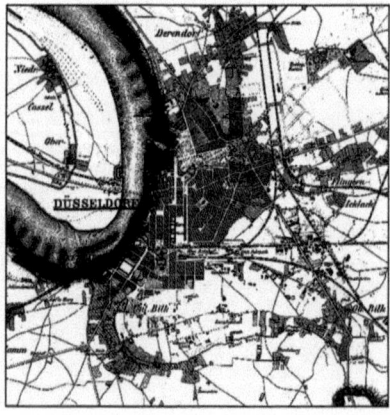

148, 149 Bankenviertel Breite Straße
150 Königsallee

151 Klassizistischer Stadtraum in der Karlstadt
152 Wohnstraße in der Friedrichstadt

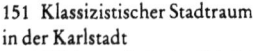

153 Aktuelle Grundkarte

Düsseldorf

154 Luftbild Düsseldorf

155 Luftbild Max-Vorstadt und Schwabing im Stadtgefüge München (Seite 133)

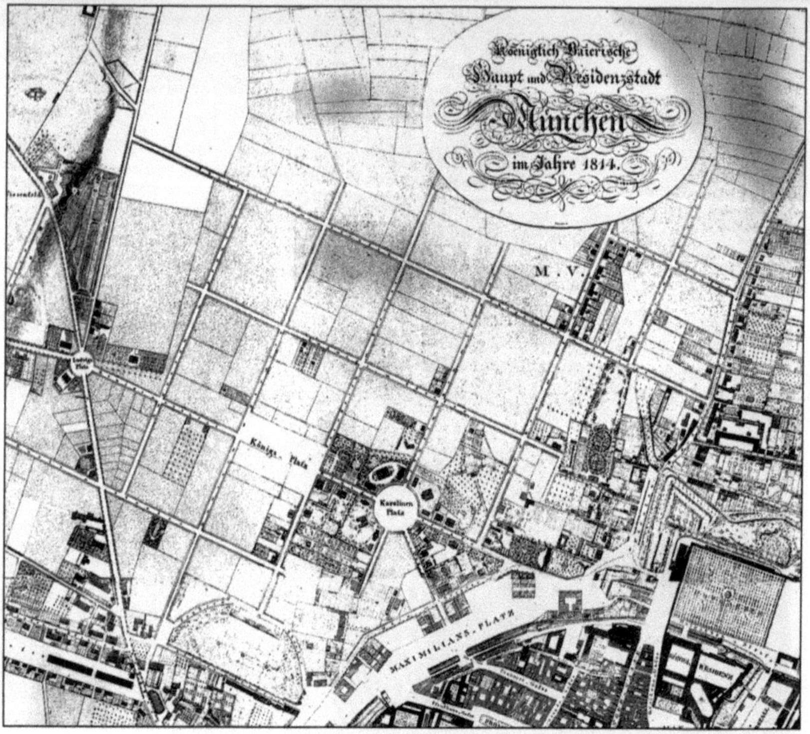

156 Plan der Max-Vorstadt 1814

München (vgl. die Bilder 54 ff)

157 Stadtmodell (Seitz) 1854

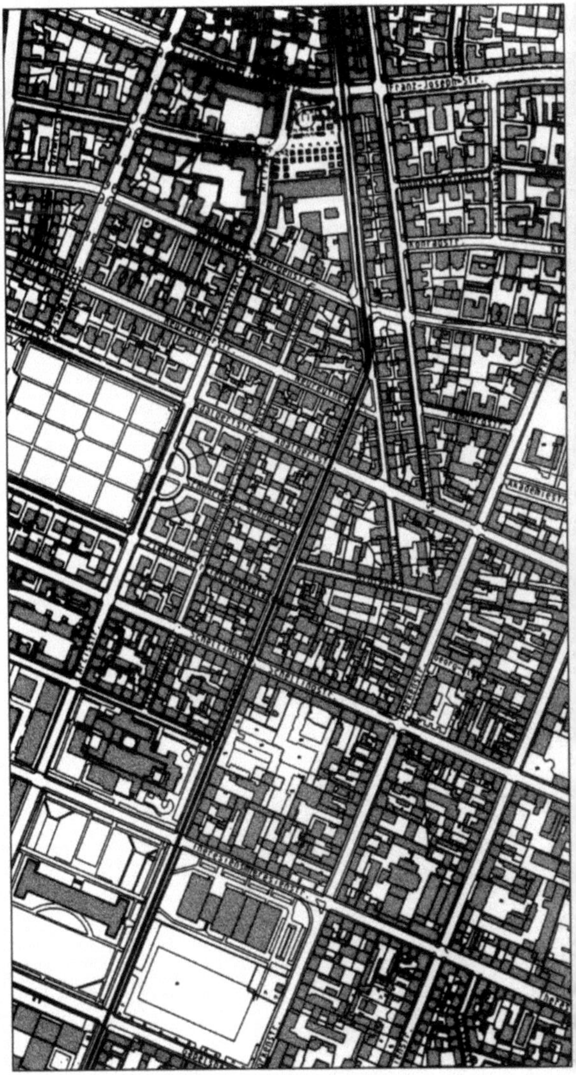

München

158 Kataster Max-Vorstadt und Schwabing

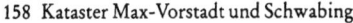

159, 160 Lebendige Milieus
in Schwabing

161 Blockbebauung im Neubaugebiet
Berliner Straße

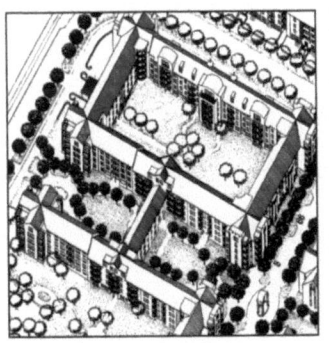

162 Strukturschema der Stadt um 1900

Wiesbaden

163–166 Zeitreihe der Ortsentwicklung
1857, 1868,
1888, 1900

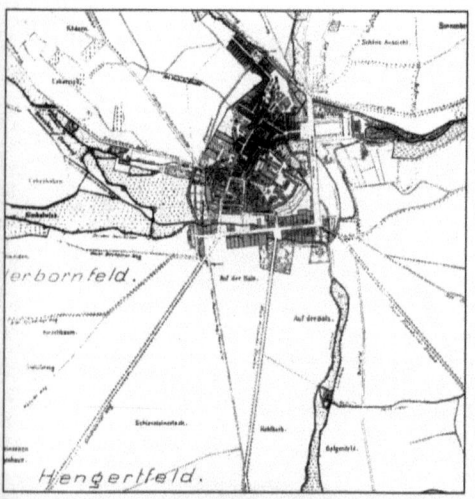
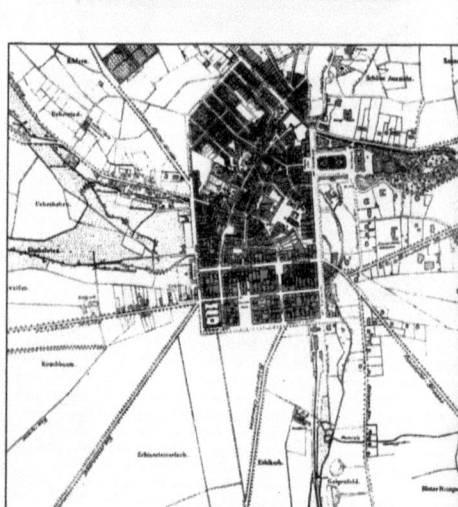

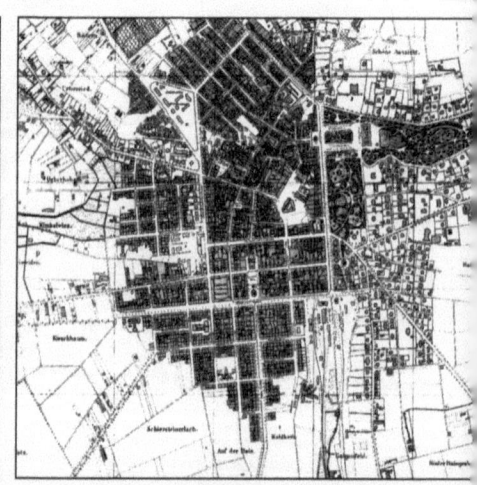

167 Bestand und Wandel in den Blöcken um das historische Fünfeck

Wiesbaden

168–170 Straßenräume aus Klassizismus und Gründerzeit, durchsetzt mit Neubauten

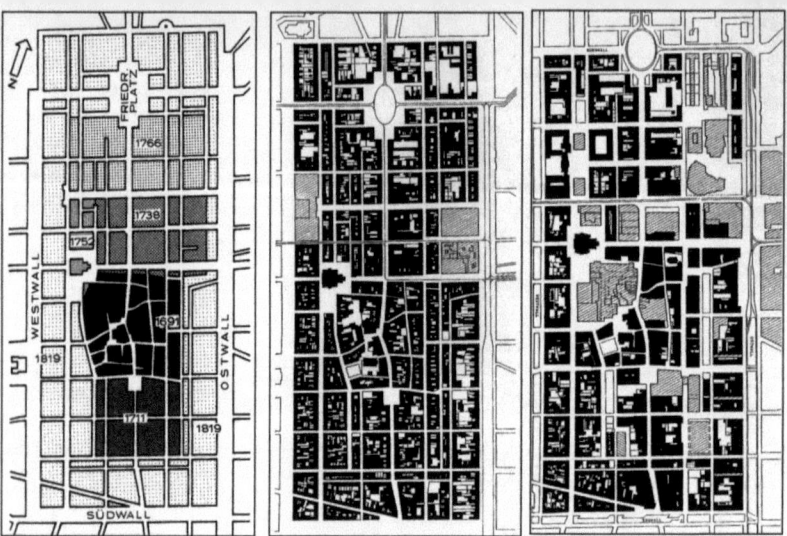

171 Entwicklungsstufen
1691 bis 1819

172, 173 Lageplan
1939 und 1989

Krefeld

174 Parzellenplan 1939

175 Promenade des Wallvierecks
176 Wohnmilieu in der Innenstadt

Krefeld

177 Luftbild 1991 mit dem Raster der Straßenzüge um den Stadtkern

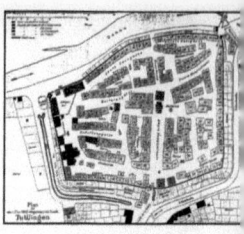

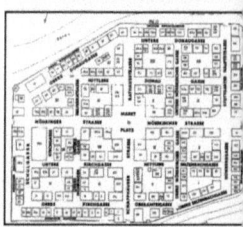

178 Flurkarte 1840 (oben)

179 Vor dem großen Brand (rechts oben)

180 a, b Parzellenplan vor dem Brand und für den Wiederaufbau (rechts Mitte)

Tuttlingen

181 a–f Zeitreihe der Ortsentwicklung 1878, 1895, 1901, 1911, 1933, 1954

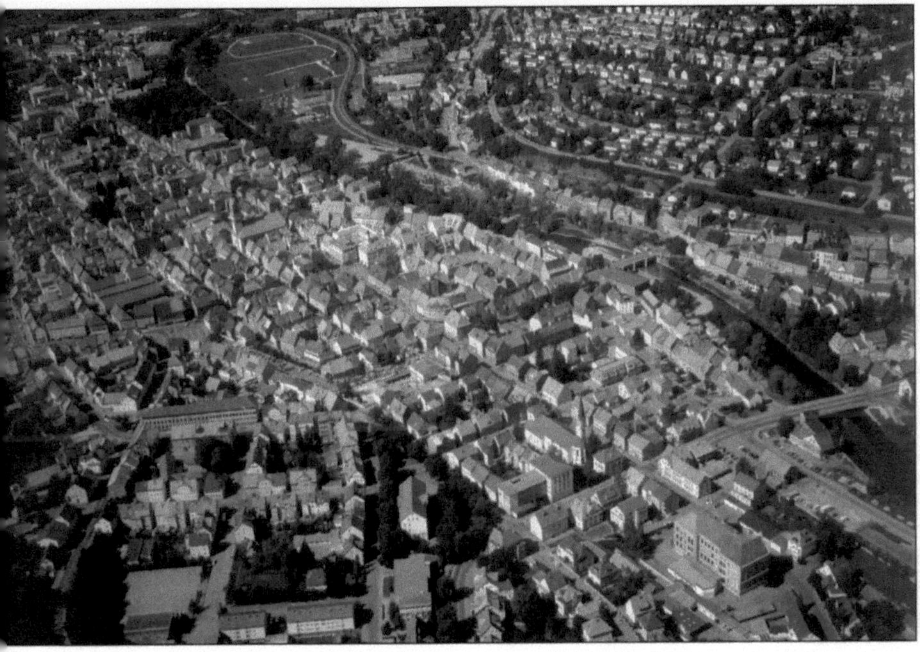

182 Luftbild der im Raster geordneten Bebauung.

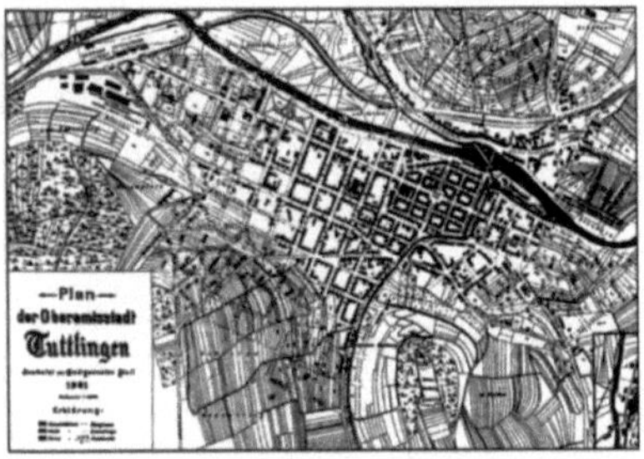

b

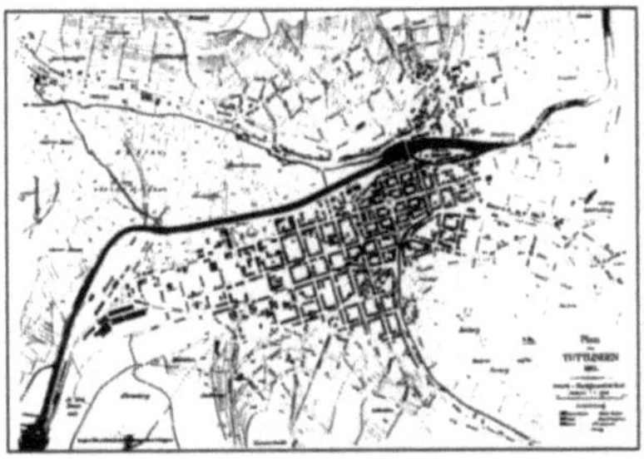

c

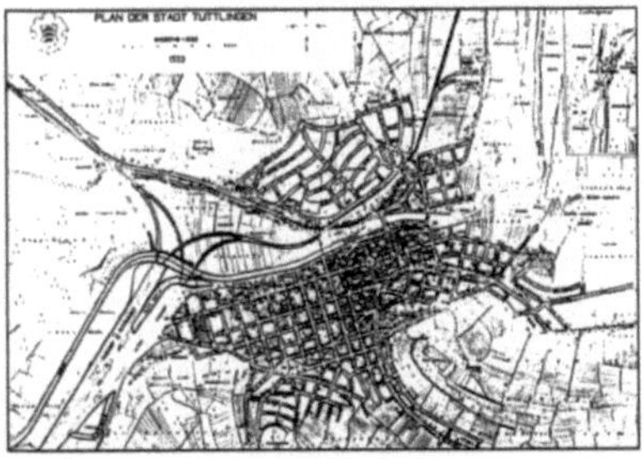

e

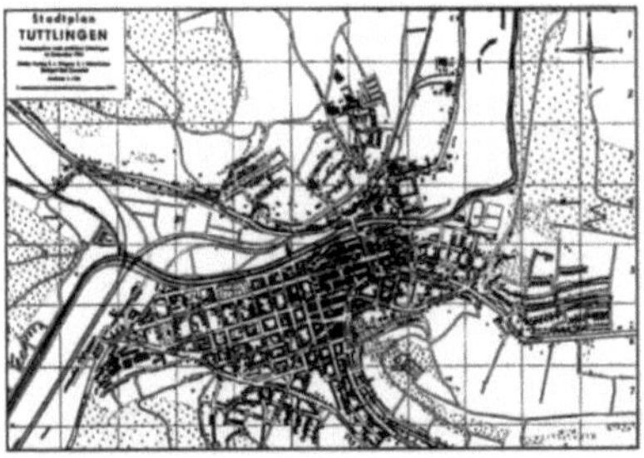

f

183–184 Leipzig heute und 1864 (unten)

Gründerzeitquartiere

Leipzig

Der Krieg ließ in Leipzig die Gründerzeitgebiete weitgehend unversehrt. Die Wiedervereinigung stoppte den radikalen Umbau zu Plattensiedlungen. Mit der Reprivatisierung der Häuser oder ihrer Übernahme durch Wohnungsbaugesellschaften ist bereits in wenigen Jahren ein großer Teil der 100 000 Altbauwohnungen renoviert worden. „Leipzig kommt" verspricht die Werbung der Stadt. Gleichwohl bleibt die Erhaltung dieser ausgedehnten Quartiere und ihre Sanierung eine Generationenaufgabe. Der in westdeutschen Städten vielfach erfolgte Umbau des Verkehrsnetzes und der Häuser hat hier (noch) nicht stattgefunden. Man muß abwarten, ob man mit Respekt, viel Augenmaß und in behutsamer Weise erforderliche Modernisierungen und die Anpassung an veränderte verkehrliche Anforderungen durchführen wird. Ziel sollte die Erhaltung der typischen Elemente der Gründerzeitstadt sein. Liest man die vorbereitenden Untersuchungen für die Sanierung sowie die Veröffentlichungen einer organisierten Bürgerschaft, darf man dies annehmen.

Im Stadtplan von Leipzig ist der den Bürgern im 19. Jahrhundert zugebilligte Wohnungsstandard deutlich ablesbar. Die wohlhabenden Schichten beanspruchten große Häuser mit ausgedehnten Gärten im Blockhof. Der armen Bevölkerung blieben nur enge Höfe als Freiräume, die auch gewerblich genutzt wurden. Hier bot ein üppiger Straßenraum repräsentative Adressen; dort mußten sich die Menschen mit schmalen Trottoirs und Fahrbahnen begnügen.

Das Arbeiter-Wohngebiet *Neustadt* entwickelte sich ab 1831 beidseits der 1836–1840 gebauten ersten deutschen Ferneisenbahntrasse Leipzig-Dresden in mehreren Bauabschnitten als reines Spekulationsobjekt. Nach der Verlegung des Eisenbahnverkehrs an den Nordrand des neuen Stadtteils im Jahre 1879 wurde auf dem aufgegebenen Schienenstrang die ‚Eisenbahnstraße' als zentrale Achse des strengen Rastergrundrisses ausgebaut; viele kleine Läden wurden in der Korridorstraße eingerichtet. In dem Erschließungsraster wurden durchwegs Miethäuser mit dem damals üblichen Ausstattungsstandard für Arbeiterwohnungen errichtet, die indes auf Fassadenschmuck nicht verzichteten. Der unteren sozialen Klasse wurden sehr kleine Parzellen und relativ schmale Baublöcke zugewiesen. Die Spekulationsbauten mußten, sollten sie rentierlich sein, auf Mindestmaße gestutzt werden. In den engen Straßenräumen hatten Alleebäume kaum Platz.

Die DDR-Zeit hinterließ verfallene Gebäude und Baulücken; die Reprivatisierung nach 1989 führte zu einem breit gestreuten Eigentum privater Bauherren und von Baugesellschaften. Die eher schlechten Wohnbedingungen führen jedoch nicht zur Korrektur des Städtebaus. Es ist auch der Wunsch der hier Lebenden, die strenge Blockstruktur zu erhalten. Die Wohnhöfe sollen endlich zu intimen Grünoasen werden. Im Blockraster kann der Verkehr auf die örtlichen Anliegerbedürfnisse begrenzt werden. Neubauten sollen Tiefgaragen erhalten. Die Eisenbahnstraße soll Fußgängerstraße werden; für die Straßenbahn soll eine Trasse reserviert werden. Weitreichende Pläne, die auf eine behutsame Modernisierung ausgerichtet sind. Erste Modernisierungsmaßnahmen der Eigentümer lassen hoffen, daß dieses Quartier mit seinem straffen, übersichtlichen Aufbauschema eine lebenswerte und unverwechselbare Adresse in Leipzig wird.

192–196 Das rasterförmig angelegte Gebiet zwischen dem Dorf *Schönefeld* und den ausdehnten Bahnanlagen hat eine enge morphologische Verwandtschaft mit der benachbarten Neustadt. Kennzeichen ist auch hier der schmale, langgestreckte Baublock. Auch die Entstehungsgeschichte ist vergleichbar: Beidseits der Lindenallee (vormals Gorkistraße), die das Dorf mit Leipzig verband, initiierten adlige Großgrundbesitzer den Bau von Arbeiterquartieren. Als erstes wurde das Straßenraster westlich der Hauptstraße gebaut. In die Blockhöfe zogen gewerbliche Betriebe ein.

Gewandelte Anschauungen über Fragen der Hygiene führten in dem 1889 entwickelten Plan für den zweiten Bauabschnitt zu einer Korrektur der früher gewählten Ausrichtung der Baublöcke. Ein zur Lindenallee parallel geführtes Wegeraster sollte die Besonnung der Gebäudebänder verbessern. Es dauerte jedoch bis zur Jahrhundertwende, bis die Voraussetzungen für die Realisierung dieses Projekts geschaffen werden konnten. Der ‚Bauverein zur Beschaffung preiswerter Wohnungen GmbH' setzte hier 1905 bis 1921 veränderte Vorstellungen über menschenwürdiges Wohnen durch: Die Blockrandbebauung wurde an den Schmalseiten unterbrochen und öffnete nun den Blick in grüne durchlüftete Wohnhöfe. Die Wohnungen haben zur Sonne ausgerichtete Balkone. Die Wohnungsbaugesellschaft, die nach 1989 dieses Areal übernahm, hat alle Baublöcke saniert. Überzeugend beweist die in hellen Farben sich präsentierende Wohnanlage die Möglichkeiten, die sich städtebaulich und architektonisch im Blockraster eröffnen.

197–201 Eingerahmt von ausgedehnten Erholungs- und Sportflächen hat das *Waldstraßenviertel* einen hohen Lagevorteil. Diese veranlaßte zu einer großräumigen Wohngebietsplanung für das gehobene Bürgertum des 19. Jahrhunderts mit einem regelmäßigen, großzügig geschnittenen Rastergrundriß. Die zen-

trale, repräsentative Achse ist die breite Waldstraße. Das auf die Promenadenallee orientierte Raster wurde soweit ausgedehnt, wie es die Umgebung zuließ. Die geradlinige Friedrich-Ebert-Straße setzt eine harte Grenze mit geschlossen umbauten Blöcken im Westen, der geschwungene Lauf des Elstermühlgrabens eine weiche Form mit freistehenden Villen im Osten. Der schachbrettartige Grundriß des Stadtteils vermittelt den Eindruck einer Bebauung aus einer Hand; er wurde indes von vielen Bauherren und nicht in einem Zuge erbaut. Die Architektur der durchweg aufwendigen Wohnhäuser zeigt die Vielfalt gestalterischer Vorstellungen vom Eklektizismus bis zum Jugendstil und der beginnenden Moderne. Die Häuser bilden überall eine Blockrandbebauung. Nur eine schlichte Gruppe von Zeilen aus den dreißiger Jahren wirkt fremd in der auf Repräsentation der Bauherren orientierten Baukultur. Es scheint, daß die Neubauten, die seit 1990 entstehen, diese Tradition anspruchsvollen Wohnens für vermögende Kreise fortsetzen.
Der hohe Anspruch an die Gestaltung der Straßenräume fällt auf. Die Trottoirs sind mit großen Sandsteinplatten belegt, gerahmt mit Mosaikpflaster. Die Borde begleiten die geradlinigen Hauskanten, Fahrbahnen sind großformatig gepflastert. Diese Gestaltung ergänzt schlüssig die Hausarchitektur; sie muß als wesentlicher Teil des denkmalwürdigen Ensembles erhalten bleiben.
Dieser Stadtplan wirkt erweiterungsfähig. In der Tat hat es im Zusammenhang mit den wechselnden Ideen zur Gestaltung des Bereiches in der Elsterniederung wiederholt Pläne gegeben, die Straßenzüge nach Westen zu verlängern. Die Bürgerinitiative ‚Pro Leipzig' hat diese „unendliche Planungsgeschichte" eindrucksvoll dokumentiert. Dieses Thema ist eng mit den politischen Vorstellungen der Gründerzeit für ein Messegelände, des ‚Dritten Reiches' für ein Aufmarschfeld und der DDR-Zeit für ein Sport- und Demonstrationsgelände verwoben.
Eine Fahrt durch die geradlinige Karl-Liebknecht-Straße erschließt uns zwischen dem Alleenring der Altstadt und dem Vorort Connewitz den Eindruck eines weiteren ausgedehnten Stadtteils aus der Gründerzeit im Blockraster. Als Alleen gestaltete Querachsen öffnen weite Ausblicke auf den Grünraum der Pleiße und die alte Messe. Im Süden ist eine homogene Blockstruktur großflächig erhalten; im Norden wechseln die Eindrücke. Eine Stadtkarte aus dem Jahre 1864 zeigt in der ehemaligen Petersvorstadt, der heutigen *Inneren Südvorstadt* noch prächtige Gärten mit eingestreuter Bebauung. Östlich der wichtigen Ausfallstraße nach Connewitz war bereits ein regelmäßiges Straßennetz eingetragen. Der südlich anschließende Plan für die Mittlere Südvorstadt konnte ohne Bindungen an die vorhandene Bebauung erstellt werden. Mit dem ‚Musikviertel' wurde im Westen ein weiteres Baufeld mit einem fast

quadratischen Raster angefügt. Der nördliche, innenstadtnahe Teil nahm mit dem Reichsgericht, der Musikhochschule, der Universitätsbibliothek, der Hochschule für Grafik und Buchkunst sowie dem Gewandhaus wesentliche öffentliche Aufgaben der Metropole auf. Die großen Gebäudekomplexe beanspruchen in diesem eindrucksvollen repräsentativen Zentrum zum Teil ganze Baublöcke. Bis auf das Gewandhaus, das in der DDR-Zeit abgerissen und an anderer Stelle wieder errichtet wurde, ist dieses gründerzeitliche Viertel erhalten. Am Übergang zur Pleißeniederung und am nördlichen Rand dieses Quartiers sind auf großen Grundstücken herrschaftliche Villen gebaut worden. So lockert sich das überwiegend in geschlossener Bauweise entwickelte Gebiet zum Rand in offene Bauformen auf, ohne jedoch das Prinzip der Blockrandbebauung aufzugeben.

Der gesamte große Stadtteil ist ein Spiegel der jeweiligen Lagequalität, die sich in der Hausarchitektur deutlich ausprägt. Die DDR-Zeit hat diese Gliederung mißachtet. Auf verfügbarem Bauland wurden lange Wohnhauszeilen errichtet, die die bis dahin homogene Baustruktur mit fünfgeschossigen Miethäusern auf schmalen Parzellen negieren. Das DDR-Regime wollte eine andere Stadt bauen. Zwischen bewohnten Häusern liegen verwahrloste Baulücken. Das geradlinige Straßenraster und die Begrünung vermögen solche Störungen optisch aber weitgehend aufzufangen. Gestalterisch wirksam ist der große städtebauliche Rahmen.

Die privatwirtschaftliche Entwicklung nach 1989 beginnt, diesem weitgehend verfallenen Stadtquartier neuen Glanz zu geben. Graue Gründerzeitfassaden gewinnen ihre plastische Pracht zurück. Man spürt, welche finanzielle Kraft diese ‚gute Adresse' einst hatte. Sie zieht heute Immobilienfirmen an, die hier in trügerischer Erwartung auf eine wachsende Nachfrage Büropaläste bauen. Sie halten in der Höhe den historischen fünfgeschossigen Maßstab. In der Flächenausdehnung über mehrere Parzellen vermitteln die glatten Fassaden jedoch einen neuen Eindruck. Neue Wohnhäuser mit postmodernen Details wahren eher die Körnigkeit des überkommenen Parzellenschnitts.

Die relativ kurze Geschichte hat diesem Stadtteil durch unterschiedliche Ansprüche in der Gründungsphase und durch wechselnde stadtpolitische Bedingungen ein Mosaik unterschiedlicher Architektur beschert. Die Innere Südvorstadt ist ein Quartier im steten Wandel, der wohl vom gründerzeitlichen Formenkanon im Grund- und Aufriß geprägt bleibt, in diesem Rahmen aber vielfältige Eindrücke vermittelt – typisch für eine großstädtische Struktur, die allein durch das regelmäßige Straßennetz einen städtebaulichen Zusammenklang bewahren kann.

85 Luftbild *Leipzig-Neustadt*

86 Plan des ersten Bauabschnitts 1866

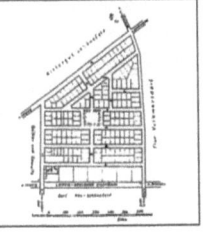

187 Bestand

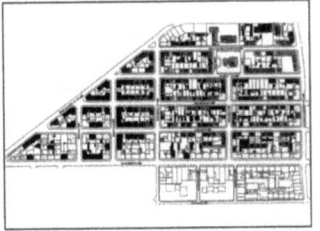

188 Sanierungskonzept

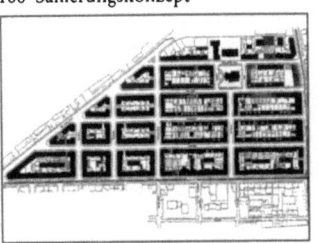

189 Moderner Auftakt zur Eisenbahnstraße

190 Typische Wohnstraße

191 Blick in einen Blockhof

192 Luftbild

Leipzig-Schönefeld

193 Bestand

194 Westlicher Teil mit einheitlicher Blockumbauung

195 Aufgelockerter Straßenraum am Park

196 Östlicher Teil mit Öffnung der Blockhöfe

199 Entwurf für eine Erweiterung
200, 201 Die repräsentative Waldstraße

197 Luftbild

Leipzig-Waldstraßenviertel

198 Bestand

204–205 Neubauten in Baulücken

202 Lufbild. Alt- und Neubauten im Blockraster
203 Bestand

Leipzig – Innere Südvorstadt

206 Neubauten in Baulücken
207 Repräsentative Altbauten

Magdeburg-südwestliche Innenstadt

Eine besondere Bedeutung gewann Magdeburg als Festungs- und Garnisionsstadt. Im 19. Jahrhundert entwickelte sich die Stadt zu einem bedeutenden Industrieort. Dieser neue Impuls führte zu einer wildwüchsigen Bebauung entlang der Einfallstraßen. Denn eine planmäßige Erweiterung des historischen Stadtkerns scheiterte am barocken Befestigungsgürtel. Er strangulierte die Stadt und auch die Eisenbahn, die über Festungsgräben und Zugbrücken, unter hochgezogenen Fallgattern und zwischen Schanzen fahren mußte, um den Bahnhof zu erreichen.

Verhandlungen einer extra eingesetzten Stadterweiterungskommission begannen 1844 und führten erst nach einem Vierteljahrhundert zu dem Kompromiß, einen neuen Ring von Bastionen ins freie Feld hinauszuschieben und das bisherige militärische Terrain der Eisenbahngesellschaft für einen neuen Hauptbahnhof sowie für die Erweiterung der Bauflächen zur Verfügung zu stellen. Erste Entwürfe des Stadtbaurats Hermann Crubitz von 1869 und 1871 scheiterten im Stadtrat. Ein städtebaulicher Wettbewerb wurde von Oberbürgermeister Hasselbach mit der Bemerkung abgelehnt, daß „eine öffentliche Konkurrenzausschreibung für Bebauungspläne etwas ganz Außergewöhnliches und ein derartiger Fall ihm überhaupt noch nicht bekannt sei; es handele sich bei der Aufstellung eines solchen Planes sowohl um technische als um administrative und finanzielle Fragen, deren Beurteilung doch Sache der zunächst Beteiligten, der städtischen Behörden sei" (Schriftenreihe Stadtplanungsamt, Bd. 54). Die endgültigen Pläne lagen 1881 vor.

Das zur Verfügung stehende Baufeld führte zu einer Kombination des Quadratrasters mit diagonalen Verbindungen, die im Süden in einem Sternplatz (Hasselbach-Platz) gebündelt wurden. Geachtet wurde auf eine reibungslose Verbindung zu den Vorstädten und mit der Altstadt. Der Breite Weg wurde aus der Altstadt ins Neubaugebiet verlängert; mit der Augustastraße (Hegelstraße) entstand eine axiale Verbindung zur Domfreiheit. Viel Wert wurde auf eine repräsentative Wirkung der neuen Straßenzüge gelegt. Die geradlinige Führung dieser Boulevards eröffnete weite Perspektiven; breite Promenadenwege luden zum Flanieren ein. Die den neuen gesellschaftlichen Reichtum spiegelnden Fassaden in den geradlinigen Bauflüchten waren von Anfang an mit Läden besetzt. Die Fassaden verbargen die dichte Überbauung der großen Blockhöfe.

Die großzügige Stadterweiterung stand im deutlichen Kontrast zu der verwinkelten Altstadt. Heute erleben Besucher die Umkehrung dieses Eindrucks; denn auf dem Grundriß der alten Stadt ist eine maßstabslose, zugige

Baustruktur nach den Prinzipien des sozialistischen Städtebaus errichtet worden. So verwundert es nicht, daß die Bürger das gründerzeitliche Quartier um den Hasselbach-Platz besonders schätzen. Mit der Sanierung gewinnt es seinen historischen Glanz zurück.

Vor dem Hauptbahnhof war die parzellierte Blockbebauung zerstört. Bis zum Herbst 1989 war dies eine leergeräumte Fläche. Die 1990 beginnende Planung für den Wiederaufbau sah eine dem historischen Kanon folgende Blockbebauung vor. Die Stadt hätte die Möglichkeit gehabt, die Flächen zu parzellieren und an individuelle Bauherren zu verkaufen. Die sich über die gesamte Fläche erstreckende Tiefgarage höhlte jedoch diesen naheliegenden Gedanken aus. Der Druck interessierter großer Investoren und der Wunsch, ein modernes Einkaufszentrum zu erhalten, taten ein übriges. Der Schein der Blockbebauung bleibt gewahrt; aber hinter den Fassaden verbergen sich großräumige Nutzungen, die sich zum Teil über mehrere Blöcke erstrecken. Für deren Verknüpfung in einem Passagensystem privatisierte die Stadt sogar ein Straßenkreuz. Das Erschließungsgitter ist unterbrochen. Mit einem weiteren großen Investorenprojekt wird die in der DDR-Zeit geschaffene ‚Grüne Mitte' überbaut. Auch diese Struktur läßt eine kleinteilige Parzellierung vermissen. Nach der Stadterweiterung im 19. Jahrhundert und dem sozialistischen Umbau erlebt Magdeburg eine dritte Variante großstädtischer Bebauungsmuster.

Hannover-Linden

Die Arbeiterviertel im Stadtteil Linden stehen in Hannover für die Industrialisierung des 19. Jahrhunderts. Linden-Nord weist sich mit seinem stringenten Schachbrettgrundriß im Stadtplan als ein aus einer Hand entworfenes Wohngebiet aus.

Das langgestreckte Quartier *Linden-Süd* hat einen unregelmäßigen rasterförmigen Lageplan, der auf eine schrittweise Erschließung schließen läßt. Die das Gebiet tangierenden Wege – Deisterstraße/Göttinger Straße und Ricklinger Straße – waren vorhanden, als die ersten Grundeigentümer begannen, ihre Ländereien zu parzellieren und an Bauinteressenten zu verkaufen. Dazu legten sie Straßen- und Parzellierungspläne vor, die 1845 von den Behörden genehmigt worden. Es folgte die Planung weiterer Straßenzüge im Jahre 1871 und 1885 durch die Grundeigentümer. So sorgte Unternehmerinitiative – nicht die Gemeinde – schrittweise für das Gerüst des neuen Stadtteils Linden-Süd mit einem Erschließungsraster aus vorgegebenen Radialstraßen und neuen Wohnstraßen. Die Besiedlung auf den veräußerten Parzellen erfolgte in kleinen Schritten. Folglich entstand eine uneinheitliche Bebauung mit Wohnungen für die Arbeiter, durchsetzt mit Gaststätten und Läden sowie kleinen Handwerks- und Gewerbebetrieben auf den rückwärtigen Grundstücksflächen. Im Laufe der Jahrzehnte setzten sich wechselnde Gebäudetypen durch. Allmählich veränderte sich die ländliche offene Bauweise zu geschlossen umbauten Baublöcken. Das regelmäßige Straßennetz garantierte trotz der heterogenen Baustruktur eine städtebauliche Ordnung. Die Gebäude überdauerten den Zweiten Weltkrieg, die soziale Struktur veränderte sich jedoch: Die aufstrebende Bevölkerung verließ den Stadtteil; zurück blieben die Alten und Schwachen. Die Bausubstanz verfiel zusehends.

Linden-Süd wurde aufgrund der baulichen und sozialen Mißstände ein Pilotprojekt für die Stadterneuerung. Im Auftrag des Bundeswohnungsbauministers erarbeitete Johannes Göderitz 1958 ein umfangreiches Sanierungsgutachten. Es sollte in erster Linie Anhaltspunkte für Planungsgesetzgebung und Sanierungsverfahren geben. Der Bebauungsvorschlag sah eine weitgehende Beseitigung der Bausubstanz und eine Neubebauung im Sinne des von Göderitz mitgeprägten Leitbildes ‚der gegliederten und aufgelockerten Stadt' vor. Die überörtlichen Verkehrswege sollten großzügig ausgebaut werden. Eine international anerkannte Leitlinie für die Stadtentwicklung hatte den Blick für Qualitäten der Stadt des 19. Jahrhunderts verstellt und ließ die Fähigkeit verkümmern, aus dem Bestand eine städtebauliche Planung zu entwickeln. Allerdings konnte Göderitz das Erschließungsraster mit seinen teuren Leitungsnetzen nicht in Frage stellen. Er hätte es sicher gern getan.

Dieses Konzept wurde, abgesehen von einigen Häusern auf unbebauten Grundstücken, nicht realisiert. Zehn Jahre später begann die Stadtverwaltung selbst mit der Entwicklung städtebaulicher Konzepte. Der erste Entwurf sah eine starke Verdichtung auf den vorgegebenen Baublöcken vor, die aber auch mit der vorhandenen Baustruktur wenig gemeinsam hatte. Die nachfolgenden Konzepte verfolgten andere Ziele, nämlich die Erhaltung der baulichen und stadträumlichen Struktur, die Modernisierung des Bestandes sowie Neubauten mit einer Architektur, die sich im Maßstab am Bestand orientiert. Mit Inkrafttreten des Städtebauförderungsgesetzes (1971) wurde das Sanierungsverfahren eingeleitet. Auf der Basis eines lange umstrittenen Rahmenplans wurde die Sanierung bis in die Gegenwart in kleinen Schritten betrieben. Die Blockstruktur ermöglichte eine solche behutsame Erneuerung, konnte doch jeder Block autonom geplant werden. Auch kleinteilige Korrekturen ließen sich in dem rechtwinklig geordneten Parzellen- und Bauschema ohne Mühe berücksichtigen. Die auf einzelnen Grundstücken gebauten neuen Wohnhäuser folgen mit ihren Ziegelfassaden dem wechselnden historischen Gestaltungskanon. Manche Häuser haben ideenreich aufgelockerte Fronten, andere sind schlichte Körper. Die historische Bebauung ist unterschiedlich hoch, zweigeschossige Fachwerkhäuser stehen neben viergeschossigen Miethäusern aus der Gründerzeit. Und so haben auch die Neubauten wechselnde Geschoßzahlen. Das Blockraster bindet diese Vielfalt zusammen. In anderen Netzformen wäre sie ein ungebändigtes, ja chaotisches Mosaik. Hier ist es eine optische Bereicherung. Diese ist auch in den teilweise entkernten Blockhöfen typisch; Alt- und Neubauten rahmen lebendig die intimen wohnlichen Milieus.

Die innere Erschließung belegt sehr anschaulich, wie anpassungsfähig das hippodamische Netz eine veränderte Verkehrsführung ermöglicht. Sammelstraßen mit normalem Querprofil und verkehrsberuhigte Wohnbereichsstraßen (zum Teil als Einbahnstraßen mit wechselnder Richtung) ergänzen einander. Sie sind nach einem einheitlichen Gestaltungskanon mit dem ortstypischen roten Ziegel gepflastert und begrünt. Aus den strengen Korridorstraßen mit ihren schmalen Gehsteigen sind öffentliche Räume mit differenziertem Ambiente geworden. Man mag sich hier gerne aufhalten. Die zwangsläufig große Zahl parkender Fahrzeuge erscheint hier verträglich.

Der Rahmenplan berücksichtigt die zeitgemäße Ausstattung des Wohngebietes mit Ruhezonen, Kinderspielplätzen, Sammelparkplätzen und anderen Einrichtungen. Aus früher bebauten Parzellen sind grüne Oasen geworden, die sich in das Schachbrettmuster der Bebauung und der Straßenzüge harmonisch einfügen. Das Grün der Baumreihen und Hecken sowie der Gärten steht in reizvollem Kontrast zum norddeutschen Backsteinbau. Die bisherige Verteilung von kleinteiligen Ladenflächen wird ermöglicht, kann aber im aktuellen Einzelhandelsmarkt nur zum Teil bewahrt werden. Wie auch immer diese Einrichtungen im Quartier hergerichtet wurden und sich im Laufe der Zeit verändern oder verlagern werden, das Gerüst dieses Quartiers kann solchen Wünschen und Erfordernissen folgen. Es erweist seine Flexibilität infolge der anpassungsfähigen Parzellierung der Baublöcke und der an allen Blockseiten gleich guten Erschließung. Das Schlagwort von ‚der Einheit in der Vielfalt' ist hier idealtypisch realisiert.

219–226 Dresden Äußere Neustadt

Gegenüber den durchgrünten linkselbischen Vororten der Altstadt hat der im Anschluß an die historische Neustadt sich ausdehnende Stadtteil die gewohnten Merkmale eines kompakten Gründerzeitquartiers. Die Äußere

Neustadt ist im Zweiten Weltkrieg weitgehend erhalten geblieben. Hier geht es darum, durch eine nach 1989 begonnene behutsame Sanierung die vorhandene Bebauung so weit wie verantwortbar zu erhalten. Die stark überbauten Blockinnenflächen werden nur zum Teil entkernt. Die urbane Enge bleibt erhalten. Aber die Wohnungen werden modernisiert und mit Balkonen aufgewertet. Die ersten Maßnahmen haben reizvolle Milieus entstehen lassen. Der städtebauliche Charme dieses differenzierten Stadtbildes aus dem 18. und 19. Jahrhundert wird wieder erkennbar. In ihm ergänzen einander lange Straßenachsen und überschaubare öffentliche Räume.

Bereits um 1700 hatte August der Starke das Gelände vor den Festungsanlagen für eine Bebauung freigegeben. Ein 1745 von Heinrich Schwartze gezeichneter Plan blieb in der Folgezeit in wesentlichen Teilen das Gerüst für die spätere Planung und Bebauung. Gefordert war vom König eine städtebauliche Form als „Auftakt und Überleitung zur Barockstadt". Der Ursprung für das hippodamische Straßennetz liegt somit bereits in der Barockzeit, obwohl eine zügige Bebauung erst Ende des ersten Drittels des 19. Jahrhunderts einsetzte. Zunächst war hier als Reaktion auf die Enge der Festungsstadt in umfriedeten Gärten als neuer Bautyp ein freistehender, meist zweigeschossiger Baukörper mit Walmdach bevorzugt worden. Erst Mitte des 19. Jahrhunderts wurde diese Bebauungsform durch eine geschlossene Blockbebauung abgelöst, wie sie noch heute das Kerngebiet der äußeren Neustadt prägt. Die in den Gärten stehenden Gebäude wurden zum Teil durch drei- bis fünfgeschossige Häuser in der Straßenflucht ersetzt. Dieser Stadtumbau mag die auffallende Enge der Straßenräume erklären. Die Baublöcke waren jedoch durch die vorangegangenen geschichtlichen Epochen so groß geschnitten, daß Industrie und Gewerbe sowie auch Wohnungsbau in der zweiten Reihe möglich wurden.

Es gibt im Straßenraster willkürlich erscheinende Versätze; das angestrebte geradlinige Raster konnte hier wegen vorhandener Bebauung nicht durchgesetzt werden. Im Interesse einer „ausgiebigsten Verwertung eines vorhandenen Areals" beantragten Bauherren den Durchbruch neuer Straßen durch die großen Baublöcke; diese wurden jedoch nur teilweise gestattet. So erklären sich die Unregelmäßigkeiten des Rasters; sie belegen aber auch die Anpassungsfähigkeit des ursprünglichen Gerüstes an neue Erfordernisse und Wünsche.

227-235 Mainz-Neustadt

Die Rechtsfestung wurde formell erst 1904 aufgelassen. Aber schon seit der Mitte des 19. Jahrhunderts wurde im Gartenland nördlich der Bastionen, das als Schußfeld eigentlich freizuhalten war, regellos gebaut. Ab 1866 gab es erste Pläne für die städtebauliche Gesamtlösung einer Neustadt. Sie bezog auch das Festungsgelände ein, wo keine Privatinteressen zu berücksichtigen waren. Ausschlaggebend für die realisierte Lösung war die Entscheidung für die Lage des Bahnhofs auf der Westseite der Stadt. Nach langen Verhandlungen und unter dem Eindruck der erfolgreichen Beendigung des Krieges von 1870/1871 konnte 1872 ein Stadterweiterungsvertrag unterzeichnet werden.

Die Pläne des Stadtbaumeister Eduard Kreyßig sahen vor, „das Gartenfeld nach moderner Weise regelmäßig zu bebauen und durch einzelne baumbeschattete und mit Vorgärten angelegte Hauptstraßen in größere Abteilungen" zu gruppieren. Dieses große Projekt bedeutete eine Verdoppelung des bisherigen Stadtgebietes. Der künstlerische Anspruch war hoch: Mainz sollte „die schönste Stadt am ganzen Rheinstrom" sein. Ein solches großzügiges Straßensystem mit Längs- und Querachsen, symmetrisch um die heutige Kaiserstraße geordnet, wurde tatsächlich realisiert. Anregungen für das orthogonale Straßenraster mit hierarchisch gestaffelten Querschnitten, durchsetzt mit Plätzen und monumentalen Gebäuden in den Blickachsen, holte sich Kreyßig aus dem nahen Frankreich wie auch aus Berlin. Das neue Netz wurde mit der Altstadt eng verknüpft. Erst beim Wiederaufbau nach dem Zweiten Weltkrieg wurde die Neustadt in ihrem ursprünglich geplanten Ausmaß und in nahezu originärem städtebaulichen Maßstab vollendet, ein Beleg für die Kraft dieser Konzeption. City-Nutzungen dehnten sich nun bis zur Kaiserstraße aus. Der nördlich angrenzende Bereich blieb weitgehend Wohngebiet. Die zunehmende Verkehrsbelastung und der Parkplatzmangel veranlaßten eine Regelung des Verkehrs. Zunächst versuchte man es mit einem System von Einbahnstraßen, für das sich im Blockraster viele Alternativen anboten. Später nutzte man die Erfahrungen anderer Städte für die Einrichtung verkehrsberuhigter Bereiche. Zur Unterstützung der 30 km/h-Anordnung wurden in den Wohnstraßen Schwellen eingebaut und mit wechselseitigen Parkstreifen die Fahrbahnen verschwenkt. Es fehlte das Geld, um diesen Straßenumbau gut zu gestalten; Pflanzinseln und Rampen wurden eher provisorisch hergerichtet. Verkehrlich trat der erwünschte Effekt ein: Die Durchfahrten sind durch wiederholtes Umlenken der Fahrtrichtung unterbrochen; wenige Fahrzeuge sind langsam unterwegs. Das Wohnen dehnt sich wieder in den öffentlichen Straßenraum aus. Es ist ein angenehmes Wohnmilieu entstanden.

Braunschweig-Ringgebiet

Die Stadt Heinrich des Löwen und Residenz der Braunschweiger Herzöge war – wie die meisten Städte in Europa – bis ins 19. Jahrhundert über den Mauerkranz nicht hinausgewachsen. Fünf Weichbilder formten eine vom Mittelalter geprägte Stadt mit einem unregelmäßigen Netz der Straßen und Gassen, mit eindrucksvollen Plätzen. Peter Joseph Krahe schuf nach der Schleifung der Befestigungsanlagen einen repräsentativen Promenadenring im Stile des Klassizismus. Das breite Band dieser Parkanlage betont die Kreisform des historischen Stadtkerns.

Die beginnende ungeregelte Bebauung entlang der Landstraßen verlangte eine städtebauliche Ordnung. Carl Tappes erster Stadterweiterungsplan von 1870 orientierte sich weitgehend am vorhandenen unregelmäßigen Wegenetz und an der Flurgliederung mit der bereits bestehenden Einzelhausbebauung. Der ihm nachfolgende Stadtbaurat Ludwig Winter zeichnete 1889 konsequenter einen gerasterten Stadterweiterungsplan auf das Kataster, ohne auf Flurstücksgrenzen und Feldwege Rücksicht zu nehmen. Grundlage des Plans waren die vorhandenen Einfallstraßen, die durch eine Ringstraße, den Wilhelminischen Ring, miteinander verbunden wurden. Mit diesem Konzept umschloß Winter in etwa 1 km Breite die ganze Altstadt und den Promenadenring. Lediglich das Okertal blieb unbebaut. Die alten Landstraßen und die inzwischen nach dem Plan von Tappe bereits entstandene Bebauung – sowohl Wohnungen als auch Industrieanlagen – zwangen den Stadtbaumeister zu Abweichungen vom regelmäßigen Raster. Auch die Ringform des großen Baufeldes machte Abweichungen vom rechtwinkligen Block notwendig. Es blieb aber überall ein vernetztes System.

Mit dieser weitblickenden Planung war die Stadtentwicklung der nächsten Jahrzehnte definiert. Teile dieses Ordnungsschemas – so der westliche Teil der Ringstraße – wurden erst nach 1945 realisiert. Man darf bezweifeln, ob ein weniger einprägsames und einfaches Gerüst so lange die Leitlinie für die Stadtentwicklung hätte sein können. Die einzelnen Quartiere in diesem Bebauungsring nahmen spezifische Charakterzüge an: Der bereits von Industrieanlagen geprägte Westen wurde überwiegend das Wohngebiet der Arbeiter. Im Östlichen Ringgebiet siedelten die Bourgeois.

Die zwischen dem Staatstheater und dem östlich angrenzenden Landschaftsraum eingespannte breite Promenade der Kaiser-Wilhelm-Straße (heute Jasperallee) vermittelte von vornherein ein Prestige, das die wohlhabende Bevölkerung anzog. Das Querprofil der Wohnstraßen ist hier üppig bemessen, mit Vorgärten und Baumreihen ausgestattet. Bereiche nördlich und südlich dieses repräsentativen Viertels waren für Arbeiter und Handwerker reserviert. In den engen Straßenschluchten wurde auf Begrünung verzichtet. Die Größe der Blöcke ließ es teilweise zu, auf den internen Grundstücksteilen Betriebsgebäude zu errichten. Als Bebauungsform überwiegen eng gereihte Miethäuser mit Seiteneingängen. Der städtebauliche Maßstab ist mit der Reihung von Gebäuden, voneinander getrennt mit schmalen Bauwichen, relativ kleinteilig geblieben. In den repräsentativen Quartieren entstanden große Geschoßwohnungen mit prächtigen Fassaden in hellen Farben. In den Arbeiter- und Handwerkerquartieren wurden Häuser mit kleineren Wohnungen und herben Backsteinfassaden gebaut. Die Klassenunterschiede wurden also deutlich gezeigt.

Die Verlängerung der repräsentativen Kaiser-Wilhelm-Straße über den Nußberg nach Osten bis zu einem geplanten Sommerschloß der Herzöge in der Nähe der Riddagshäuser Teiche blieb Papier. Die Idee, die repräsentative Stadtachse bis zum Grünraum des Nußberges zu verlängern, griff 1934 der ‚Gauleiter' auf, als er dort einen ‚Thingplatz' als nationalsozialistische Weihestätte mit 20 000 Sitzplätzen realisierte. Als bauliche Rahmung wurde das Luftkreiskommando gebaut; aus der Sportwiese wurde das SA-Aufmarschfeld. Alle diese Projekte werteten die in die Stadtmitte führende Promenade auf.

Dieser östliche Teil der wilhelminischen Stadt wurde im Zweiten Weltkrieg nur geringfügig beschädigt. Jedoch brannte ein Teil der Bebauung an der Jasperallee aus. Der Wiederaufbau respektierte die alten Baufluchten. Die Umfassungsmauern der beschädigten Gründerzeithäuser bewahrten die überkommene Maßstäblichkeit des Stadtteils. Wo auf den Kellern neu aufgebaut wurde, entstanden jedoch Zweckbauten; die Architektur der Gründerzeit hatte im Nachkriegsdeutschland keinen hohen Stellenwert. Die geradlinigen Straßenräume sind indessen robust genug, um solche Fehlleistungen in das Stadtbild zu integrieren.

Das gesellschaftliche Prestige des Östlichen Ringgebietes und dessen vorteilhafte Lage machten es nach dem Zweiten Weltkrieg zum bevorzugten Wohngebiet. In diese Adresse eindringende Dienstleistungen – Ärzte, Anwälte, Versicherungen – konnten die Wohnnutzung nur zum Teil verdrängen. Vielmehr stabilisiert die Umnutzung der Miethäuser in Eigentum vielfach die überkommenen Verhältnisse. Soziale Erosion ist vereinzelt nur in den Arbeiter- und Handwerkerquartieren aufgetreten.

Im Stadtgrundriß stehen die Wilhelminischen Ringgebiete im gestalterischen Spannungsfeld zu der historischen gewachsenen Innenstadt. Die Grünanlagen des ehemaligen Befestigungsringes trennen und verbinden diese beiden morphologischen Elemente. Die in den letzten Jahrzehnten entwickelten Stadterweiterungsgebiete sind gegenüber diesen beiden städtebaulich prägnanten Strukturen amorph, ohne eigenständigen Charakter. Allein die Gründerzeitquartiere geben der heterogenen Stadtlandschaft Halt, insbesondere dort, wo sie orthogonal geordnet sind.

Hamburg-Harvestehude 241–249

Der Bereich Rotherbaum zwischen der aufgestauten Alster, dem Grindelberg und dem Dammtor wird in historischen Quellen als landschaftlich besonders reizvoll beschrieben. In den ersten Jahrzehnten des 19. Jahrhunderts entstanden entlang der alten, nunmehr als Chausseen befestigten und begrünten alten Landstraßen (Mittelweg, Rothenbaumchaussee, Grindelhof) Häuserreihen des etablierten Bürgertums. Bis 1850 war jedoch noch kein systematischer Städtebau eingeleitet worden. Der nach dem großen Brand von 1842 für den Wiederaufbau des historischen Stadtkerns nach Hamburg geholte englische Ingenieur William Lindlay und der Geometer Nagel erhielten endlich den Auftrag, eine Straßeneinteilung zu entwickeln.

Für Lindlay war klar, daß dieses Gebiet „im Laufe der nächsten Jahrzehnte zum städtischen Anbau herangezogen, eine der [...] vorteilhaftesten Partien bilden, wenn es nicht vereinzelt, sondern als Ganzes angemessen behandelt wird und die ganze Gegend dadurch an Reiz gewinnt" (Arbeitshefte zur Denkmalpflege, 1976). Sein Plan mußte bereits vorhandene besiedelte Teile berücksichtigen und basierte im wesentlichen auf den vorhandenen Landstraßen, die er sowohl mit gitterförmig trassierten wie auch unregelmäßigen Straßenlinien zu einem „mannigfaltigen" Gesamteindruck verband. Lindlay hatte große Sorge, daß die Unregelmäßigkeiten seines Entwurf mißverstanden werden könnten. Das Vorurteil gegen spitz zulaufende Eckgrundstücke suchte er zu entkräften. Wichtig war ihm die Möglichkeit, dieses große Areal schrittweise verwirklichen zu können. Er sah sich mit diesem Plan auf der Höhe des Wissens seiner Zeit. Der Geometer Nagel zeichnete auf dieser Grundlage einen Parzellenplan. In den darauffolgenden Jahren wurden für Teilbereiche von verschiedenen Verfassern Pläne gezeichnet, die vom Lindlayschen Konzept abwichen, sich aber in den Grundzügen am Prinzip der großräumigen Planung orientierten. So stellte Oberingenieur Plath in 1868 fest, daß „kein Zweifel darüber obwaltet, daß man dieser ganzen Gegend einen ländlichen Charakter erhalten will und [...] auf Anlegung von Vorgärten zu halten" habe. Typisch für die Politik des Senats war in dieser Zeit eine dem

Bedarfsdruck nachgebende, schrittweise erfolgende Erschließung. Dabei blieb die Grundidee des Lindlayschen Planes erhalten; in der konkreten Ausformung sind aber abweichende oder auch eigene Wege gegangen worden. Im heutigen Stadtgrundriß fällt das regelmäßige Raster in *Harvestehude* – das Gebiet zwischen Grindelhof und Rothenbaumchaussee – auf. Es ist dies das ehemalige ‚Klosterland‘, das das St.-Johannes-Kloster 1866 zum Verkauf anbot. Der Senat verzichtete auf den Erwerb mit dem Hinweis, daß man „es nicht für die Aufgabe des Staates halten könne, sich ohne zwingende Notwendigkeit einzulassen, welche [...] von vornherein als wirtschaftliche Spekulation charakterisieren und gerade deshalb sich mehr für Private eignen". Die Käufer schlossen sich zu einem Klosterland-Konsortium zusammen und erklärten sich bereit, den Grundriß „in seinen Outlines" einer gemischten Kommission zur Genehmigung vorzulegen.

Der beauftragte Ingenieur Plath erarbeitete einen Entwurf, der sich auf das Lindlaysche Konzept bezog, aber eine regelmäßigere Erschließung wählte. Die Dimensionierung der Baublöcke und Straßen zielte auf wohlhabende Interessenten. Es begann eine längere Auseinandersetzung über diesen Plan, der folglich in mehreren Stufen modifiziert wurde, ohne jedoch seine eigenständige straffe Erschließung zu verlieren. Vielmehr ging es um die Reservierung von Flächen für öffentliche Bedürfnisse. Bestimmendes Element war ein zentraler Platz; hierfür blieben ein oder zwei Baublöcke unbebaut. Realisiert wurde der Innocentiapark auf einem vergrößerten Geviert. Der angestrebte Villencharakter des Gebietes wurde durch detaillierte Nutzungsbeschränkungen gesichert; gewerbliche Betriebe waren ebenso ausgeschlossen wie kleine Wohnungen. Die Baulinien erzwangen Vorgärten; sie ergänzen die Begrünung der Straßenzüge mit Alleen. Abgeschrägte Blockecken an den Kreuzungen formten kleine Plätze. Die Absicht, nur Einzel- und Doppelhäuser zuzulassen, konnte nicht durchgehalten werden. Indes zeigte sich auch hier, daß der rechteckig geschnittene Baublock auch andere Blockrandbebauungen zuläßt. Der Bebauungsplan für Harvestehude von 1906 sicherte für die Folgezeit den Charakter eines hochrangigen Wohngebietes mit Villencharakter.

Die Bebauung zog sich über Jahrzehnte hin. Bodenspekulation und häufiger Besitzerwechsel behinderten eine zügigere Verwertung des Baulandes. So liest sich das Quartier wie ein Buch der Architekturgeschichte von 1875 bis ins 20. Jahrhundert.

Das Klosterland in Harvestehude ist bis heute eine besondere Wohnadresse in Hamburg. Hinzugekommen sind Büros freier Berufe; jedoch ist der Charakter als Wohngebiet erhalten geblieben. In Baulücken, die der Krieg hinterlassen hatte, sind Eigentumswohnhäuser eingefügt worden. Die vielfältigen architektonischen Erscheinungsformen – von der freistehenden Villa über aufwendige Reihenhäuser und gründerzeitliche Geschoßbauten bis zu den nach dem Zweiten Weltkrieg für die englische Besatzungsmacht errichteten Grindelhochhhäusern auf zerstörten Reihenhausblöcken – verbinden sich dank des geradlinigen begrünten Straßenrasters zu einer harmonischen Einheit.

Dresden-Striesen 250–256

Wurden in Hamburg individuelle Reihenhäuser über drei Geschosse die beliebte Wohnform der Bourgeois, so war es in Dresden das freistehende *Stadthaus*.
Am Oberlauf der Elbe, östlich der Neustadt und bis Pillnitz reichend, dehnen sich wie in einer Perlenkette die bevorzugten Wohngebiete der Stadt aus. Weißer Hirsch und Loschwitz sind Begriffe für individuelles herrschaftliches Wohnen im Grünen und berühmter Blickbeziehungen von den Höhen über die Elbe zu den Türmen und Kuppeln der barocken Residenzstadt. Gegenüber Loschwitz, verbunden durch die berühmte Brücke ‚Das blaue Wunder', liegen in der Elbniederung die Vororte Blasewitz und Striesen, auch sie bevorzugte Wohngebiete. Sie sind weitgehend von Kriegseinwirkungen verschont geblieben und haben ihren Charakter des ausgehenden 19. Jahrhunderts bis heute bewahrt. Das ufernahe Blasewitz ist eine Villenkolonie mit großen Parzellen an geschwungenen Straßen.
Landeinwärts begann um 1900 auf der Gemarkung Striesen der Bau eines weiteren Wohnquartiers auf regelmäßigem Rastergrundriß. Es wurde ohne Bezug zur bereits vorhandenen Bebauung vermessen. Die Verbindungen mit dem vorhandenen Wegenetz wirken deshalb improvisiert. Lediglich der als großer Kreis ausgebildete Lene-Glatzer-Platz fängt überörtliche Beziehungen auf und verknüpft sie mit der Längsachse dieses Quartiers (Augsburger Straße). Der Lageplan suggeriert ein Villengebiet. Gebaut wurden aber überwiegend dreigeschossige Miethäuser mit jeweils zwei Wohnungen auf einer Ebene. Diese Bauform ist in einem eingrenzten Rahmen variiert worden; das Treppenhaus ist von der Straße oder vom Hof aus erschlossen, die Eckgebäude haben abweichende Grundrisse. Die überwiegend geputzten Fassaden haben Eck- oder Mittelrisalite. Mansarddächer schließen die quadratischen Baukörper ab. Diese Dresdner ‚Kaffeemühle' wurde in einer detaillierten Local-Bauordnung definiert. Sie gewährleistete eine städtebauliche Harmonie, gewünscht war zugleich aber „Abwechslung und Mannigfaltigkeit der Formen

und Herstellungsweise der Gebäude". In der Tat überrascht der architektonische Ideenreichtum, den die Bauherren und ihre Baumeister im Eklektizismus erreichten.

Diese Vielfalt im einzelnen ist durch eine stringente städtebauliche Ordnung gebändigt. Der Bebauungsplan setzte 5 m hinter der Straßenbegrenzung die Bauflucht für freistehende Häuser mit einheitlicher Traufenhöhe fest. Die Bauordnung regelte den Abstand der Häuser auf den Parzellen und die rechtwinklige Ordnung der Gebäude im Baublock. Der überwiegend regelmäßige Parzellenschnitt unterstützt diese Ordnung. Gebäude auf großen Grundstücken – wie beispielsweise die Kreuzschule – nahmen die Architektursprache der Wohnhäuser auf. Erlaubt waren Gebäude ‚in der zweiten Reihe' im Blockinneren. Aber auch diese folgten dem vorgegebenen Rhythmus. Die spätere gewerbliche Entwicklung in den Blockhöfen konnte diese städtebauliche Ordnung nicht beeinträchtigen. Denn das regelmäßige Raster der Straßenzüge setzte einen eindeutigen Ordnungsrahmen, zumal sich diese Einheit in der Vielfalt auch auf die Ausbildung der öffentlichen Straßenräume erstreckt. Die Bauordnung definierte ihre Gestaltung bis ins Detail der Straßenprofile, der Fußwege, der Baumpflanzung und der Grundstückseinfassung. So ist ein Stadtbild entstanden, das sich unverwechselbar beim Blick in die Straßenachsen, durch die durchgrünten Baublöcke und aus der Luft präsentiert.

Die über Jahrzehnte vernachlässigten Altbauten werden heute von den alten und neuen Bauherren denkmalwürdig wiederhergestellt. Neubauten folgen dem vorhandenen Maßstab im Großen wie im Detail. Der wieder modern gewordene Haustyp des Stadthauses paßt sich nahtlos in das Milieu ein, auch wenn seine Architektur im einzelnen kritisiert werden mag. Das besondere Prestige des Stadtteils für gehobene Wohnansprüche stützt diese positive Entwicklung. Ein Kleinod des bürgerlichen Wohnens in der Großstadt bleibt erhalten, wird nach der Enteignung von Grundstücken in der DDR-Zeit wieder zu neuem Leben erweckt. Wie wichtig die städtebauliche Orientierung auf die ursprünglichen Ideen ist, zeigen Neubauten aus der Nachkriegszeit in Zeilenbauweise. Diese lassen sich selbstverständlich in das Blockraster einfügen. Nur sind die überkommenen Maßstäbe verloren gegangen; die Monotonie langer schlichter Wohnhausfronten hat die kleinteiligen Würfel im Grün der Baublöcke ersetzt.

209 Ein Vorentwurf für die Erweiterung der Stadt auf Festungsgelände

210 Luftbild mit der großräumigen Bebauung aus der DDR-Zeit und dem freigeräumten Bahnhofsquartier

208 Schwarzplan um 1900

Magdeburg – südwestliche Innenstadt

211 Die Neubebauung am Bahnhofsvorplatz nimmt das historische Blockraster wieder auf.

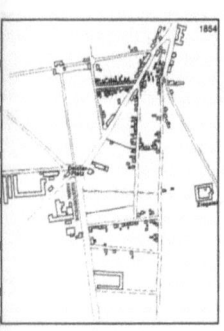 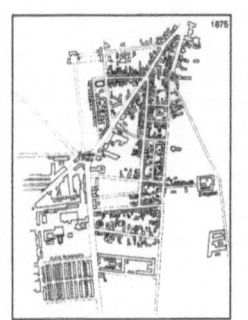  

212 a–d Zeitreihe der Besiedlung 1854, 1875, 1890, 1935, geprägt von Planungen der Grundeigentümer

Hannover-Linden Süd

213 a–d Wandel der Sanierungsplanung 1945, 1958, 1969, 1971. Schritte der Planer von durchgreifenden Veränderungen der Baustruktur zu behutsamer Blockentkernung

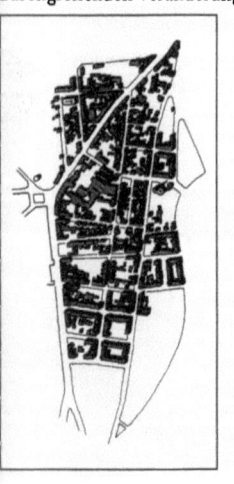 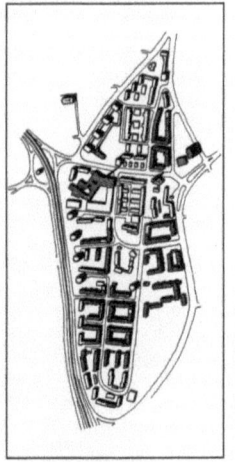 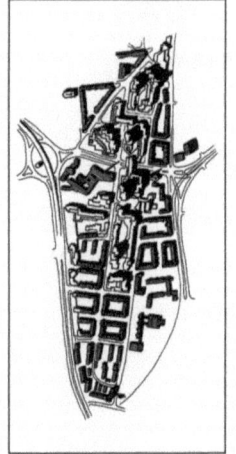 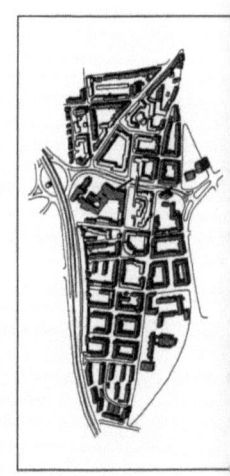

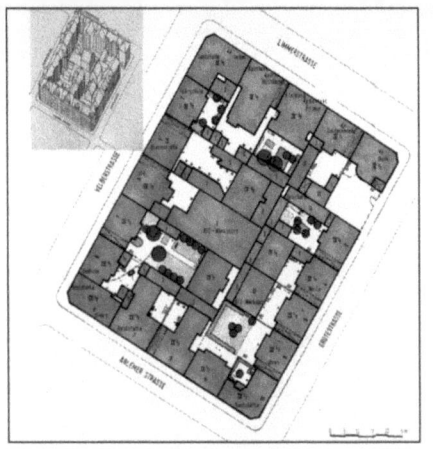
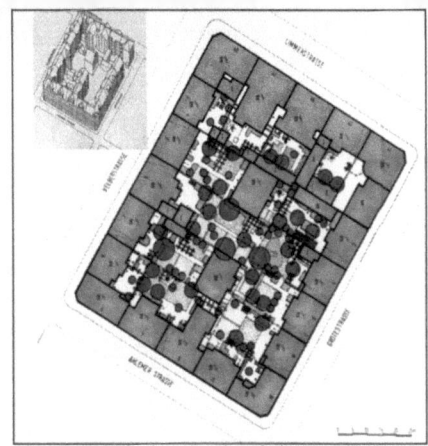

214 a, b Baublock vor und nach der Sanierung

Hannover-Linden Süd

215 a, b Lageplanausschnitt vor und nach der Sanierung
216–218 Umgebaute Wohnstraßen mit Alt- und Neubauten

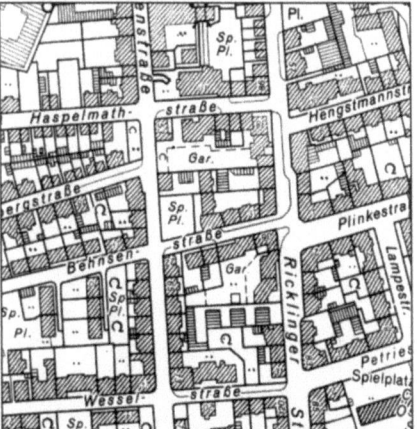

219 Bestand 1942

Dresden – Äußere Neustadt

220 Stadtplan 1828 (H. Lesch)

221 Bestand 1898

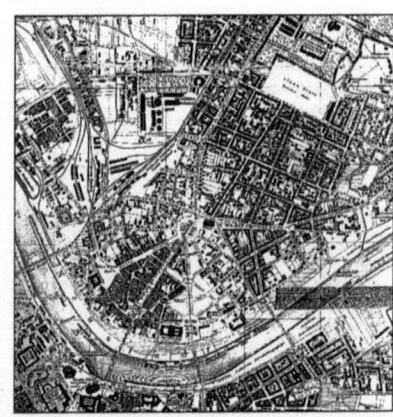

222 Aktuelles Luftbild des kompakt bebauten Stadtteils

Dresden – Äußere Neustadt

223–224 Straßenräume mit einheitlicher Bebauung aus dem 19. Jahrhundert (links)
225 Mit älteren Häusern durchsetzte Baufluchten (unten)

226 Behutsame Blocksanierung (unten rechts)

227 Festungsstadt Mainz 1829

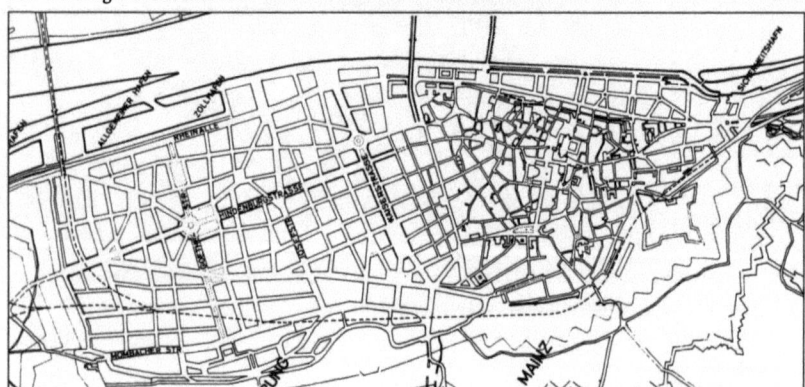
228 Planung 1870 (Eduard Kreyssig)   229 Bestand 1966

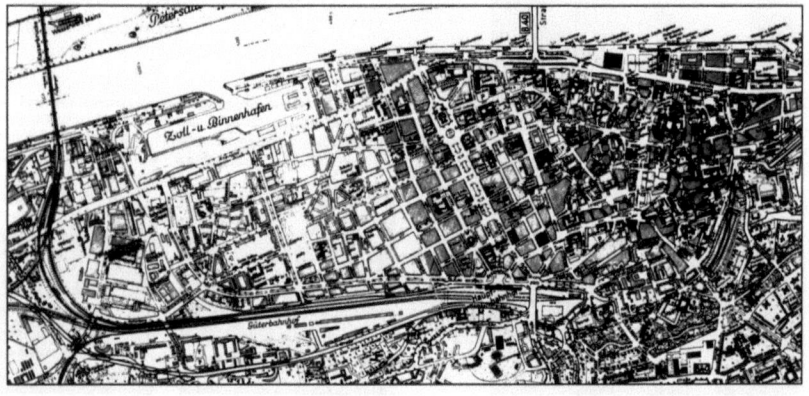

230, 231 Kataster der Neustadt und Ausschnitt mit Wohnbebauung westlich und Bürogebäuden östlich der Kaiserstraße

Mainz-Neustadt

232–235 Repräsentative Achsen und Mileus im Quartier

Braunschweig-Ringgebiet

236 Entwurf 1870 (Carl Tappe)

237 Umfassender Plan 1889 (Ludwig Winter)

238, 239 In Luftbildern zeichnen sich die geordnete Bebauung im Blockraster und die Orientierungsachsen deutlich ab. (Seite 171)
240 Isometrie der Jasperallee (Seite 171)

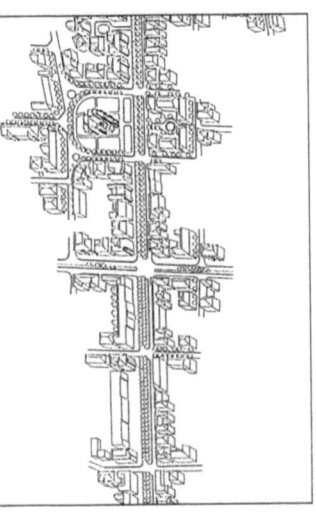

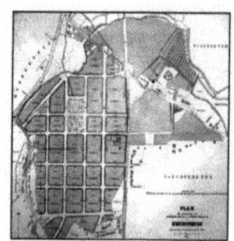

241, 242 Vorentwürfe (rechts)
243 Endgültiger Entwurf (oben)

Hamburg-Harvestehude

244 a–c Zeitreihe der Besiedlung 1874, 1904, 1911

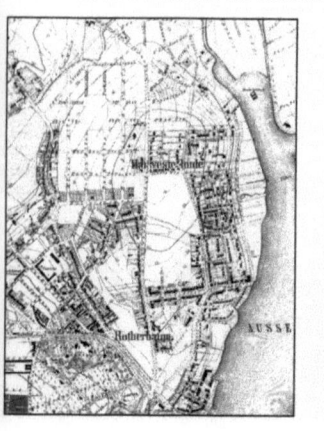

245 Ausschnitt

Hamburg-Harvestehude

246–249 Wohnstraßen mit anspruchsvollen gereihten Stadthäusern und Mietwohnungen

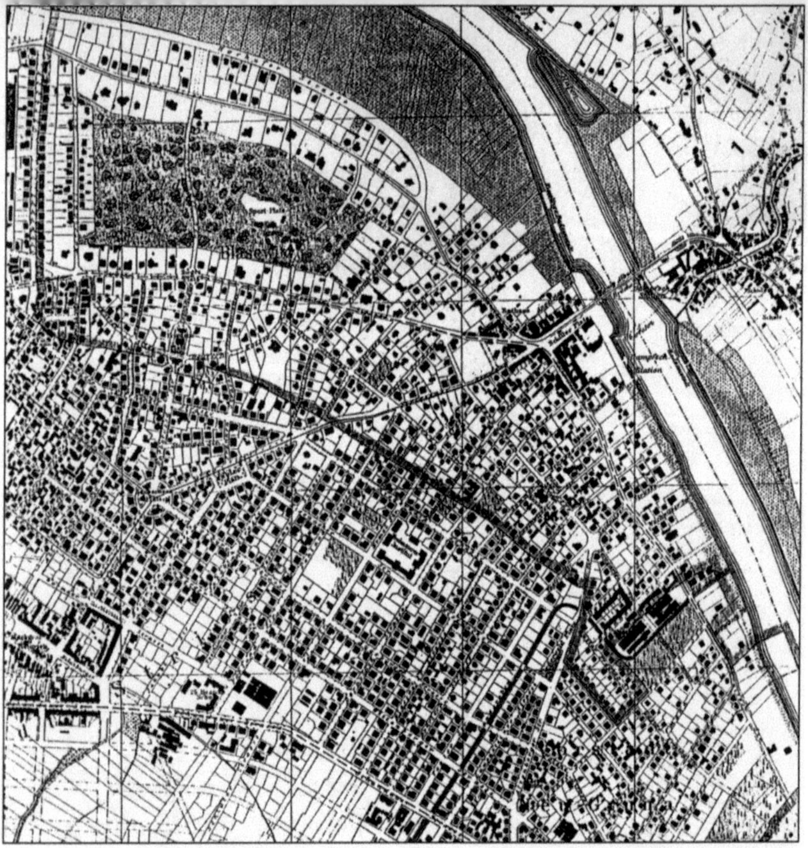

250 Lageplan des Quartiers im Quadratraster
im sich besiedelnden Umfeld (1905)

Dresden-Striesen

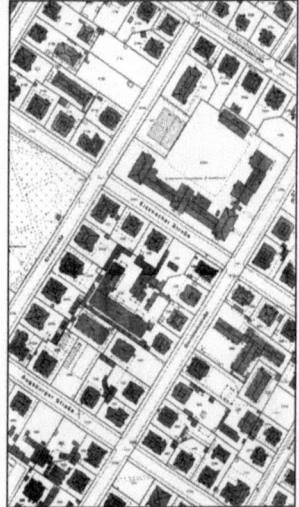

251 Kataster-Ausschnitt

252 Ein historisches Luftbild bildet die Bebauung in strenger Reihung deutlich ab.

Dresden-Striesen

253–256 Individuelle Stadtvillen im durchgrünten Blockraster

Hamburg-Hammerbrook

Autofahrer, die von Süden über die Elbbrücken in die Stadt fahren, über die Amsinckstraße die nahe Innenstadt oder über den Heidenkampsweg die Außenalster erreichen wollen, tangieren den Stadtteil Hammerbrook. Eindrucksvoll setzt sich hier die Metropole als expandierendes Dienstleistungszentrum in Szene. Das war nicht immer so. Der Stadtteil hat in der relativ kurzen Zeit von 150 Jahren eine wechselvolle Geschichte erfahren. Hammerbrook war bis zur Mitte des 19. Jahrhunderts unbewohntes feuchtes Marschland. Im Jahre 1842 beschloß die Bürgerschaft „Pläne zur Entwässerung und zweckmäßigen Nutzung des Hammerbrook". Grundlage waren die Planungen des Ingenieurs William Lindlay, der nach dem Großen Brand den Wiederaufbau der Altstadt geplant hat. Projektiert wurde ein Netz von geradlinigen Kanälen in der Tradition der Fleete, begleitet von Erschließungsstraßen, deren Unterbau aus den Trümern stammt. Dieses geradlinige Raster von Straßen- und Wasserwegen war bereits in den fünfziger Jahreb realisiert. Es erschloß ein Gebiet für Klein- und Mittelbetriebe mit Gewerbe an den Kanälen und Wohnungen an den Straßenzügen sowie am breiten Mittelkanal nach Art holländischer Grachten. Bereits um 1900 war das ausgedehnte Areal voll überbaut. Gestalterisch bestimmend war die Blockbebauung gründerzeitlicher Miethäuser mit engen Hinterhöfen und durchsetzt mit gewerblichen Nutzungen. Hammerbrook galt als ‚proletarisches Quartier' für Hafenarbeiter, kleine Geschäftsleute, für viele Ausländer. 1939 lebten hier 45 000 Menschen.
1944 wurde dieser Stadtteil fast vollständig zerstört. Nach der Trümmerräumung gliederte allein das strenge Raster der Straßen und Fleete die große leere Fläche. Oft fotografiert, zeigen die gereihten Nissenhütten auf den Straßenzügen das Ausmaß der Zerstörung der Stadt. Mit dem Aufbauplan von 1950 wurden die Weichen für eine andere Nutzung des ehemaligen Mietskasernenviertels gestellt. Aufgrund der bevorzugten Verkehrslage und der mangelhaft erscheinenden Eignung für Wohnungen entschied man sich für einen Wiederaufbau als Gewerbegebiet einschließlich besonderer Einrichtungen für Großmarkt und Güterverkehrsanlagen mit Eisenbahnanschluß. Die Flächenausweisungen des Durchführungsplans von 1951 reduzierten die gestalterische Ordnung allein auf das vorhandene Straßennetz. Es wurde durch Auffüllung einiger Kanäle ergänzt. Die Baufelder zwischen Heidenkampsweg und Hammerbrookstraße sowie entlang des Straßenpaares Spaldingstraße und Nordkanalstraße (anstelle des Kanals gleichen Names) sind ein Spiegel des gewerblichen Bauens in den Nachkriegsjahrzehnten. Das Straßengitter gibt die rechtwinklig geordnete Bebauung

vor. Solitäre Gebäude stehen neben Straßenrandbebauung, eingeschossige Hallen stehen neben mehrgeschossigen Häusern.
Anstelle der ursprünglich geplanten gewerblichen Nutzung veranlaßte die Nähe zur City und zu Hauptverkehrsadern private Investoren zunehmend zum Bau von Bürogebäuden. Besonders eindrucksvoll belegt die Randbebauung des breiten Heidenkampsweges den Wandel der Wirtschaft zum Dienstleistungsgewerbe mit immer größeren und anspruchsvolleren Bauwerken in Hamburgs typischer Backsteinarchitektur. Das zuvor von der Bürgerschaft eher gemiedene Quartier wurde zur Geschäftsadresse. Auch wenn in dieser Lage mit dem Makel des Proletarierviertels anfangs ein gestalterischer Anspruch fehlte, entstand dank der geradlinigen Struktur eine hinreichende städtebauliche Form. Sie ist offen für fortlaufende bauliche Veränderungen. Die fortschreitende Verdichtung kann auf den relativ breiten Straßen aus der Gründerzeit auch verkehrlich bewältigt werden. So ist dieser Stadtteil ein Lehrbeispiel für die Anpassungsfähigkeit eines robusten Erschließungsnetzes, wie es in dieser Form in Deutschland noch selten ist, sich aber in den Städten der USA seit langem bewährt.
Eine große Fläche in diesem Stadtteil blieb lange Zeit unbebaut. Überwiegend im Besitz von Bundesbahn und Stadt, war sie reserviert für Nutzungen mit Gleisanschluß. Dieses Planungsziel wurde Anfang der siebziger Jahre fragwürdig. Man wählte diesen hochwertigen Standort für das ‚Hanse-Zentrum‘, einem Mittelpunkt für Im- und Export nach dem Vorbild der World Trade Center in New York, Tokio und Brüssel. Auch wenn die ökonomischen Realitäten eine Durchsetzung dieses ambitionierten Vorhabens nicht gestattete, lohnt doch ein Blick auf die Entwürfe: Sie belegen die Anpassungsfähigkeit des Rasters auch für eine so komplexe Geschäftsbebauung. Häuser mit quadratischem Grundriß gruppieren sich in unterschiedlicher Geschoßzahl vom Hallenbau bis zu 140 m hohen Bürohäusern im vorgegebenen rechtwinkligen Netz zu einer differenzierten Großform.
1980 befaßte sich der Senat erneut mit dieser unbebauten Fläche, jetzt aber mit dem Anliegen, der steigenden Nachfrage nach cityorientierten Büroflächen zu entsprechen und den Investorendruck auf diese hervorragend erschlossene und von der Innenstadt schnell erreichbare Fläche umzulenken. Mit dem Werbeslogan ‚City Süd‘ wurde ein hoher Anspruch signalisiert. In der ‚City Nord‘ am Stadtpark hatte die Stadt in den sechziger Jahren schon einmal solche offensive Strategie erfolgreich verfolgt. Damals nach dem städtebaulichen Muster ‚der gegliederten und aufgelockerten Stadt‘ mit großen solitären Bürobauten, hier in geschlossenen Baublöcken und damit im Kontext mit der bereits vorhandenen Bebauung in der Nachbarschaft. Der Vergleich beider

Entwürfe macht Unterschiede deutlich: Im ‚fließenden Raum' der City Nord stehen individuelle große Bürohäuser, eingebettet in Grünanlagen; der öffentliche Raum bleibt unverbindlich und öde. In den Entwurfsvarianten für eine Blockbebauung in Hammerbrook werden citytypische geschlossene öffentliche Räume angestrebt.

Das vorhandene Erschließungssystem erwies sich auch für das neue Planungsziel als anpassungsfähig; einzelne Straßenabschnitte wurden aufgegeben und anderweitig genutzt, das Netz neu geknüpft. Eine große Bandbreite möglicher Parzellengrößen ist in diesem rationalen Schema möglich. Gestaltungsfreiheit und eine abschnittsweise erfolgende Realisierung sind trotz oder gerade wegen des strengen Gerüstes gegeben. Bewußt wird in der städtebaulichen Rechtsetzung das Prinzip einer ‚offenen Planung' verfolgt, die lediglich die Bandbreite der Gebäudehöhe und der Nutzungen sowie eine geschlossene Bauweise mit Grenzbebauung vorschreibt. Die Stadt verlangt von den Investoren die Durchführung von Wettbewerben. Die überwiegend überdurchschnittlich hohe Architekturqualität ist ein Spiegel dieses gestalterischen Anspruches. Mit der Gestaltung des Kanals zu Bereichen mit hoher Aufenthaltsqualität und Baumreihen in den Straßenzügen gewinnt auch der öffentliche Raum das Flair eines modernen Geschäftsgebietes. In die Erdgeschosse der großen Bürohäuser ziehen kleinteilige Dienstleistungen – Gaststätten und Einzelhandel – ein; aus der Monostruktur der Büros soll langsam ein lebendiges Zentrum werden.

Die Öffnung der Grenzen ließ einen wirtschaftlichen Aufschwung der Stadt erwarten. Er beflügelte den Investitionswillen großer Immobilienfirmen. Heute steht ein Teil der Büroflächen leer. Deshalb orientiert sich die Stadtpolitik durch Korrektur des Planungsrechts wieder auf den Wohnungsbau. Mehrere Wohnhausprojekte werden auf ehemals für Bürobauten erworbenen Parzellen als lebendige Inseln die Geschäftsstadt bereichern. Das hippodamische Netz bewährt sich erneut als anpassungsfähiges Gerüst. Wer heute das Quartier besucht, erlebt eine gestalterische Vielfalt, die an amerikanische Städte erinnert: Alte und neue Häuser unterschiedlicher Art, bebaute und untergenutzte Parzelle stehen nebeneinander. Das Schachbrettmuster erträgt alle diese Entwicklungen und Brüche.

Die Bayer-Werke in Leverkusen

Die im beengten Wuppertal 1863 gegründete Chemiefabrik Bayer konnte sich hier nicht weiterentwickeln. Die herausragende Unternehmerpersönlichkeit

Carl Duisberg wählte weitsichtig ein ausgedehntes Gelände zwischen Köln und Düsseldorf für ein neues Werk. Duisberg kaufte die Farbenfabrik Leverkus als Nukleus für das neue Werk, gelegen zwischen Rhein und Reichsstraße. Er verlangte die Errichtung der neuen Betriebe „aufgrund eines einheitlichen, gründlich vorbereitenden Planes, an welchen wir für die Zukunft gebunden sind" und entwickelte hierfür im Januar 1895 in der ‚Denkschrift über den Aufbau und die Organisation der Farbenfabriken zu Leverkusen' ein bis in viele Details durchdachtes Konzept. Für den Gedanken, den Produktionsgang vom Rhein aus landeinwärts in vier Streifen abzuwickeln, sah er ein großräumiges Raster mit vier 30 m breiten Hauptstraßen und 15 m breiten Nebenstraßen vor. Sie bilden etwa 6 ha große Baublöcke. Für die innere Erschließung wurde eine Fabrikbahn gewählt. Dieses Erschließungssystem sollte „den wachsenden Bedürfnissen entsprechend nach und nach ausgebaut" werden. So ist es auch geschehen. An die Stelle der Fabrikbahn sind Container und Rohrleitungen für flüssige Produkte und Energie getreten; sie sind im Straßenraster auf Rohrbrücken montiert. Hinzu kommen viele Leitungsstränge unter den Straßen. Aus der Gründungszeit stehen nur noch einzelne Betriebsgebäude. Jedes neue Produkt verlangt neue technische Einrichtungen und Gebäude. Dessen Lebenszyklus liegt bei 15 bis 20 Jahren und macht danach neuen Funktionen Platz. Der Großblock gewährleistet die erforderliche hohe Flexibilität und Ordnung. Die umfassende Infrastruktur des Rasters ist für jedwede Nutzung optimal. Wurden anfangs die Betriebsgebäude im Baublock an internen Erschließungswegen in enger Folge gebaut, so verlangt die heutige Logistik mehr Platz. Aus der von Duisberg konzipierten Streifenstruktur wird eine Art Schalenstruktur mit einem zum Rand des Industriegebietes abnehmenden Störungsgrad. Eine weitere Veränderung wird schrittweise eingeleitet: Manche Produktionen werden ins Ausland verlagert; freiwerdende Grundstücke werden mit ihrer teuren Infrastruktur anderen Firmen angeboten, die im Idealfall Produktabfälle von Bayer verarbeiten; sie sind in den komplexen Betriebsablauf des großen Werkes eingebunden. So wird das Bayer-Werk Leverkusen sein Gesicht zwar ändern, seinen Charakter aber bewahren.

Das Strukturmodell dieses Werkes von Carl Duisberg ist übrigens bis heute das Grundprinzip für neue Werke des Unternehmens in der ganzen Welt. Eine simpel erscheinende Idee bewährt sich unter wechselnden Anforderungen.

257 Plan 1841 (William Lindley)
258 Wohn- und Gewerbenutzungen im Block
259 Durchführungsplan 1951 nach der Zerstörung
des Quartiers auf dem historischen Erschließungsraster

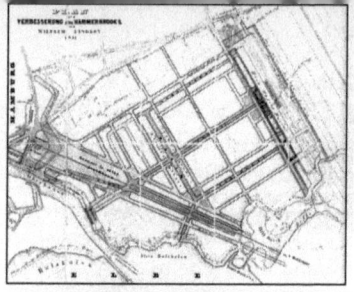

Hamburg-Hammerbrook

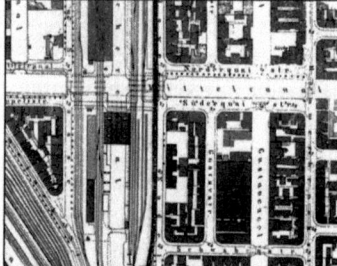

260 Bestand 1994 mit differenzierten Nutzungen
und Baustrukturen

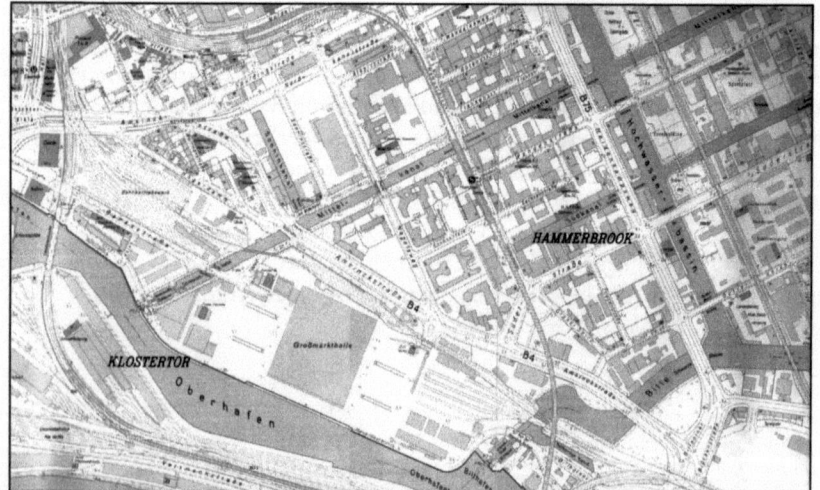

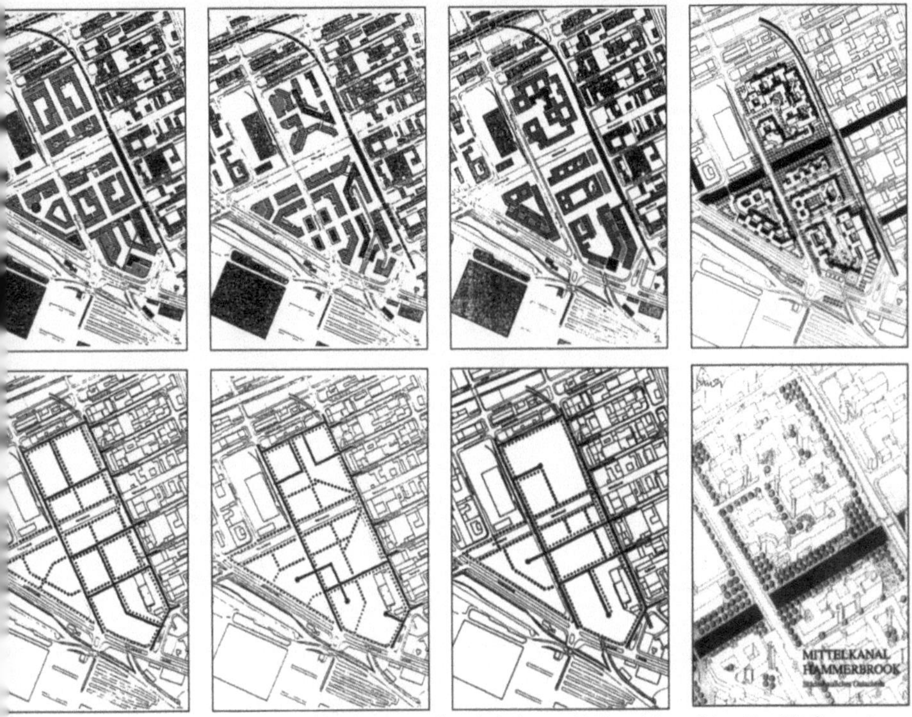

a–d Entwurfsvarianten für die Entwicklung eines noch nicht bebauten Teilbereichs auf dem Erschließungsgitter

Hamburg-Hammerbrook

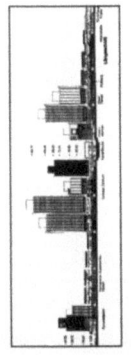 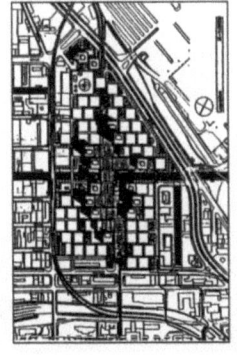

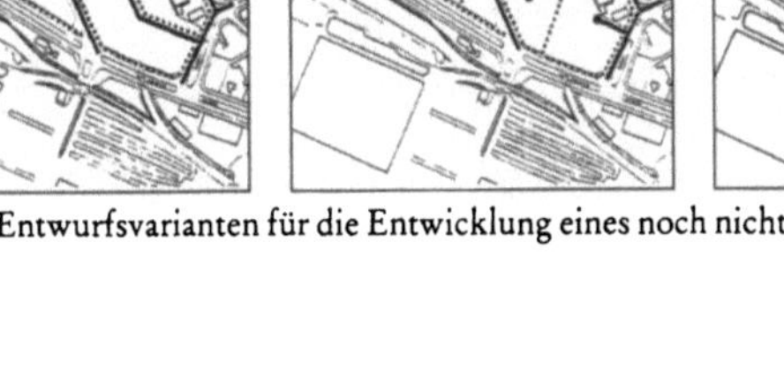

262 a, b Entwurf für das Hansecenter (nicht realisiert)

263 Die rechteckigen Baublöcke ordnen eine vielfältige Architektur

Hamburg-Hammerbrook

264, 265 Historische Fotos
mit der früheren Bebauung

266–269 Brache, Altbau und moderne Büros im Blockraster

270 Vogelschau des Werkes um die Jahrhundertwende

Bayer-Werke Leverkusen

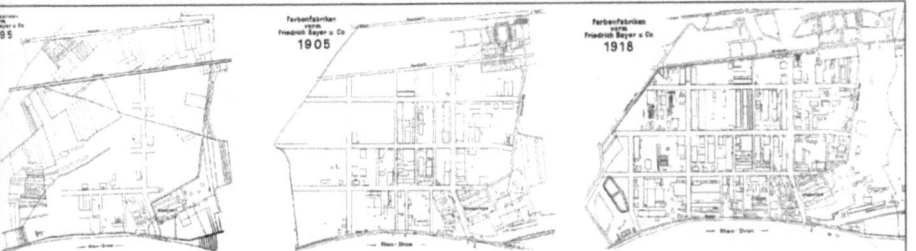

271 a–c Entwicklung des Werkes 1895, 1905, 1918 nach dem Plan von C. Duisberg

272–273 Luftbilder 1994 (unten und Seite 184)

Quartiere des 20. Jahrhunderts

Fritz Schumachers Siedlungen in Hamburg

In Deutschland hat Fritz Schumacher im Zuge der wohnungspolitischen und städtebaulichen Reformen in den zwanziger Jahren an der Blockrandbebauung festgehalten und ihr neue Gestaltungsmöglichkeiten gegeben. Diese sollten in erster Linie nicht mehr verkehrlich und künstlerisch begründet sein. Vielmehr sollte eine praktische und hygienische Wohnung Grundlage der Planung sein. Dafür waren Schumacher die Gedanken eines Camillo Sitte, der „ein verschnittenes Kleid durch reizvolle Stickerei zu einem schönen Gewand" machen wollte, zu vordergründig. „Es dauerte eine Zeit, bis man merkte, daß es eine Frage der historischen und vor allem der naturhaften Gegebenheiten ist, ob man einer Straße durch leichte Schwingungen, Erweiterungen und Absätze den Charakter des individuellen Gebildes geben will, oder ob sie ihr Leben und ihre Bedeutung erhält durch ihre Rolle als geradliniges Rückgrat eines ganzen Straßensystems und durch die Wirkung der Punkte, zwischen die sie gespannt ist.", schrieb Schumacher (1935/1955, 98 ff). „Der Keim für die kritisierten ‚Hinterhofflügelbauten' liegt im unbedachten und sinnlosen Zuschnitt der Baublöcke der betreffenden Stadtteile. Ebenso wie dieser Keim als unabwendbar zum Unheil zu führen vermag, kann man den Blockzuschnitt so einrichten, daß er den Keim enthält, aus dem praktischerweise nur eine vernünftige Formung der Wohnbaumassen hervorgeht." (Schumacher 1951, 174)
Folgerichtig muß Schumacher zufolge „die Formung des Baublockes, des Erzeugers der Baumassen der Ausgangspunkt der Überlegungen werden. Aus dem Zuschnitt des Baublockes ergibt sich Hand in Hand mit den jeweiligen gesetzlichen Bestimmungen nicht nur der formale Typus, sondern zugleich auch der soziale Typus dessen, was an der betreffenden Stelle einmal entsteht. Unsichtbar schafft die Teilung des Bodens bereits ein bauliches Schicksal. [...] Aus der Formung des Baublockes ergibt sich nicht nur eine einzelne Straße oder ein einzelner Platz, sondern das Wesen der Struktur eines neu entstehenden Gebietes. [...] Städtebau ist praktische Bodenpolitik." (Schumacher 1935, 182)
Im Jahre 1919 führte Fritz Schumacher die Umgestaltung des bereits festgelegten Bebauungsplanes für das Wohngebiet *Dulsberg* durch, der nach dem Muster eines nur künstlerisch empfundenen Städtebaus entwickelt war. Er mußte dabei die festgelegte wirtschaftliche Ausnutzung des Baulandes respektieren. Die geplante Bebauung wurde um zwei Geschosse herabgezont;

anstelle von Schmuckplätzen legte er einen breiten öffentlichen Grünzug durch das ganze Gebiet. Die wesentlichen Straßenzüge der alten Planung ließ er unverändert und vernetzte sie mit schmalen Wohnstraßen. Sie bilden schmale Baublöcke, die nur eine Randbebauung zulassen.
Dieses Bebauungsmuster finden wir in allen Quartieren aus der Feder von Schumacher wieder. Meist entstanden unter seinem Einfluß rationale Formen, die ihren individuellen Reiz durch die Gestaltung des öffentlichen Raumes und das bauliche Detail gewinnen. Unvermittelt entwickeln sich – wie in der *Jarrestadt* – aus diesen einfachen Mustern auch anspruchsvolle städtebauliche Gesten. Für den bis 1998 amtierenden Oberbaudirektor Egbert Kossak unterscheidet sich der von Schumacher formulierte städtebauliche Ansatz im Hamburg der zwanziger Jahre grundsätzlich von dem in Berlin und Frankfurt. Er sei im Grunde nicht nur konservativ, sondern fast mit dem identisch, was wir saniertes Gründerzeitquartier nennen. Im wesentlichen werden Raumdimension, Blockdimension, der Block überhaupt als Strukturelement aus dieser Epoche übernommen.
Schumacher hat damit eine wohltuende städtebauliche Kontinuität erreicht. Er zeichnete diese Quartiere als Pläne, die auf die Gestaltung der Gebäude verzichteten. Er wußte, daß „die Absichten für die wirklichen Gestaltungen noch gar nicht vorhanden sind und man auch gar keine Macht über sie besitzen würde, wo man doch dafür sorgen muß, daß eine bestimmte Gewähr dafür geboten wird, daß später einmal eintretende Absichten zu wohlgefälligen Ergebnissen führen. [...] Der Bebauungsplan, der dabei herauskommt, sieht sehr unscheinbar aus; oft besteht er aus wenigen, nicht besonders stark phantasieerweckenden Linien. Ist er aber gut gearbeitet, so sind diese Linien das Ergebnis höchst eingehender Überlegungen. Der Plan hat in seiner Entstehungsgeschichte nicht allein genauso ausgesehen, wie der erste, bis ins einzelne durchgearbeitete Plan, sondern alle maßgebenden Punkte sind außerdem in allen nur möglichen Lösungsformen durchgearbeitet; aus diesen verschiedenen Möglichkeiten ist der Extrakt in Form dieses Gerippes von Linien und Bestimmungen derart gezogen, daß alle Gesichtspunkte gewahrt bleiben, die man irgend beweglich lassen kann. Die Kunst besteht nicht mehr darin, alles genau nach schöpferischen Absichten festzulegen, sondern es wird die weit größere Kunst gefordert, nur das für die großen Gesichtspunkte Nötige so festzulegen, daß fremde schöpferische Absichten dadurch möglichst wenig gebunden werden. [...] Ob diese latente Kraft uneigennützigen Schöpfersinnes in einem Bebauungsplan steckt, wird meist erst die nächste Generation erkennen. [...] So gibt es neben der Kunst des liebevoll durchmodellierten Bebauungsplanes die Kunst des elastischen Bebauungsplanes." (Schumacher 1950, 55 ff)

Mit diesen Einsichten weist Schumacher den Weg zu einer offenen und flexiblen Planung von Wohngebieten. Er hat als erster Planung als Prozeß erkannt und sich als gestaltender Baumeister deutlich zurückgenommen. Als Voraussetzung dafür erkannte er ein System orthogonaler Netze und Baublöcke.

Hamburg-Steilshoop und -Mümmelmannsberg 278–283

An Fritz Schumachers Städtebau knüpften große neue Wohnbauprojekte der Nachkriegsjahrzehnte in Hamburg an, beginnend mit damals ungewohnten Entwürfen der späten sechziger Jahre. Ein großer Schritt war der Entwurf für den Wohnstadtteil *Steilshoop*, weil hier in der Nachkriegszeit zum ersten Mal eine strenge Ordnung für die Bebauung mit dreiseitig geschlossenen Höfen gesucht wurde. Noch scheute man sich, die Blöcke ganz zu schließen; zu sehr bestimmten die gewohnten offenen Gebäudegruppierungen und deren Orientierung auf das Sonnenlicht das Denken. In einem Artikel zum Thema „Anpassungsfähige Stadtstrukturen" habe ich Steilshoop mit folgenden Stichworten beschrieben (*Stadtbauwelt 25*, 1970):
„– in der amorphen Stadtlandschaft ablesbare Gesamtform [...],
– Übersichtlichkeit des Gesamtaufbaus und insbesondere des Erschließungsnetzes,
– Rückkehr zur geschlossenen Bauweise mit Bildung von geschlossenen Straßen- und Wegeräumen und großen Grünflächen;
– damit direkter Bezug jeder Wohnung auf den ‚öffentlichen' und auf den ‚privaten' Bereich".
Diese Zielsetzungen lagen auch der Ausschreibung eines beschränkten Wettbewerbes für das große Wohnbauprojekt *Mümmelmannsberg* mit 7 200 Wohnungen zugrunde. Die Werkgemeinschaft Freie Architekten, Karlsruhe, übersetzte diese Vorgaben in einen Entwurf mit einem viergeschossig überbauten Blockraster. Seine Wohnstraßen münden versetzt in die Sammelstraßen ein; Fußwegverbindungen zur zentralen Zone sind Teile dieses Gitters. Die Abmessungen der Baublöcke sind Hamburger Tradition – nämlich in den Schumacher-Siedlungen, speziell in Dulsberg, übersetzt in ein Konzept für die vollmotorisierte Gesellschaft mit Parkplätzen vor der Haustür.
Die weitere Bearbeitung dieser städtebaulichen Idee mit vielfältigen neuen Programmforderungen bewies die zitierte Anpassungsfähigkeit hippodamischer Strukturen. So konnten über die Hierarchie im Erschließungsraster und die Formen der Bebauung Varianten durchgespielt werden, ohne die Formen des Entwurfes in Frage stellen zu müssen. Er war ein ‚offenes System'.

Diese Qualität beweist der 1970–1979 realisierte Stadtteil bis heute bei Diskussionen über die Verkehrsberuhigung und andere erwünschte Veränderungen. Indes ist mit einem Wandel der Nutzungen und Gebäude so bald nicht zu rechnen, wurden doch die Baugrundstücke großflächig von der Stadt an Wohnungsbaugesellschaften mit der Verpflichtung zum sozialen Wohnungsbau vergeben. Die Planer hatten eher private Bauherren mit differenzierten Ansprüchen im Sinn; denn diese Blockrandbebauung ermöglichte eine kleinteilige Parzellierung und damit auch unterschiedliche architektonische Ausprägungen.

Die sozialen Probleme, die in diesen Großsiedlungen aus den siebziger Jahren aufgetreten sind, haben ihre Wurzeln jedoch nicht im städtebaulichen Konzept, sondern in der Vergabe- und Förderungspraxis des Senats, die eine Ghettobildung sozial schwacher Bevölkerung bewirkten.

284–289 Eisenhüttenstadt

Wer die Phasen der Bau- und Kulturpolitik der DDR studieren möchte, sollte die sozialistische Modellstadt Eisenhüttenstadt „Wohnstadt des Eisenhüttenkombinats Ost" (ursprünglich Stalinstadt) besuchen und mit den Hamburger Siedlungen vergleichen. Die wechselnden Programme und Perspektiven des sozialistischen Wohnungs- und Städtebaus fanden hier wie in keiner anderen Stadt der DDR exemplarisch ihre Form. Wie in einem Laborversuch wurden hier ein neuer Städtebau und die Architektur für die sozialistische Gesellschaft entwickelt.

Während sich die Stadtplaner nach dem Zweiten Weltkrieg im Westen an der ‚Charta von Athen' und am Leitbild ‚der gegliederten und aufgelockerten Stadt' orientierten, wurden im Osten nach dem Besuch einer DDR-Delegation in Moskau im Jahre 1950 16 ‚Grundsätze des Städtebaus' beschlossen. Damit schloß sich die DDR den Prinzipien des Planens und Bauens in der Sowjetunion der Stalinzeit folgsam an. Es wurden architektonisch streng gefaßte Straßen- und Platzräume als Ausdruck der Moskauer Vorstellungen über das künftige gesellschaftliche Leben im Sozialismus gefordert. Die Ausschreibung des Wettbewerbs für die Stalinallee in Berlin war ein erstes Signal für diesen neuen Städtebau. Zeitgleich begannen die Planungsarbeiten für Stalinstadt, die Modell für die Ausformung neuer Städte sein sollte. Die ersten Skizzen folgten noch deutlich den Leitlinien der Siedlungsplanung der zwanziger Jahre. Erst der Entwurf von Kurt W. Leucht konnte die hohen Erwartungen an die Gestalt der neuen Wohnstadt befriedigen, die „keine Siedlung, sondern einen betont städtischen Charakter mit mindestens dreigeschossigen Häusern aufweisen" sollte. Die weitere Entwicklung dieses Konzepts mit Grünachsen und offenen Höfen führte zu geschlossenen Blockecken. Ulbricht kritisierte die noch spürbare „Scheu vor symmetrischen Lösungen"; daraufhin wurde für die Gestaltung der Magistrale der neuen Stadt (Leninallee, heute Lindenallee) ein gesondertes Wettbewerbsverfahren durchgesetzt, in dem der Eingang zum Hütten- und Stahlwerk und der Zentrale Platz die monumentalen Blickpunkte bilden sollten. Die Einarbeitung der Anregungen aus diesem Verfahren führte zu einer strengeren Form des gesamten Stadtgrundrisses.

Der Tod von Stalin und der Aufstand am 17. Juni 1953 eröffneten jedoch neue Wege zum industrialisierten Wohnungsbau und verhöhnten den aufwendigen Prunkt des stalinistischen Städtebaus. In der Folgezeit bestimmte der Montagebau und die Platte die städtebaulichen Gestaltungsmöglichkeiten; an die Stelle geschlossener Baublöcke traten Zeilenbauten. Die Baukomplexe I bis VII sind ein Spiegel dieser verordneten Wechsel städtebaulicher, volkswirtschaftlicher und bautechnischer Ziele.

Die ersten Bauabschnitte besetzten die Großblöcke mit 200 bis 250 m Tiefe aus dem Entwurf der sozialistischen Idealstadt von Kurt W. Leucht. Die Wohnhauskomplexe I und II repräsentieren den Städtebau auf einem kompakten Stadtgrundriß mit hippodamischem Netz. Die Blockrandbebauung ist hier in einer beachtlichen Qualität gelungen. Sie öffnet sich für axiale Grünzüge, die auch die in den großen Blockhof gesetzten Zeilen erschließen. Diese großzügige gestalterische Lösung war nur auf unparzellierter staatlicher Fläche möglich. Die mit Risaliten und anderen Schmuckelementen gegliederten und auf Mittelachsen orientierten Fassaden sind in hellem Grau geputzt. Arkaden verbinden die parkartig gestalteten Grünflächen. Dieser maßstäblich abgewogene und repräsentative Anspruch konnte in den nachfolgenden Bauabschnitten nicht mehr durchgehalten werden.

290–293

Bremen Neue Universitätsstadt

Die Leitvorstellung zur Gründung einer neuen Universität in den sechziger Jahren war ein Campus als Ort der Wissenschaften am Rande der Stadt. In den siebziger Jahren suchte man die inzwischen errichteten Universitätseinrichtungen mit anderen Nutzungen zu verbinden. Die Bemühungen der neunziger Jahre stehen unter der Devise, Einrichtungen der Hochtechnologie-Wirtschaft zu integrieren. Mit den knappen Flächen soll sparsam umge-

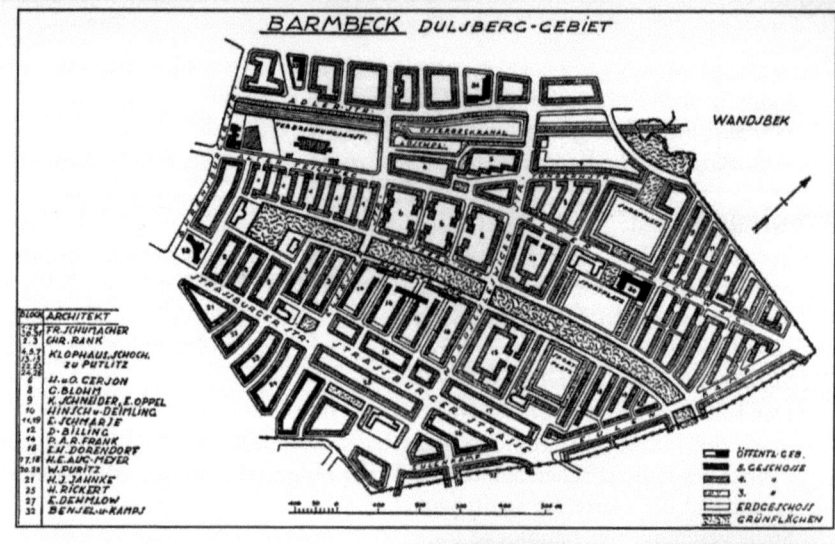

274 Duisberg, Lageplan Blockbebauung

Fritz Schumachers Siedlungen in Hamburg

275, 276 Reizvolle Stadträume

277 Die Jarrestadt mit ihren schmalen Baublöcken und dem großen Hof als einprägsamen Mittelpunkt

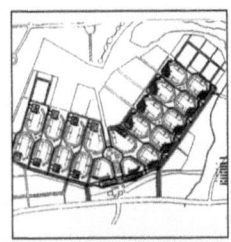

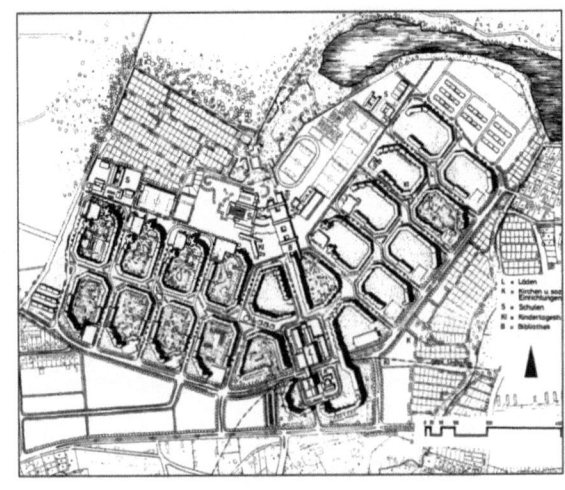

Hamburg-Steilshoop
278–280 Entwurf (Candilis, Josic, Woods) und ausgeführtes Projekt

Hamburg-Mümmelmannsberg

281–283 Wettbewerbsentwurf des ersten Bauabschnittes (Werkgemeinschaft Freie Architekten Karlsruhe) und ausgeführtes Projekt

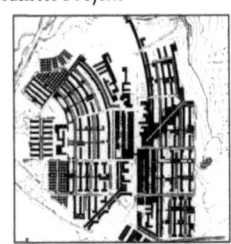

284 Lageplan der ersten Bauabschnitte

Eisenhüttenstadt

285 Lindenallee (Leninallee), Verbindungsachse zwischen Wohnstadt und Werk
286–288 Baublöcke des ersten Bauabschnittes
289 Baublock mit Plattenbau aus späteren Bauphasen

290–292 Zeitreihe einer Planung mit wechselnden Vorgaben im großräumigen Raster
(Wettbewerbsentwurf Böhm 1964; 1970; 1993)

Bremen-Universität

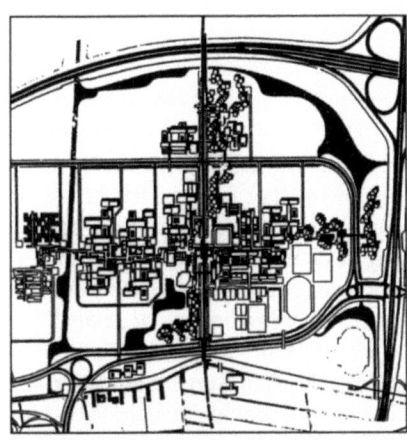

293 Straßenquerschnitt (Böhm)

gangen, Chancen für Verdichtung sollen genutzt werden. Die Universitätsachse soll eine städtebauliche Avenue werden. Für diese wechselnden Ziele sind wiederholt Entwürfe erarbeitet worden. Sie nutzten durchwegs das Ordnungsschema der Universitätsgründung und erweiterten es auf die ganze verfügbare Fläche. Der heute vorliegende Leitplan definiert Baufelder im Raster, deren Nutzung und architektonische Ausformung offen bleiben. Dieses Schachbrett für mögliche Entwicklungen orientiert sich am vorhandenen Erschließungsnetz und ergänzt es, ohne schon jetzt die Verkehrsflächen im einzelnen auszubilden. Das Raster ist also in erster Linie ein Ordnungsgerüst. Das Prinzip dieser *offenen Planung* geht von einer schrittweise erfolgenden Realisierung aus und gibt hierfür einen verläßlichen Rahmen. Er kann flexibel auf wechselnde Ansprüche reagieren.

Freiburg-Rieselfeld

Der erste Preis im städtebaulichen Wettbewerb für den neuen Wohnstadtteil Rieselfeld für 12 000 Einwohner (Architektengemeinschaft Böwer, Eith, Murken und Spieker) aus dem Jahre 1992 wird schrittweise realisiert. Der Entwurf ist ein frühes Beispiel für die Wiederentdeckung des Rasters und des Baublocks als tragfähiges Gerüst für differenzierte Anforderungen des Wohnens in der Stadt. In der Wettbewerbsausschreibung war ein Konzept gefordert, das flexibel und anpassungsfähig, den Ansprüchen einer sich fortentwickelnden Gesellschaft gerecht wird. Der Lageplan erschien indes kritischen Bürgern zunächst starr und unwohnlich zu sein. Schwer vermittelbar war bei kleinteiliger Körnigkeit und Flexibilität im Detail das klare großräumige Ordnungsprinzip, das Kommunalpolitik und Verwaltung als Leitbild einer neuen Urbanität priesen. In der Tat entfaltete der Entwurf erst bei einer weiteren Bearbeitung und in der Realisierung seine Qualitäten als ‚offenes System'. So konnte schon vor den Entscheidungen für die Bebauung das Erschließungssystem festgelegt werden. Das Straßenraster orientiert sich auf eine zentrale Achse mit der Stadtbahntrasse in der Verlängerung der Opfinger Straße. Die mit dem Straßennetz definierten Baufelder erhalten eine Blockbebauung. Diese wurde um die zentrale Achse in geschlossener Bauweise viergeschossig vorgegeben, zum Teil mit Läden im Erdgeschoß, Büros und Praxen in den Obergeschossen. So kann der Charakter eines städtischen Boulevards entstehen. In den übrigen Baublöcken sind auch andere Bauformen am Blockrand möglich. Sie sind durchwegs auf die Straße und den begrünten Innenbereich orientiert.

Die ehemaligen Rieselfelder sind in städtischem Besitz, und somit kann die Stadtverwaltung die Parzellierung der Baublöcke bestimmen. Für diese bietet der rechtwinklig geschnittene Baublock im Dialog mit den Bauherren unbegrenzte Varianten. Diese Chance wird konsequent genutzt. Das Bild des Stadtteils soll von den Handschriften der Architekten sowie von den sozialen und wirtschaftlichen Zielen der Investoren geprägt sein. Darum werden kleine Grundstücke für maximal 30 bis 40 Wohnungen geschnitten. Dabei wird auf ein kleinteiliges Gemenge unterschiedlicher Investoren mit individuellen Wohnbauprogrammen geachtet. Die Innenbereiche der Baublöcke werden von den Anliegern gemeinsam geplant, bepflanzt und unterhalten. Insgesamt ist dies ein Planungskonzept, das mit den Mitteln der Gegenwart versucht, die Vorzüge der Gründerzeitstädte wieder zu erreichen. Die Planer setzen mit Erfolg mehr auf Überzeugungsarbeit denn auf Auflagen und Sanktionen. Die Konkurrenz der Bauherren untereinander motiviert zu überdurchschnittlicher Architektur.

Hannover-Kronsberg 302–306

Als anschaulicher Beitrag zur EXPO 2000 entsteht in Nachbarschaft zum Ausstellungsgelände der Wohnstadtteil Kronsberg mit etwa 5 000 Wohnungen. Den städtebaulichen Wettbewerb gewannen die Braunschweiger Architekten Welp & Welp mit einem strengen rasterförmigen Lageplan. Das Siedlungsband mit drei Blockreihen erstreckt sich zwischen der Haupterschließungsachse und dem Landschaftsraum. Die engmaschige, rasterförmige Grundstruktur gibt den Rahmen für unterschiedliche Bauformen mit maximal vier Geschossen – in der Bebauungsdichte zum Landschaftsraum abnehmend. Im Bebauungsraster sind einzelne Blöcke als Grünflächen für Spiel, Sport und Erholung ausgespart; diese Nachbarschaftsparks werden sich sicherlich zu beliebten Mittelpunkten entwickeln. Die klare und regelmäßige Gliederung der Erschließung und der Bebauung läßt eine abschnittsweise Realisierung zu. Diese ‚Bandstadt' ohne Kompromisse funktioniert auch, wenn sie nur zum Teil realisiert werden könnte. Theoretisch kann das Baufeld auch über den aufgezeichneten Rahmen hinaus wachsen. Die Festsetzungen des Bebauungsplans beschreiben eine offene Planung. Sie will mit dem Netz der Alleestraßen und Baulinien ein hippodamisches System mit Blockrandbebauung fixieren, den Bauherren aber im übrigen freie Hand lassen. Gestaltungsregeln werden für jeden Bauabschnitt von den Beteiligten und einem fachlichen Beirat entwickelt. Diese Prinzipien sichern eine Realisierung zu, die dem Wohnungsmarkt wie dem Zeitgeschmack entspricht.

Wie in Freiburg ist die Stadt Grundbesitzerin. Sie hat die Baugrundstücke ausgeschrieben. Den Interessenten werden in einem anschaulichen Prospekt die Bebauungsmöglichkeiten dargelegt. Die Palette reicht vom freistehenden Stadthaus bis zur Umbauung begrünter Blockhöfe in geschlossener Bauweise. Aus dem Kreis der Bewerber wählt die Verwaltung die Bauherren aus, die sich im Grundstücksvertrag an detaillierte gestalterische, ökologische und soziale Anforderungen binden, die an die architektonischen Vorgaben aus Quartiersplanungen des 19. Jahrhunderts erinnern.

307–313 Hamburg-Billwerder-Allermöhe

Bei der Suche nach disponiblen Flächen für weiteren Wohnungsbau in Hamburg entschied sich der Senat 1976 für das Gebiet in der Marsch zwischen Bergedorf und Billbrook. Billwerder-Allermöhe ist eine riesige Fläche in städtischem Besitz in einer mit der S-Bahn und einer Autobahn erschlossenen Entwicklungsachse, die bereits Fritz Schumacher skizziert hatte. In einem ambitionierten Planungsverfahren entstand ein städtebauliches Konzept für 70 000 Einwohner. Die Freie Planungsgruppe Berlin entwarf ein marschentypisches Netz von Wasserläufen (Fleete) und Verkehrsachsen, ein großmaschiges hippodamisches Gitter, das schrittweise mit individuellen Gestaltungen ausgefüllt werden kann – nach der bis dahin erfolgten additiven Stadterweiterung ein entschiedener, langfristig wirksamer Plan. Der erste Bauabschnitt für 3 500 Wohnungen bewies der Bevölkerung die mögliche Qualität des Wohnens in der Marsch. ‚Wohnen am Wasser' nach holländischem Vorbild wurde in Hamburg erlebbar. Der städtebauliche Entwurf knüpfte an die jungen Hamburger Erfahrungen mit teilweise umschlossenen Baublöcken an. Das Straßennetz folgte nur zum Teil der Idee des hippodamischen Netzes aus dem generellen Entwurf der Berliner Planer.
Der zweite Bauabschnitt *Allermöhe-West* für 4 500 Wohnungen übersetzt die Ideen des Strukturplans eindeutiger. Das Gerüst der Siedlung ist, ausgehend von überörtlichen Verbindungen, ein regelmäßiges Straßenraster, aber mit einer abgestuften verkehrlichen Funktion – von der Sammelstraße bis zur Fußwegverbindung. Die damit definierten Baufelder können mit unterschiedlichen Bauformen gefüllt werden. Diese straffe städtebauliche Ordnung verträgt unterschiedlich gestaltete Bauten und auch verschiedene Nutzungen. So sind in dieses Schema Kindergärten, Schulen und andere öffentliche Einrichtungen eingefügt. Eine geradlinig, diagonal geführte Allee ist nicht nur eine gestalterische Bereicherung, sondern als Fußgänger- und Radwegver-

bindung auch funktional begründet. Der dritte Bauabschnitt wird einen vergleichbaren hippodamischen Aufbau haben. Im Blockraster sollen entlang der S-Bahntrasse auch Arbeitsstätten entstehen.

München-Riem

Nach dem Bau des neuen Münchner Flughafens im Erdinger Moos eröffnete das 560 ha große Areal des bisherigen Flughafens Riem unerwartete Chancen für die Entwicklung der expandierenden Stadt. Dort werden ein neues Messegelände, ein Gewerbepark für innovative Branchen, Wohnungen für 16 000 Einwohner, Einzelhandel und Dienstleistungen für die Nachfrage im neuen Stadtteil und ausgedehnte Grünflächen realisiert.
Den 1990 ausgelobten Ideenwettbewerb gewann Jürgen Frauenfeld mit einer bestechend einfachen Idee. Er überzog das gesamte Gebiet mit einem quadratischen Raster (mit den Achsmaßen 110 x 110 m), das auf eine großzügig bemessene Allee bezogen ist und in das die im Programm verlangten Nutzungen eingefügt sind. Das unerbittlich strenge Ordnungsschema erwies sich schon während der Planung als Vorteil. Es kann im gesetzten Rahmen variiert werden. Auch besondere Architekturelemente, etwa eine Torsituation als nördliche Stadteinfahrt und ein Vorplatz der Messe, lassen sich einfügen. Dieser Plan ist ein ‚offenes System', das während der schrittweise erfolgenden Realisierung – und danach – eine hohe Flexibilität hat, ohne seine städtebauliche Ordnung zu verlieren. Es ist das Konzept für eine neue ‚Stadt im Quadrat', das die Qualitäten der urbanen Quartiere aus dem 19. Jahrhundert entfalten kann.
Der nachfolgende Wettbewerb für das Wohngebiet zwischen Messe und Grünraum hat nachdrücklich die These belegt, daß ein solches vorgegebenes Gitter eine breite Palette entwurflicher Möglichkeiten bietet. Die Teilnehmer an diesem Verfahren haben das Erschließungsraster in unterschiedlicher Weise differenziert – vernetzt oder unterbrochen. Sie haben die Blockstruktur für ein differenziertes Wohnungsangebot entworfen, benachbarte Blöcke zu größeren Einheiten zusammengeführt, vierseitig geschlossene umbaute Höfe und Zeilenbau vorgeschlagen und mit Grundrißentwürfen belegt. Sie haben das Quartier mit Freiräumen vernetzt und dafür einzelne Blöcke ausgespart – ein Lehrbuch für die Interpretation des Blockrasters für heutige Ansprüche!

Berlin-Biesdorf Süd

Der neue Stadtteil orientiert sich in seinem Charakter an den Berliner Vorstadtgründungen vom Beginn des Jahrhunderts. Mit klaren und einfachen

Straßenzügen soll die Integration der verschiedenen Nutzungen – wie Wohnen, Arbeiten, Handel und Freizeiteinrichtungen – zu einem städtischen Ambiente erreicht werden. Die vorhandenen Landschaftsräume und das in Teilen bereits bestehende Erschließungsnetz sind die wesentlichen Bezugspunkte. Der breite, das Stadtgebiet durchlaufende Grünzug wird als großzügiges Flächenangebot in Bereiche unterteilt, die verschiedene gärtnerische und stadträumliche Themen entwickeln. Die Sequenz von Marktplatz und Stadtgarten soll das Herz des neuen Zentrums formen.

Der Block ist das zentrale Thema des Stadtplans. Die differenzierte Haustypologie wird morphologisch aus der Blockthematik entwickelt. Das Blockkonzept ermöglicht zudem eine hohe Flexibilität für die Nutzung der einzelnen Häuser. Im Zentrum sind die fünfgeschossigen Blöcke geschlossen und nehmen unterschiedliche Nutzungen auf. Zu den Rändern des Gebietes werden sie so modifiziert, daß zu den Nachbargebieten im Westen Übergänge und Öffnungen entstehen. „Das Konzept folgt der These, daß ein starkes Regelwerk des Stadtplanes größtmögliche Freiheit für die Architektur gewährt." (Prospekt der Senatsverwaltung)

Berlin-Karow Nord

5 000 Wohnungen in unterschiedlichen Formen werden in diesem Neubaugebiet errichtet. Ein kleinteiliges Straßenraster, abgeleitet aus der bestehenden Bebauung, schafft hierfür vielfältige Gestaltungsmöglichkeiten, bietet den Bewohnern die Auswahl der Wege und verteilt den Verkehr gleichmäßig. In Ergänzung zum Raster ist eine formale räumliche Folge von axialen Straßen und Diagonalen angelegt, die die Hauptgrünräume verbinden. Die Grünflächen sind vorwiegend linear angeordnet. Ausblicke in die Landschaft, auch aus dem Inneren der Vorstadt, werden möglich.

Mit der Beteiligung mehrerer Architekten wird eine erwünschte architektonische Heterogenität der Bebauung erreicht. Die Baublöcke orientieren sich an den Straßen und erhalten außerdem eine Begrünung – aber nicht im Sinne von ‚Abstandsgrün'. Die mit dieser Blockstruktur gegebene Wiederentdeckung der Stadträume ist ein wesentlicher Aspekt bei der Planung. Zwischenräume werden nicht mehr als *Leer*-Räume gesehen. Der Entwurf belegt, daß auch mit unterschiedlichen Wohnbauformen eine Blockrandbebauung erreicht werden kann: Ein lebendiges Spiel zwischen geschlossenen Baufluchten und Blockecken sowie kurzen Zeilen und freistehenden Gebäuden. Deren strikte Plazierung am Blockrand betont die öffentlichen Räume und verbindet individuelle Einzelformen zu einem geschlossenen Gesamteindruck.

Von grundlegender Bedeutung sind die Gestaltungsrichtlinien, die gewährleisten, daß Gebäude und Freiräume, die zeitgleich entworfen werden, miteinander in Einklang stehen. Mit den auf der Gebäudetypologie beruhenden Richtlinien sollen der Zusammenhang innerhalb der Quartiere und die Kontraste unterstrichen werden. Dieses Regelwerk greift die in der Gründerzeit übliche Planungsmethode wieder auf, die Prinzipien der Baufreiheit mit einem gestalterischen Kanon im öffentlichen Raum zu verbinden.

Berlin-Wasserstadt Oberhavel

334–339

Dieser neue Stadtteil auf brachgefallenen gewerblichen Flächen erhält als Ordnungsgerüst ein Blockraster, das die Bebauung im gegliederten Landschaftsraum zusammenbindet. „Aus einem Niemandsland, einem bislang mißgeachteten und vergessenen Stadtraum soll eine neue Stadt in Berlin entstehen." (Prospekt der Wasserstadt GmbH). Leitmotiv ist die zum Wasser orientierte Blockbebauung, durchsetzt mit Grün und Promenaden am Wasser. Der Gestaltplan des Entwicklungsgebietes von einer Gruppe unabhängiger Planer (Kollhoff, Langhoff, Nottmeyer, Zillich) weist die Richtung. Unter Federführung der hierfür gegründeten Entwicklungsgesellschaft soll das Konzept Schritt für Schritt bis zum Jahre 2010 realisiert werden. Die Rahmenbedingung heißt für ein solches Projekt *Wandel* – ein Prozeß im Zusammenwirken von Eigentümern, Pächtern und Mietern; keine lineare Planung, sondern diskursive Verfahren mit den Investoren. Es geht nicht um eine *Stadt aus einem Guß*, sondern um *Stadt als Prozeß*. Grundlage dafür bleibt immer das Blockraster, das eine breit gefächerte Ausformung zuläßt, ohne den gewollten stadträumlichen Zusammenhang der Uferzonen und ihres Hinterlandes um die Havel zu verlieren. Wechselnde Marktbedingungen und öffentliche Förderungsmöglichkeiten laufen auf eine Reduzierung der Arbeitsplätze hinaus, auf mehr frei finanzierte Wohnungen in unterschiedlicher Form, auf mehr freizeitbezogene Initiativen am Wasser. Solche Ausnahmen mögen sich wieder ändern. Der Leitplan ist so robust, daß seine Grundgedanken nicht verloren gehen. Er ist – anders als bislang übliche Rahmenpläne mit Flächenausweisungen – so anschaulich, daß sich die Beteiligten mit den stadträumlichen Ideen identifizieren können.

Berlin-Rummelsburger Bucht

340–346

Die Wasserflächen der Rummelsburger Bucht gliedern einen Stadtraum mit hoher Lagegunst. Dieser wandelte sich mit dem Stadtwachstum von einem Erholungs- und Ausflugsgebiet zu einem vielfältig gegliederten Gewerbe-

und Industrieareal mit eingestreuten Wohninseln. Nach den Zerstörungen im Zweiten Weltkrieg wurde nur ein Teil dieser Anlagen wieder genutzt; die Natur gewann wertvolle landschaftliche Flächen zurück. Volkseigene Betriebe überbauten private Grundstücke.
Diese heterogene Struktur wird nun mit einer umfassenden Entwicklungsmaßnahme von der Wasserstadt GmbH zu einem hochwertigen Stadtteil mit 5 400 Wohnungen und 12 000 Arbeitsplätzen entwickelt. Hierfür sind durch ein Gutachterverfahren ein Masterplan und nachfolgend teilräumliche Konzepte entwickelt worden. Diese Planung sucht bei Verwertung des Bestandes – der Straßen, der erhaltenswerten Gebäude und insbesondere der Grün- und Wasserflächen – die Vielfalt stadträumlicher Elemente zu einer ortsprägenden städtebaulichen Ordnung zu formen. Das Leitbild der *städtischen Landschaft* prägen hippodamische Strukturen. Nördlich der Rummelsburger Bucht entwarf Klaus Theo Brenner zum Erholungsraum geöffnete *Hofgärten*, deren Zeilen in den künftigen Bauabschnitten kleinteilig parzelliert werden sollen. Für die Halbinsel Stralau zeichnete Hermann Hertzberger senkrecht zu den Wasserkanten stehende Zeilen. Die *Grachten* zwischen den Hausfronten visualisieren Offenheit zur Spree und zur Rummelsburger Bucht. Das rasterförmige Straßen- und Wegenetz unterstützt diese landschaftsbezogene städtebauliche Ordnung. Das Prinzip der Blockrandbebauung ist ortsbezogen modifiziert.

347-355 Berlin-Adlershof

In der Gemarkung Johannesthal/Adlershof im Südosten Berlins, inmitten von Wald und Heide, wurde 1909 der erste Motorflugplatz Deutschlands angelegt. In der Insellage zwischen Bahntrassen und Teltowkanal siedelten sich daraufhin Industrie-, Forschungs- und Kasernenanlagen an. Die ehemalige Akademie der Wissenschaften hatte hier ihre Labors.
Ein frühes Beispiel für fragmentierte städtische Peripherien: um die große Brache des Flughafens ein Mosaik unterschiedlicher, nur wenig miteinander vernetzter Nutzungen und Bebauungen, konfus im Erscheinungsbild, ohne erkennbare Ordnung, verfallend und mit rudimentärer Erschließung. Auf diesem 465 ha großen Gelände entsteht ein neuer Stadtteil, eine Wissenschafts-, Technologie- und Gewerbestadt europäischer Dimension mit 30 000 Arbeitsplätzen, 13 000 angegliederten Wohnungen, bereichert mit einem 70 ha großen Landschaftspark. Berlin will dieses gigantische, komplexe Vorhaben in 20 Jahren realisieren, mit vielen beteiligten Investoren und Nutzern, mit zum Teil einem schon sehr konkreten Programm, im übrigen mit unsicheren Vorgaben.

Naheliegend und üblich wäre für eine solche große Fläche und langfristige Realisierung eine additive Planung mit jeweils definierten Programmen auf der Grundlage eines Flächennutzungsplans. Die Senatsverwaltung und die gegründete Johannesthal-Adlershof-Aufbaugesellschaft gehen anders vor: In mehreren Arbeitsschritten wurde für das gesamte Areal eine abgestimmte konkrete städtebauliche Konzeption erarbeitet. Zunächst wurden in einem konkurrierenden Verfahren räumliche Strukturkonzepte entwickelt; aus diesen wurde ein ‚Konsensplan' abgeleitet. Für die Teilräume wurden daraufhin von verschiedenen Planerteams städtebauliche Entwürfe vorgelegt.

Erklärtes Ziel und in den Plänen ablesbar ist die Formung eines großräumig geordneten Stadtteils mit eigenständigem Profil. Gefordert wurde ein Stadtgrundriß, der als Grundnetz unterschiedlichen Anforderungen dienen kann. Die vorhandenen Ansätze einer hippodamischen Struktur wurden deshalb für rasterförmige Erschließungsnetze verwertet. Sie sind auf die zu einer Avenue mit fünf Baumreihen ausgebauten Rudower Chaussee bezogen. Für die Straßenkategorien werden detaillierte Gestaltungspläne bindend; der öffentliche Raum soll der Stadt eine Identität geben, die dem Rang der Wissenschaftsstadt entspricht. Adlershof soll eine international wirksame Adresse werden.

Die Entwürfe der Teilräume belegen die Tauglichkeit des Rasters für die verschiedenen Nutzungen. Diese Offenheit ist auch erforderlich, weil sich in der langen Realisierungsphasen die Bauprogramme verändern werden. Je nach örtlicher Situation und Nutzung kann die Blockbebauung variiert werden – von der geschlossenen Blockrandbebauung bis zu solitären Gebäuden entlang der Baufluchten.

Dies ist eine andere Planungstheorie, als sie im 20. Jahrhundert üblich geworden ist. Sie ist mit den Stadterweiterungsplänen im 19. Jahrhundert vergleichbar, die Verkehrsnetze und Baufelder definierten und in Fluchtlinienplänen festlegten. Dieses Vorgehen erscheint für den langwierigen Stadtumbau erforderlich; hier muß ein Gerüst vorgegeben werden, an dem sich alle Einzelmaßnahmen orientieren. Die ersten Neubauten sind bereits gebaut und bezogen. Ihre Baufluchten geben Hinweise auf die künftige Blockstruktur. Ihre glitzernden Fassaden stehen noch im Kontrast mit einem ungeordneten Umfeld. Eine additive Planung könnte keine neue Ordnung schaffen, sondern würde den amorphen Bestand festschreiben.

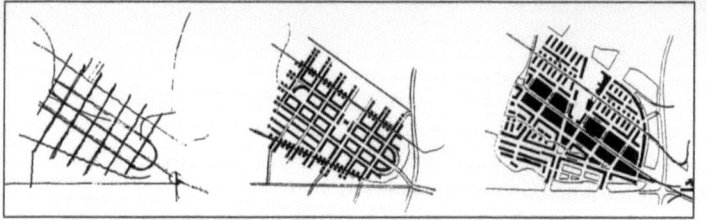

294 a–c Strukturskizzen (orthogonales Gerüst, Block und Auflockerung zum Rand)

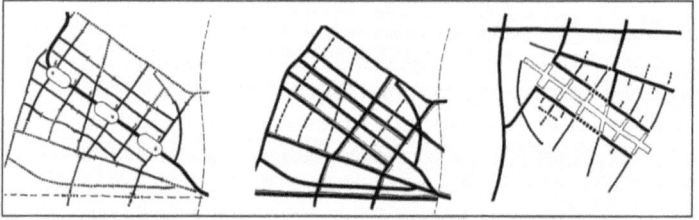

295 a–c Differenzierte Verwendung des Erschließungsgitters für Stadtbahn, Radfahrer und Promenade

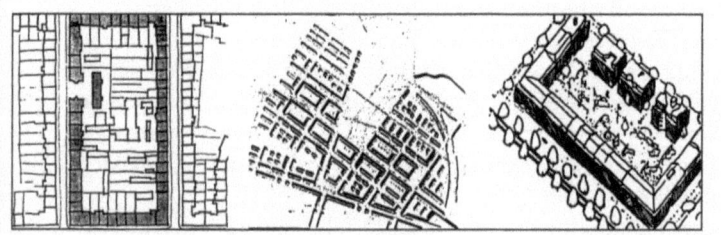

296 a–c Blockstruktur traditionell und im Rieselfeld

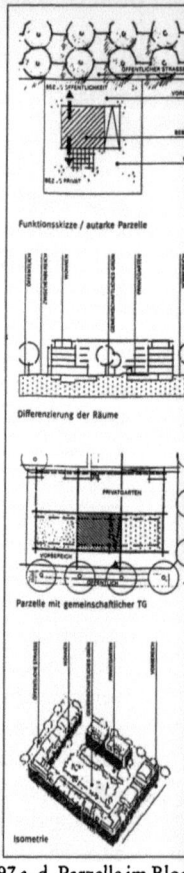

297 a–d Parzelle im Block

Freiburg-Rieselfeld

298 Axonometrie der Baustruktur

299 Blick in den öffentlichen Raum

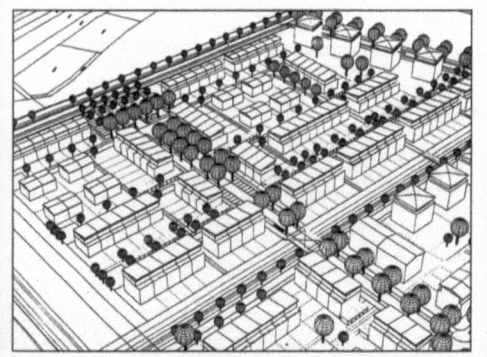

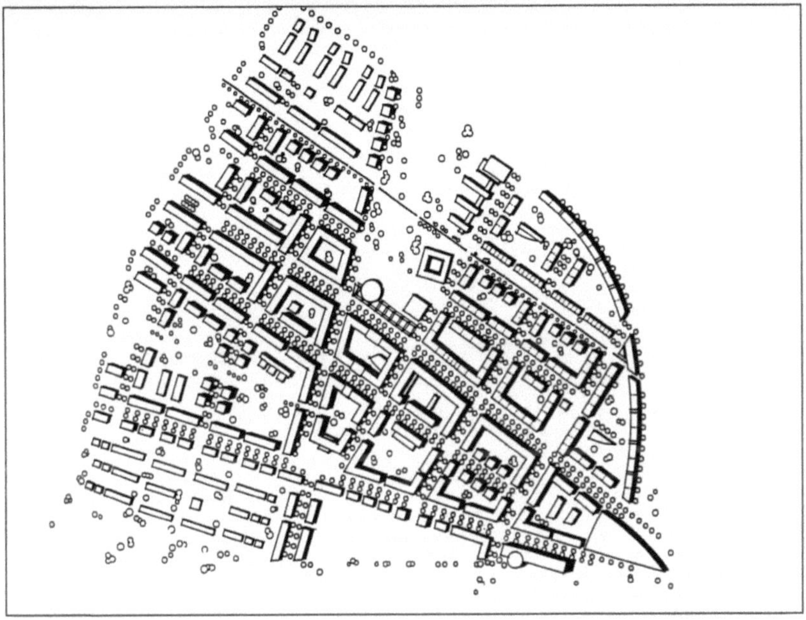

300 Ausführungsentwurf 1993

Freiburg-Rieselfeld

301 Die Baustelle Ende 1997

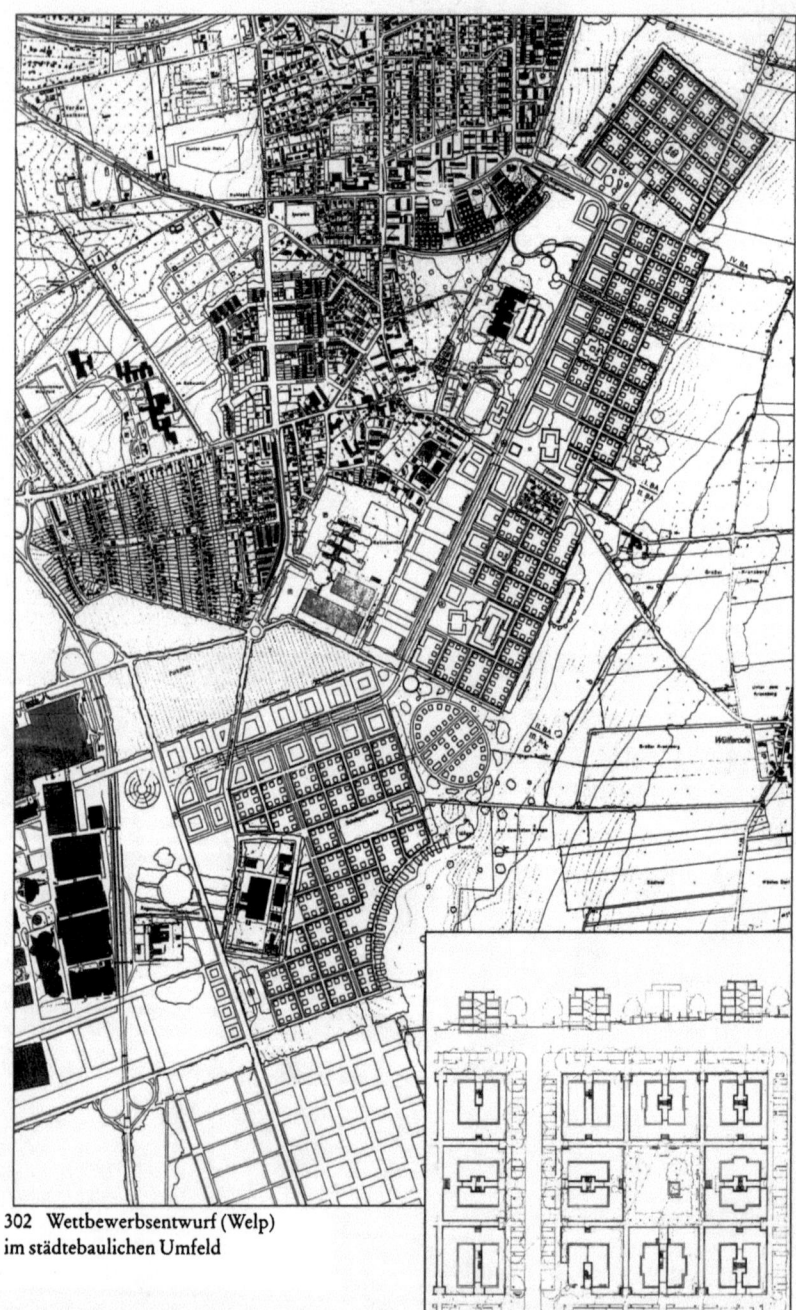

302 Wettbewerbsentwurf (Welp)
im städtebaulichen Umfeld

303 Ausführungskonzept
304 Die Baustelle im Jahre 1998

Hannover-Kronsberg

305 Bebauungsformen im Quadratraster nach Entwürfen der Bauherren
306 Bebauungsplanausschnitt

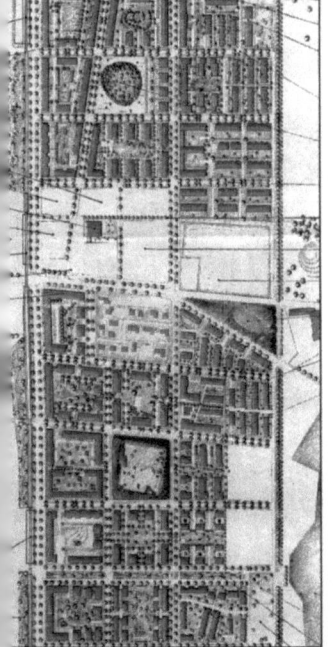
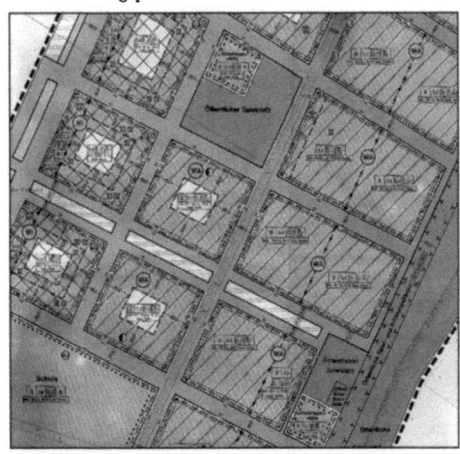

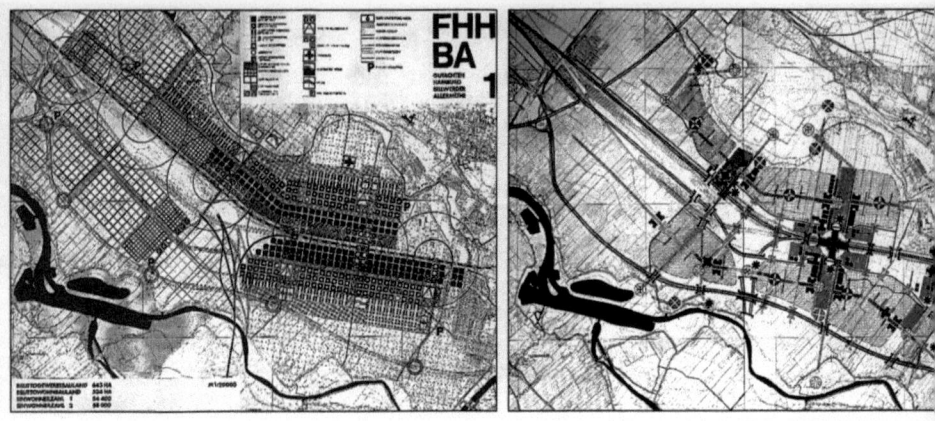

307 a, b Programmplan: Ordnungsgerüst und Grundkonzept

Hamburg-Allermöhe

308 Erster und zweiter Bauabschnitt südlich, dritter Bauabschnitt nördlich der Bahntrasse im städtebaulichen Umfeld

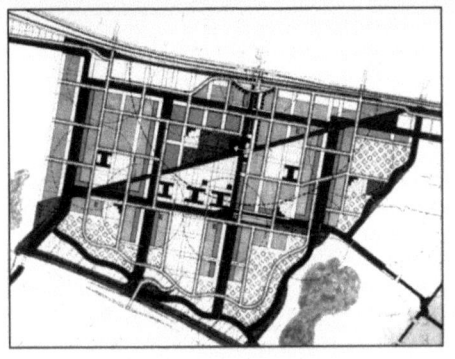

309 Grundraster des zweiten Bauabschnitts

Hamburg-Allermöhe

310, 311 Randbebauung entlang der Straßen und Fleete
312 Diagonale Fußgängerachse

313 Zweiter Bauabschnitt in der Realisierung

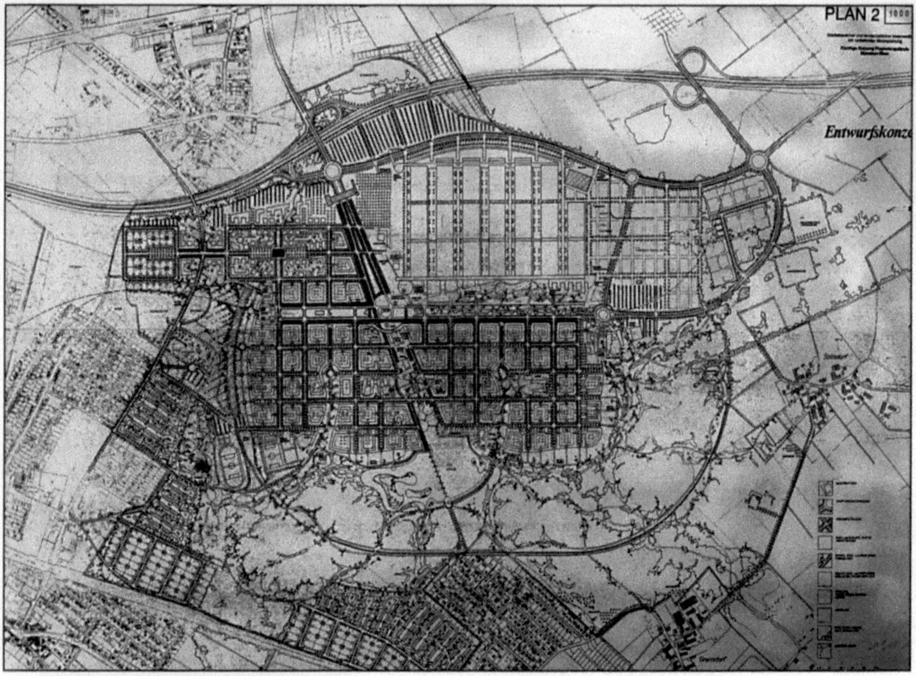

314, 315 1. Preis (Frauenfeld) mit strengem anpassungsfähigen Blockraster

München-Riem
Städtebaulicher Ideenwettbewerb

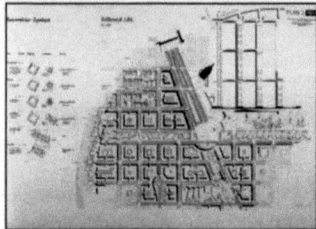

316 2. Preis (Bystrup)

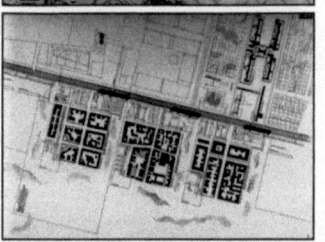

317 3. Preis (Holzscheiter)

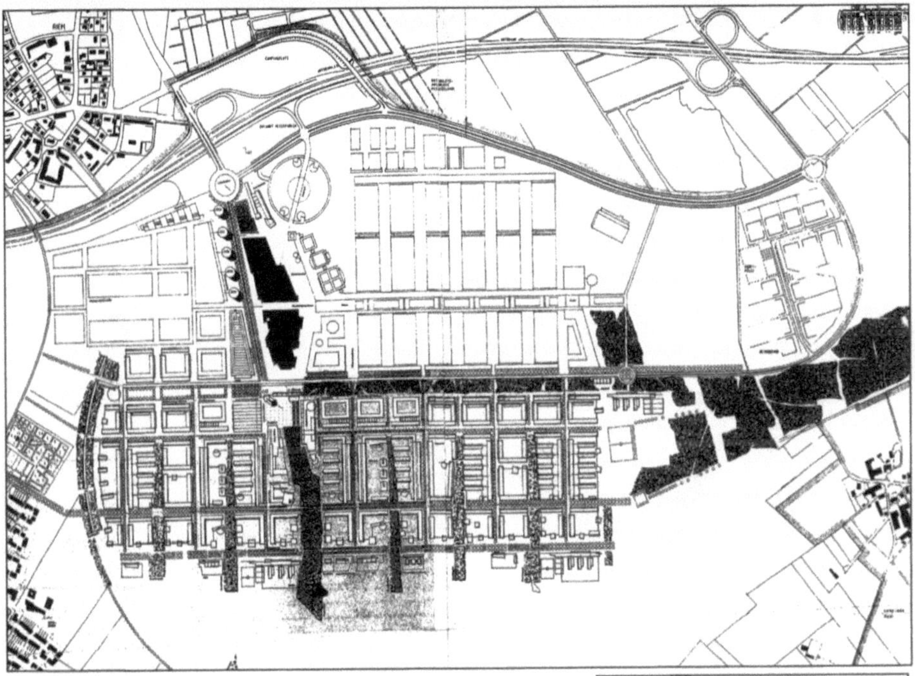

318, 319 1. Preis (Reiner, Weber, Hammer) mit eigenständiger Umsetzung der Vorgabe aus dem Entwurf Frauenfeld durch Verbindung zweier Blockreihen zu einer größeren Bebauungsform

München-Riem
Wettbewerb für den ersten Bauabschnitt

320 2. Preis (Usleber)

321 Entwurf (Frauenfeld)

Wohnbauprojekte in Berlin

322 Siemensstadt-West
323 Buchholz-Nord

324 Biesdorf-Süd

  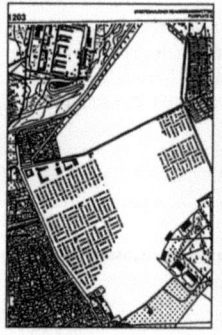 

 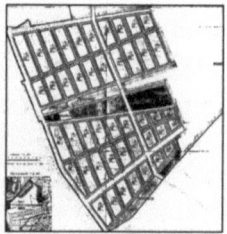

Flughafengelände Gatow

325 a–d Wettbewerbsentwürfe

326 Ausgewählter Entwurf
327 Bebauungsplankonzept

 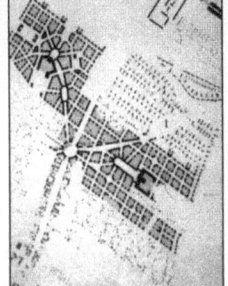  

328 a–d Entwürfe aus einem Workshop: Moore/Ruble/Yudell, Krier, Van Meer en Putter, Hilmer/Sattler)

Berlin-Karow Nord

329 Ausführungsplan (Moore)

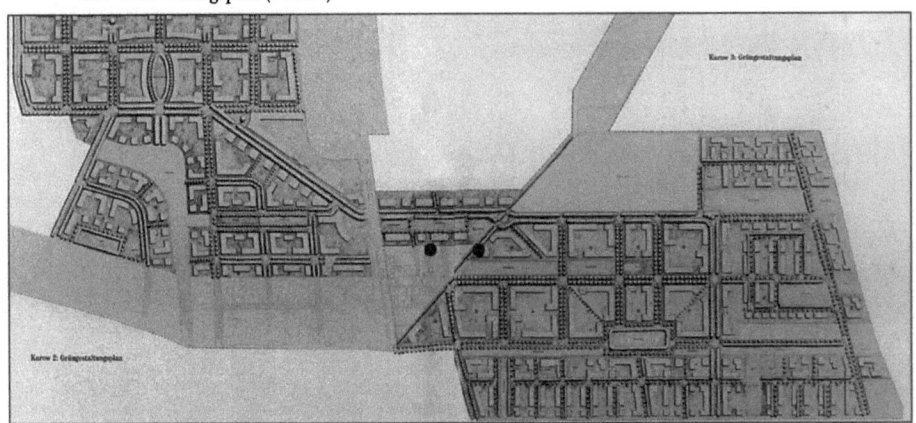

330–333 Differenzierte Bebauung im Blockraster

334, 335 Modell und generelles Konzept der Bebauung (Seite 213), deren
Blockstruktur den großen Stadtraum einprägsam ordnen soll

336–338 Blicke in Straßen und Höfe

Berlin-Wasserstadt Oberhavel

339 a, b Erster Bauabschnitt
(Kees, Christiaanse; Perkins; Steidtle)

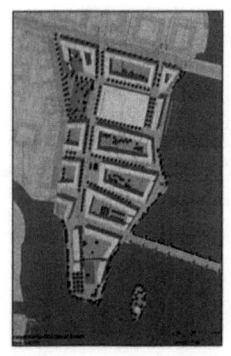
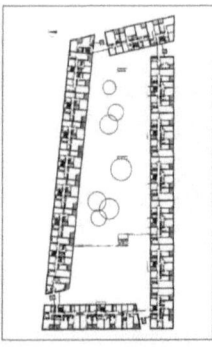

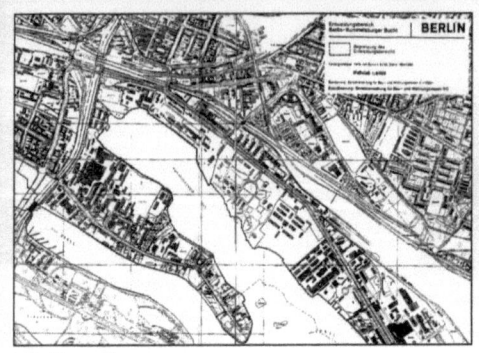

340 Bestand

341 Stadtlandschaft

Berlin-Rummelsburger Bucht

342 Städtebaulicher Rahmenplan (Klaus Theo Brenner) mit situationsabhängigen Baustrukturen

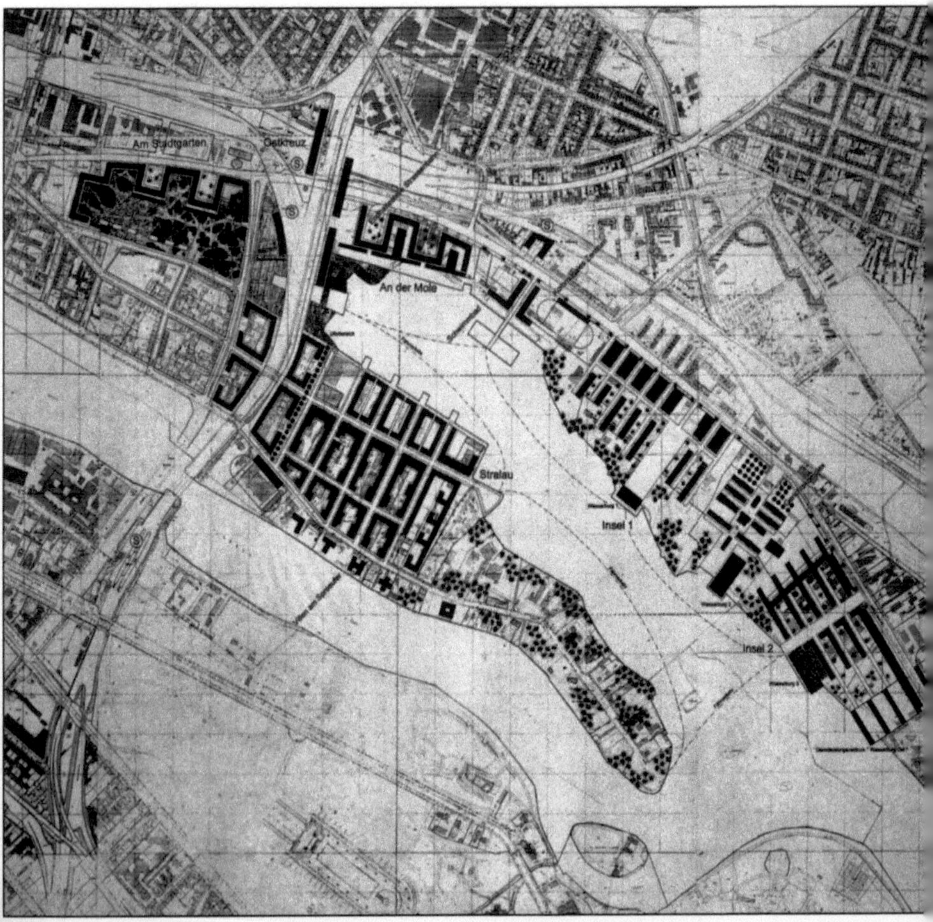

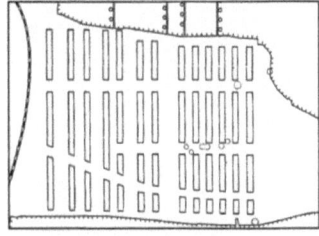

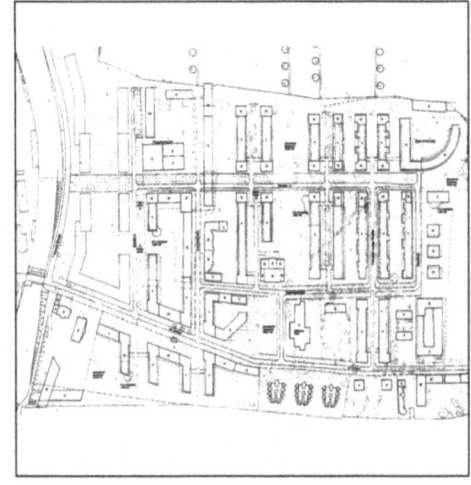

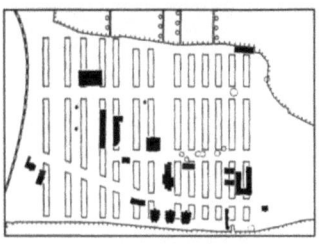

343 a–e Städtebauliches Konzept für die Stralauer Halbinsel (Hermann Hertzberger): Bestand, Konzept, Überlagerung, Erschließung, Entwurf (links)

Berlin-Rummelsburger Bucht

344 Ausführungsplan (oben)
345, 346 Die ersten Neubauten (unten)

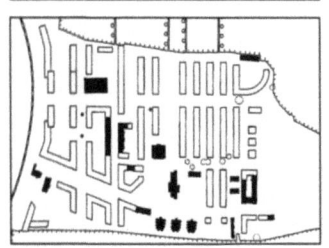

215

Berlin-Adlershof

347–348 Gesamtplan
der Wissenschaftsstadt
im städtebaulichen Umfeld

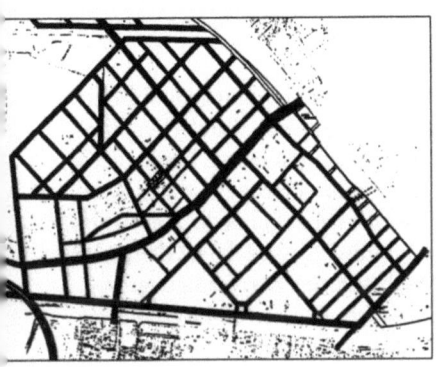

Berlin-Adlershof

349–351 Verkehrsnetz mit Querprofil der Rudower Chaussee und Einbindung ins System der Hauptstraßen

352–355 Baustruktur mit Perspektive der Fakultät II der Universität, Skizzen der Büro- und Wohnbebauung sowie das Umwelt- und Technologiezentrum

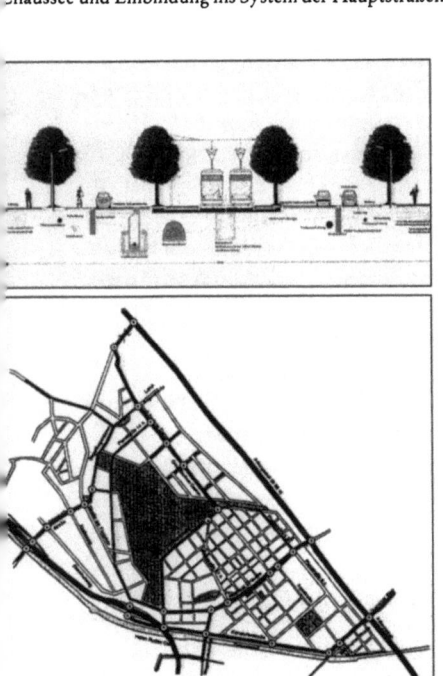

Die 21er-Projekte der Deutschen Bahn

Die bislang erörterten aktuellen Beispiele sind Stadtrandsiedlungen; in Berlin erfassen sie auch brachfallende Gewerbeflächen. Sowohl der Wandel der Wirtschaft wie die Abrüstung setzen heute und in den nächsten Jahren inmitten der Städte große Flächen für neue Aufgaben der Daseinsvorsorge und der Wirtschaft frei. In geradezu revolutionärer Weise gibt die neue Politik der Deutschen Bahn AG der Stadtentwicklung unerwartete Impulse. Ausgedehnte Gleisfelder stehen durch eine neue Bahntechnik und Betriebsführung zur Verfügung: Damit „bietet sich die historisch einmalige Chance, eine der wichtigsten Lektionen des Städtebaus im 19. Jahrhundert wieder aufzugreifen. Damals hatte der Bevölkerungsdruck die gründerzeitlichen Städte gezwungen, auf dem Boden ihrer nutzlos gewordenen Verteidigungsanlagen prachtvolle Ringstraßen und Neustadtquartiere zu bauen. Heute kann eine modernisierte, technologisch und organisatorisch umstrukturierte Deutsche Bahn, die ihre Anlagen meist direkt am ersten Ring der gründerzeitlichen Städteerweiterungen unterhält, ihre derzeit noch betriebsnotwendigen Flächen frei machen und damit den Städten, die sich entwickeln wollen, wertvolle Gebiete zur Erweiterung der City anbieten." (Heinz Dürr in *Renaissance der Bahnhöfe*, 1996)
Die Architektenfirma von Gerkan, Marg & Partner zeichnete Ende 1993 für die sogenannten ‚21er-Projekte' in Stuttgart, Frankfurt und München die ersten anschaulichen städtebaulichen Entwürfe. Sie sind alle auf eine Mittelachse orientiert, die eine Avenue oder ein öffentlicher Grünraum sein können. Sie basieren alle auf einem Raster. Damit erfüllen sie idealtypisch sehr unterschiedliche Anforderungen:
- Sie binden sich in das städtebauliche Umfeld harmonisch ein;
- sie sind in beliebiger Größe parzellierbar und zu vermarkten;
- sie sind nutzungsneutral, sowohl für Büros und Labors, für Handel, öffentliche Einrichtungen wie auch für Wohnungen verwendbar;
- sie lassen auch für die Architekturformen einen breiten Spielraum;
- sie ermöglichen eine schrittweise Realisierung.

Es sind zukunftsoffene, robuste Konzepte im besten Sinne.

21er Projekte der Deutschen Bahn AG

356–357 Stuttgart (1993), erster Entwurf für das umfassende Projekt einer langfristigen Quartiersentwicklung in der gebauten Stadt (Meinhard von Gerkan, Volkwin Marg und Partner gmp)

21er Projekte der Deutschen Bahn AG

358–359 Frankfurt (1996), Entwurf gmp

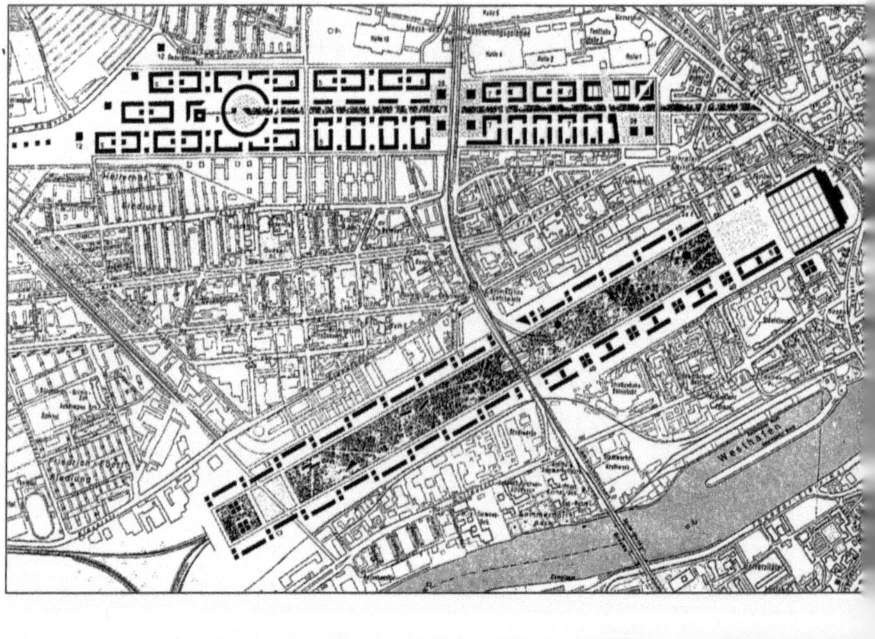

21er Projekte der Deutschen Bahn AG

360–361 München (1995), Entwurf gmp

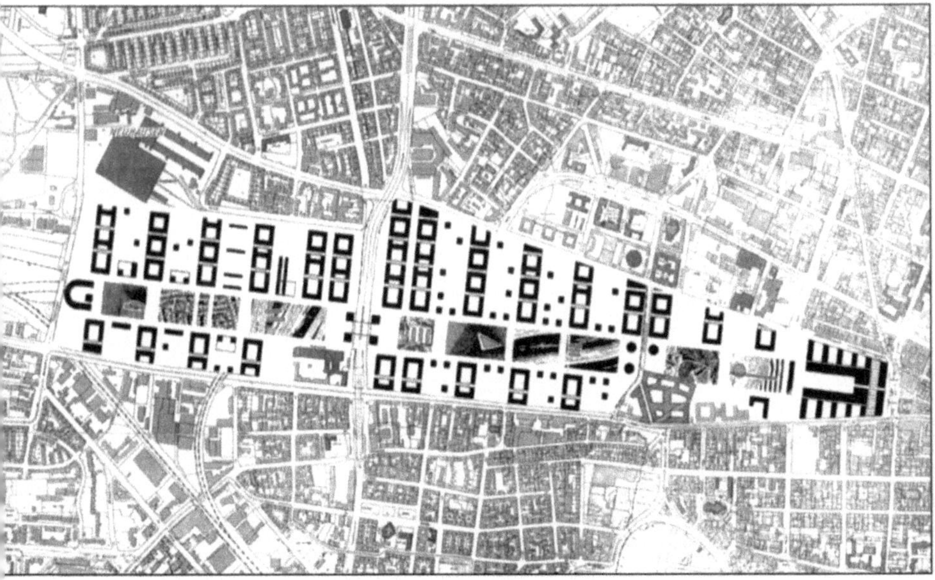

Literaturverzeichnis

Adrian, Hanns, 1997: Die Stadt im 21. Jahrhundert, Mitteilungen der Deutschen Akademie für Städtebau und Landesplanung

Albers, Gerd, 1997: Zur Entwicklung der Stadtplanung in Europa, Bauwelt Fundamente 117, Braunschweig-Wiesbaden

Albers, Gerd; Papageorgiou-Venetas, Alexander, 1984: Stadtplanung. Entwicklungslinien 1945–1980, Tübingen

Bahrdt, Hans Paul, 1963: Die moderne Großstadt, Reinbek

BDA/Deutsche Bahn AG/DAZ in Zusammenarbeit mit von Gerkan, Meinhard, 1996: Renaissance der Bahnhöfe, Wiesbaden

Becker, Heidecke, u. a., 1998: Ohne Leitbild? Städtebau in Deutschland und Europa, Stuttgart

Benevolo, Leonardo, 1983: Die Geschichte der Stadt, Frankfurt am Main/ New York

Brinckmann, A. E., 1920: Stadtbaukunst, Berlin

Buchanan, Colin D., 1963: Traffic in Towns, Baltimore

Curdes, Gerhard, 1997: Stadtstruktur und Stadtgestaltung, Stuttgart

Curdes, Gerhard, 1996: Entwicklung des Städtebaus, TH Aachen

Curdes, Gerhard, 1981: Künstlerischer Städtebau um die Jahrhundertwende, Köln

Deutsches Nationalkomitee für Denkmalschutz, 1985: Siedlungen der 20er Jahre, Bonn

Dolgner, Dieter, 1987: Stadtbaukunst im Mittelalter, Berlin

Egli, Ernst, 1959: Geschichte des Städtebaus, Zürich

Engel, Helmut; Ribbe, Wolfgang, 1993: Hauptstadt Berlin – Wohin mit der Mitte?, Berlin

Fehl, Gerhard;Rodrigues-Lores, Juan, 1983: Stadterweiterungen 1800–1875, Hamburg

Fingerhut, Carl, 1996: Die Gestalt der postmodernen Stadt, Zürich

Forschungsgesellschaft für Straßen- und Verkehrswesen, Straßenbaurichtlinien EAE 85/95; ESG 96; RAS-N 88, Köln

Frank, Hartmut, 1994: Fritz Schumacher – Reformkultur und Moderne, Stuttgart

Gallion, Arthur B., 1950: The Urban Pattern, New York

Göderitz, Johannes; Rainer, Roland; Hoffmann, Hubert, 1957: Die gegliederte und aufgelockerte Stadt, Tübingen

Grote, Ludwig, (Hg.) 1974: Die deutsche Stadt im 19. Jahrhundert, München

Hegemann, Werner, 1965: Das steinerne Berlin, Berlin 1930, Bauwelt Fundamente 3, Berlin/Frankfurt am Main/Wien

Hilberseimer, L., 1963: Entfaltung einer Planungsidee, Bauwelt Fundamente 6, Berlin/Frankfurt am Main/Wien

Hilpert, Thilo, 1984/1988: Le Corbusier, Charte von Athen, Bauwelt Fundamente 56, Braunschweig/Wiesbaden

Humpert, Klaus, 1997: Einführung in den Städtebau, Stuttgart

Jacobs, Jane, 1963: Tod und Leben großer amerikanischer Städte, Bauwelt Fundamente 4, Berlin/Frankfurt am Main/Wien; Braunschweig/Wiesbaden (1993)

Kallmorgen, Werner, 1969: Schumacher und Hamburg, Deutsche Akademie für Städtebau und Landesplanung

Kleihues, Josef Paul, 1987: 750 Jahre Architektur und Städtebau in Berlin, Stuttgart

Kostof, Spiro, 1993: Die Anatomie der Stadt, Frankfurt am Main/New York

Kostof, Spiro, 1992: Das Gerüst der Stadt, Frankfurt am Main/New York

Kruft, Hanno-Walter, 1989: Städte in Utopia, München

Lynch, Kevin, 1965: Das Bild der Stadt, Bauwelt Fundamente 16, Berlin/ Frankfurt am Main/Wien

Ministerium für Raumordnung, Bauwesen und Städtebau, 1996: Alte Städte – Neue Chancen, Bonn

Mumford, Lewis, 1979: Die Stadt, München

Pahl, Jürgen, 1963: Die Stadt im Aufbruch der perspektivischen Welt, Bauwelt Fundamente 9, Berlin/Frankfurt am Main/Wien

Pitz, Helge; Hofmann, Wolfgang; Tomisch, Jürgen, 1984: Berlin-W.-; Geschichte und Schicksal einer Stadtmitte, Berlin

Planstädte der Neuzeit (Katalog zur gleichnamigen Ausstellung), Karlsruhe 1990

Reichow, Hans Bernhard, 1984: Organische Stadtbaukunst, Braunschweig

Reinborn, Dietmar, 1996: Städtebau im 19. und 20. Jahrhundert, Stuttgart

Rowe, Colin; Koetter, Fred, 1984: Collage City, Basel

Sack, Manfred, 1982: Lebensraum: Straße, Stuttgart

Schumacher, Fritz (Hg. Hartmut Frank), 1994: Reformkultur und Moderne, Stuttgart

Schumacher, Fritz, 1951: Vom Städtebau zur Landesplanung, Tübingen

Schumacher, Fritz (Hg. Deutsche Akadamie für Städtebau und Landesplanung) 1950: Sein Schaffen als Städtebauer und Landesplaner, Tübingen

Schumacher, Fritz, 1935/1955: Strömungen in Deutscher Baukunst seit 1800, Köln (Reprint Wiesbaden 1983)

Sitte, Camillo, 1889: Der Städtebau nach seinen künstlerischen Grundsätzen, Wien (Reprint Wiesbaden 1983)

Sieverts, Thomas, 1998: Was leisten städtebauliche Leitbilder? (aus: Ohne Leitbild? – Städtebau in Deutschland und Europa), Stuttgart

Sieverts, Thomas, 1997: Zwischenstadt, Bauwelt Fundamente 118, Braunschweig/Wiesbaden

Stübben, Josef, 1890: Der Städtebau, Darmstadt (Reprint Braunschweig 1980)

TU Braunschweig, Lehrstuhl Städtebau, 1993/1994: Stadtgrundriß

Topfstedt, Thomas, 1996: Stadtdenkmale im Osten Deutschlands, Leipzig

Unwin, R., 1910/1922/1932: Grundlagen des Städtebaus, Berlin

Venturi, Marco, 1998: Leitbilder? Für welche Städte? (aus: Ohne Leitbild? – Städtebau in Deutschland und Europa), Stuttgart

Vercelloni, Virgilio, 1994: Europäische Stadtbauutopien, München

Staatliche Ämter, Stadtentwicklungsgesellschaften und Fachkollegen des Autors in den Verwaltungen der Städte, die in diesem Buch dargestellt sind, haben Planunterlagen und Schriftsätze zur Verfügung gestellt und standen für informative Gespräche zur Verfügung. Mit diesen umfangreichen Materialien wurde die an anschaulichen Beispielen orientierte Bearbeitung des Themas erst möglich. Autor und Verlag danken für diese Mitwirkung.

Auf einige Buchveröffentlichungen über einzelne Städte wird nachfolgend aufmerksam gemacht:

Berlin
- Senatsverwaltung für Stadtentwicklung und Umweltschutz 1995: Regelwerk zur Straßenraumgestaltung in Friedrichswerder/Dorotheen- und Friedrichstadt
- Stimmann, Hans, 1993: Rahmen- und Gestaltungsfreiheit, Foyer, Magazin der Senatsverwaltung für Bau- und Wohnungswesen
- Städtebaulicher Strukturplan 1992: Kritische Rekonstruktion des Bereiches Friedrichswerder/Friedrichstadt/Dorotheenstadt, Berlin
- Stimmann, Hans, 1991: Wiederaufbau ohne Zerstörung, Foyer, Magazin der Senatsverwaltung für Bau- und Wohnungswesen
- Europäisches Denkmalschutzjahr 1975, Bd. Berlin

Braunschweig
- Lemke-Kokkelink, Monika, 1993: Ludwig Winter, Braunschweig

Darmstadt
- Haupt, Georg, 1952: Die Bau- und Kunstdenkmäler der Stadt Darmstadt, Darmstadt
- Darmstädter geographische Studien, 1998: Heft 11, Darmstadt

Dresden
- Helas, Volker; Zadnicek, Franz, 1996: Das Stadtbild von Dresden, Dresden

- Bernardt, Gabriele, 1987: Kulturpolitische Empfehlungen für eine bewahrende Erneuerung der Dresdner Äußeren Neustadt, Diss. TU Dresden

Eisenhüttenstadt
- Richter, Jenny Förster, Heike Lekemann, Ulrich, 1997: Stalinstadt-Eisenhüttenstadt, Marburg
- Aufbau West-Aufbau Ost, Die Planstädte Wolfsburg und Eisenhüttenstadt, Berlin 1997

Erlangen
- Stadt Erlangen 1986: 300 Jahre Stadtplanung Erlangen

Frankfurt
- Müller-Rähmisch, Hans-Reiner, 1996: Frankfurt a. M. – Stadtentwicklung und Planungsgeschichte seit 1945, Frankfurt am Main

Freiburg
- Humpert, Klaus, 1997: Stadterweiterung Rieselfeld in Freiburg, Stuttgart

Hamburg
- Schriftenreihe des Landesamtes für Denkmalschutz, Bd. Rotherbaum/ Harvestehude

Leverkusen
- Duisberg, Carl, Denkschrift über den Aufbau und die Organisation der Farbenfabriken zu Leverkusen

Leipzig
- Pro Leipzig (ab 1990): Schriftenreihe

Ludwigsburg
- Deiseroth, Wolf, 1981: Stadt Ludwigsburg, Landesdenkmalamt Baden-Württemberg, Stuttgart

Magdeburg
- Schriftenreihe des Stadtplanungsamtes 1994–1997
 (18 Die napoleonischen Gründungen; 30 Südwestliche Stadterweiterung; 54 Entwicklungskonzept Innenstadt; 64 Verkehrskonzept Innenstadt)

Mainz
- Kläger, Michael, 1997: Die Mainzer Stadterweiterung und ihre Vorgeschichte, Mainz

Mannheim
- Däfler; Ernst; Fontius, 1997: Handelshafen Mannheim, Diplomarbeit

München
- Selig, Heinz, 1983: Stadtgestalt und Stadtbaukunst in München 1860–1910, München
- Deutsche Akadamie für Städtebau und Landesplanung 1984: Freiräume im Städtebau in München und Umgebung

Tuttlingen
- Kramer, Wolfgang, 1984: Landbaumeister Carl Leonhard von Uber, Tuttlingen
- Streng, Hermann, 1978/1979: Wiederaufbau der abgebrannten Stadt, Tuttlingen

Wiesbaden
- Bubner, Berthold, 1993: Christian Zais 1770–1820, Wiesbaden

Quellen

Above New York, Cameron and Company, San Francisco *32–34*. BAAG Adlershof Berlin mbH *347–355*. Architekturführer Krefeld *171*. Austerschmidt/Tsaleras/Oberstolz 1989 *172, 173*. Balance Film GbR, Dresden *222*. Bayerisches Nationalmuseum München *157*. Bayer AG Leverkusen *270–273*. Bertram, freigegeben von der Reg. v. Obb. 94/30933 *135*. C. D. Buchanan, Traffic in Towns, Middlesex 1964 *44*. Campus Verlag GmbH Frankfurt *2–7, 11, 14, 15, 37, 66, 73, 82*. Le Corbusier, Oeuvre Complete *41*. S. Däfler/I. Ernst/C. Fontius Hambach 1996 *81*. Deutsche Akadamie für Städtebau und Landesplanung *277*. Deutsche Luftbild Hamburg *263*. M. Diton, Mailand *95*. Dreysse, Flurkarte Frankfurt *21*. Fototeca Unione Rom *35*. Das neue Frankfurt *20*. Freie Planungsgruppe Berlin *307*. H. Geretsegger u. a., Otto Wagner 1983 *17*. GMP Hamburg *356–361*. Arge GMP u. a. Berlin *93*. R. Gorner, Berlin *91*. E. A. Gutkind, International History of City Development New York *36*. Hansjakob/Petzold, München *161*. G. Haupt, Bau- und Kunstdenkmäler der Stadt Darmstadt *128–130*. Harvard College, Cambridge Mass. *10*. F. Hess, Städtebau 1944 *8*. L. Hilbersheimer, Entfaltung einer Planungsidee BF 6 *45*. Historie City Plans, Ithaca NY 1982 *84*. Historisches Museum Wien *65*. P. Holzmann, Magdeburg *211*. K. Humpert, Freiburg *26*. Idee Prozess Ergebnis IBA 1987 *86*. ISR Erkner *60*. Arge Karow Nord GbR Berlin *328, 329*. J. P. Kleihues, Berlin *94*. E. Kossak, Hamburg *29*. S. Kostof *59*. Landesdenkmalamt Bad.-Württ./Landesverm.amt *139–141*. Landesverm.amt Bayern, Flurkartenwerk Blatt Erlangen 1822, München 1814. Wiedergabe genehmigt unter 3326/98 *133, 156*. Landesverm.amt NRW, Luftbildkarte 2538/5688 (1991) *177*. Landesverm.amt München, Karte NW 70/18 aus der Befliegung 1–97016/0;258/L6532 freigegeben *134*; – Luftbildarchiv genehmigt mit Nr. 4469/98 *155*. H. E. Lindemann, Sommerhausen *23–25, 38–40, 48, 49, 55–57, 61, 62, 67–72, 92, 94, 95, 97, 105–107, 112–115, 122–124, 136–138, 148–152, 159, 160, 168–170, 175, 176, 189–191, 194–196, 200, 201, 204–207, 216–218, 223–226, 232–235, 246–249, 253–256, 266–269, 280, 283, 285–289, 310, 311, 330–333, 336–338, 345, 346*. H. Morgenstern, Leipzig *185, 192, 197, 202*. neue heimat 10/81 *280*. Neue Heimat, Werkbericht III HH-Mümmelmannsberg *281, 282*. Planungsgruppe Zimmermann,

Hamburg 257–259, 261, 262, 264, 266. F. Poleggi, Strada Nuova, Genua 1968 64. Poster, Foto Omero Scala Firenze 1984 63. Projektgemeinschaft Rieselfeld, Schallstatt 294–299. Pro Leipzig 199. Quiram, Braunschweig 240. Reg.präs. Stuttgart, freigegeben unter B14–865 143. D. Reinborn, Stuttgart 16, 22, 39, 279. J. W. Reps, The Making of Urban America, Princeton 1965 12, 13, 83. Sächsische Landesbibliothek Dresden, Deutsche Fotothek Arch.Nr. 10289 219, 252. Senat f. Stadtentwicklung Berlin 74, 322–327; – Bericht zur Verkehrsberuhigung 1983 46, 47; – Regelwerk zur Straßenraumgestaltung 53; – städtebaulicher Strukturplan 6/1992 89, 90; – Bildflug 1945, alliierte Luftaufnahme; Bildflug 1997, GTP mbH Stade, mit Erlaubnis der Senatsverw. Bau vom 21.07.98 87, 88. Staatsarchiv Bamberg StABa T 3095 III 132. Staatsarchiv Hamburg 241–244. Staatliche Schlösser und Gärten Potsdam 58, 85. Staatliches Verm.amt Tuttlingen 181; – Stuttgarter Luftbild Elsässer 412/112 182. Stadtarchiv Braunschweig 237. Stadtarchiv Darmstadt, Kartensammlung 127. Stadtarchiv Mainz, Bild- und Plansammlung 227–229, 231. StadtEntwickungsGesellschaft Buch 1994 28. Stadtmuseum München 54. Stadt Braunschweig, Amt f. Geoinformation 236; – Stadtpl.amt 238, 239; – Materialien zur Stadtgestalt 75. Stadt Bochum, Stadtpl.amt 77. Stadt Bremen, Stadtpl.amt 290–293. Stadt Darmstadt, Verm.-amt 131. Stadt Dresden 220, 221, 250, 251. Stadt Düsseldorf, Verm.amt 76, 144–147, 153; – Verm.amt mit Genehmigung des OSD Nr. 6398 154. Stadt Eisenhüttenstadt, Stadtpl.amt 284. Stadt Essen, Stadtpl.amt 78–80. Stadt Frankfurt, Amt f. Gesamtplanung u. Stadtplanung 30, 31. Stadt Freiburg, Stadtpl.amt 300, 301. Stadt Hamburg, Stadtentwicklungsbehörde 308, 309, 312, 313; – Landesverm.amt 245, 260. Stadt Hannover, Sanierungsbroschüren 212–214; – Verm.-amt 215; – Planungsgruppe Weltausstellung 303–306. Stadt Karlstadt 96, 98, 99. Stadt Krefeld, Verm.amt 174. Stadt Leipzig, Stadtpl.amt 186–188, 193, 198, 203; – Verm.amt 183, 184. Stadt Magdeburg, Stadtpl.amt 208–210. Stadt Mainz, Verm.amt 230; – Amt f. Verkehrswesen 50, 51. Stadt Mannheim, Stadtpl.amt 116–119, 125, 126; – Verm.amt, Bildflug 24.10.96, Luftbildplan 1927/29 120, 121. Stadt München, Referat Stadtpl. 314–321; – Verm.amt 158. Stadt Neubrandenburg 100–104. Stadt Neuruppin 108–110; – media nowa 111. Stadt Tuttlingen, Museum 179, 180; – Archiv KG1 178. Stadt Wiesbaden, Historischer Atlas mit Geneh. d. Magistrats, Verm.amt Nr. 11/98 163–166; – Verm.amt mit Geneh. des Magistrats unter Nr. L 7/98 167; – Stadtpl.amt 162. Steidtle, München 27. H. Strobel, Ludwigsburg 1918 142. J. Stübben. Der Städtebau 1890/1980 52. TU Braunschweig, Inst. f. Städtebau 42, 43. O. M. Ungers/ Speyer 92. R. Unwin, Grundlagen d. Städtebaues 1922 19. M. Völkel, Berlin 9. Wasserstadt GmbH Berlin 334, 335, 339–344. Wayne W. Copper 1967 1, 18. Welp u. Welp, Braunschweig 302.

Bauwelt Fundamente
(lieferbare Titel)

1 Ulrich Conrads (Hg.), Programme und Manifeste zur Architektur des 20. Jahrhunderts
2 Le Corbusier, 1922 - Ausblick auf eine Architektur
3 Werner Hegemann, 1930 - Das steinerne Berlin
4 Jane Jacobs, Tod und Leben großer amerikanischer Städte
12 Le Corbusier, 1929 - Feststellungen
14 El Lissitzky, 1929 - Rußland: Architektur für eine Weltrevolution
16 Kevin Lynch, Das Bild der Stadt
50 Robert Venturi, Komplexität und Widerspruch in der Architektur
51 Rudolf Schwarz, Wegweisung der Technik und andere Schriften zum Neuen Bauen 1926-1961
53 Robert Venturi, Denise Scott Brown und Steven Izenour, Lernen von Las Vegas
56 Thilo Hilpert (Hg.), Le Corbusiers „Charta von Athen". Texte und Dokumente. Kritische Neuausgabe
58 Heinz Quitzsch, Gottfried Semper - Praktische Ästhetik und politischer Kampf
70 Hernry-Russell Hitchcock und Philip Johnson, Der Internationale Stil - 1932
71 Lars Lerup, Das Unfertige bauen
72 Alexander Tzonis und Liane Lefaivre, Das Klassische in der Architektur
73 Elisabeth Blum, Le Corbusiers Wege
74 Walter Schönwandt, Denkfallen beim Planen
77 Jan Turnovský, Die Poetik eines Mauervorsprungs
79 Christoph Hackelsberger, Beton: Stein der Weisen?
82 Klaus Jan Philipp (Hg.), Revolutionsarchitektur
83 Christoph Feldtkeller, Der architektonische Raum: eine Fiktion
85 Ulrich Pfammatter, Moderne und Macht
89 Reyner Banham, Theorie und Gestaltung im Ersten Maschinenzeitalter
90 Gert Kähler (Hg.), Dekonstruktion? Dekonstruktivismus?
91 Christoph Hackelsberger, Hundert Jahre deutsche Wohnmisere - und kein Ende?
92 Adolf Max Vogt, Russische und französische Revolutionsarchircktur 1917 · 1789

97 Gert Kähler (Hg.), Schräge Architektur und aufrechter Gang
99 Kristiana Hartmann (Hg.), trotzdem modern
100 Magdalena Droste, Winfried Nerdinger, Hilde Strohl, Ulrich Conrads (Hg.), Die Bauhaus-Debatte 1953
101 Ulf Jonak, Kopfbauten. Ansichten und Abrisse gegenwärtiger Architektur
102 Gerhard Fehl, Kleinstadt, Steildach, Volksgemeinschaft
103 Franziska Bollerey (Hg.), Zwischen de Stijl und CIAM (in Vorbereitung)
104 Gert Kähler (Hg.), Einfach schwierig
105 Sima Ingberman, ABC. Internationale Konstruktivistische Architektur 1922–1939
106 Martin Pawley, Theorie und Gestaltung im Zweiten Maschinenzeitalter
107 Gerhard Boeddinghaus (Hg.), Gesellschaft durch Dichte
108 Dieter Hoffmann-Axthelm, Die Rettung der Architektur vor sich selbst
109 Françoise Choay, Das architektonische Erbe, eine Allegorie
110 Gerd de Bruyn, Die Diktatur der Philanthropen
111 Alison und Peter Smithson, Italienische Gedanken
112 Gerda Breuer (Hg.), Ästhetik der schönen Genügsamkeit oder *Arts & Crafts* als Lebensform
113 Rolf Sachsse, Bild und Bau
114 Rudolf Stegers, Rudolf Schwarz (in Vorbereitung)
115 Niels Gutschow, Ordnungswahn (in Vorbereitung)
116 Christian Kühn, Stilverzicht
117 Gerd Albers, Zur Entwicklung der Stadtplanung in Europa
118 Thomas Sieverts, Zwischenstadt
119 Beate und Hartmut Dieterich (Hg.), Boden. Wem nützt er? Wen stützt er?
120 Peter Bienz, Le Corbusier und die Musik
121 Hans-Eckhard Lindemann, Stadt im Quadrat

Bei Fragen zur Produktsicherheit wenden Sie sich bitte an:
If you have any questions regarding product safety,
please contact:

Birkhäuser Verlag GmbH
Im Westfeld 8
4055 Basel, Schweiz
productsafety@degruyterbrill.com